金融法苑

Financial Law Forum

2021 总第一百零五辑

◎ 北京大学金融法研究中心 主办

主编：彭 冰 本辑执行主编：杭雅伦

中国金融出版社

责任编辑：黄海清
责任校对：李俊英
责任印制：丁淮宾

图书在版编目（CIP）数据

金融法苑．2021：总第一百零五辑/彭冰主编．—北京：中国金融出版社，2021.10
ISBN 978－7－5220－1430－2

Ⅰ．①金⋯ Ⅱ．①彭⋯ Ⅲ．①金融法—研究—丛刊 Ⅳ．①D912.280.4－55

中国版本图书馆 CIP 数据核字（2021）第 248345 号

金融法苑．2021：总第一百零五辑
JINRONG FAYUAN. 2021：ZONG DI-YIBAI LING WU JI

出版
发行 中国金融出版社

社址 北京市丰台区益泽路 2 号
市场开发部 （010）66024766，63805472，63439533（传真）
网 上 书 店 www.cfph.cn
（010）66024766，63372837（传真）
读者服务部 （010）66070833，62568380
邮编 100071
经销 新华书店
印刷 河北松源印刷有限公司
尺寸 185 毫米×260 毫米
印张 15.75
字数 340 千
版次 2021 年 10 月第 1 版
印次 2021 年 10 月第 1 次印刷
定价 40.00 元
ISBN 978－7－5220－1430－2
如出现印装错误本社负责调换 联系电话（010）63263947

致　谢

本辑出版得到深圳物明投资管理有限公司捐赠的
“《金融法苑》发展基金”的大力支持，特此致谢！

《金融法苑》

声　明

向《金融法苑》投稿即视为授权本编辑部将稿件纳入北京大学期刊网（www. oaj. pku. edu. cn）数据库、《中国学术期刊网络出版总库》及 CNKI 系列数据库、“北大法宝”（北大法律信息网）期刊数据库、台湾元照出版公司月旦法学知识库、万方数据库、本编辑部确定的其他学术资源数据库、学术性微信公众号，包括但不限于通过北京大学金融法研究中心网站（www. finlaw. pku. edu. cn）和微信公众号（“Pkufinlaw”和“北京大学金融法研究中心”）对外传播。本编辑部支付给作者的稿酬已包含上述数据库和微信公众号著作权使用费。如有异议，请在来稿时注明，本编辑部将作适当处理。

刊稿仅反映作者个人的观点，并不必然代表编辑部或者主办单位的立场。

Financial Law Forum
金融法苑
2021 总第一百零五辑

目 录
Contents

资本市场

新金融

消费者保护

Financial Law Forum
金融法苑
2021 总第一百零五辑

资本市场

关于《中华人民共和国期货法（草案）》的修改建议

■钟　维*

第十三届全国人大常委会第二十八次会议对《中华人民共和国期货法（草案）》（以下简称《草案》）进行了审议，并在中国人大网公布和征求意见。我们在此就《草案》中存在的一些问题及修改方向提出如下建议。

一、第三条、第四十七条、第四十八条

《草案》第三条的规定存在四个问题，分述如下。

1. 与《期货交易管理条例》（以下简称《条例》）第二条相比，《草案》第三条第一款所采用的是广义的期货概念，立法意图是用“期货”概念来涵盖包括狭义的“期货”和“期权”在内的所有场内标准化合约。但在此种立法格局下，只要在本法其他地方再出现专门针对期权的规定，在解释逻辑上就会出现问题。

例如，第三条第二款是针对场外衍生品的规定，其中包括“非标准化的期权合约”。就会造成这样一个问题，即标准化的期权合约根据第一款叫“期货”，而非标准化的期权合约根据第二款叫“期权”。

再如，第四十七条第一款讲的是期货合约的交割方式，第二款讲的是期权合约的交割方式。前面第三条把两种合约都涵盖在“期货”概念下，在这里却又分开表述两种合约的交割方式，显然采用的是狭义的期货和期权概念。

然而，第四十八条规定：“期货交易的交割或者行权，由期货结算机构组织进行。期货交易的交割包括实物交割、现金交割。”该条中“期货交易的交割或者行权”的表述换成了广义的期货概念，因为“行权”是只有期权合约才有的。

因此，建议保留《条例》中对期货合约和期权合约分别定义的方式，并规定“除另有规定外，有关期货的法律规定准用于期权”，同时对整部法律相关条文的表述重新进行梳理。

---

* 钟维，中国人民大学营商环境跨学科交叉平台研究员，中国人民大学法学院副教授。
本文得到中国人民大学“双一流”跨学科重大创新规划平台——营商环境跨学科交叉平台的支持。

2. 第三条第一款将期货定义为“由期货交易场所统一制定的、将来在某一特定的时间和地点交割一定数量标的物的标准化合约”。同时第三款对其中的“标的物”作出了界定，“包括农产品、工业品、能源等商品、服务及相关指数，以及有价证券、利率、汇率等金融产品及相关指数等”。在法律解释上，意味着期货合约交割时只能交付这些对象。然而，指数、利率、汇率合约等都是无法实物交割的，采用的是现金结算的方式，现有的立法表述方式无法涵盖现金结算方式。

因此，建议将第三条第一款修改为：“本法所称期货，是指由期货交易场所统一制定的、将来在某一特定的时间和地点~~交割一定数量标的物~~进行交割的标准化合约。”这样就能与第四十八条的“期货交易的交割包括实物交割、现金交割”衔接上。

3. 第三条第二款规定的是场外衍生品，但是采用了“其他衍生品”的表述：“本法所称其他衍生品，是指价值依赖于标的物价值变动的、非标准化的远期交割合约，包括非标准化的期权合约、互换合约和远期合约。”目前场外衍生品有一种标准化的趋势，而且场外衍生品标准化也是被鼓励的。但是，该款的立法表述方式无法涵盖场外的标准化衍生品。同时，“远期交割合约”的表述方式也容易与狭义的远期合约混淆。

因此，建议将第三条第二款修改为：“本法所称其他衍生品，是指在期货交易场所之外交易的，价值依赖于标的物价值变动的~~、非标准化的远期~~未来交割合约，包括~~非标准化~~的期权合约、互换合约和远期合约。”

4. 第三条第三款规定：“期货交易和其他衍生品交易的标的物包括农产品、工业品、能源等商品、服务及相关指数，以及有价证券、利率、汇率等金融产品及相关指数等。”期货及衍生品交易是一种双层标的法律结构，[①] 其中，期货交易及衍生品交易的标的是期货及衍生品合约，期货合约及衍生品合约的标的是各种基础资产。因此，该款的表述是不准确的。此外，该款对合约基础资产的列举无法涵盖未来可能出现的新型标的资产。

因此，建议将第三条第三款修改为：“期货~~交易~~合约和其他衍生品~~交易~~合约的标的物包括农产品、工业品、能源等商品、服务及相关指数，以及有价证券、利率、汇率等金融产品及相关指数等，以及其他依合约安排能够决定合约价值的基础资产。”

二、 第七条

《草案》第七条第一款规定：“国务院期货监督管理机构依法对全国期货市场实行集中统一监督管理。利率、汇率期货由国务院依法另行规定。”

该款第一句来自《条例》。《条例》明确规定了国务院期货监督管理机构对期货市场的集中

① 参见钟维：《期货交易双层标的法律结构论》，载《清华法学》2015 年第 4 期。

统一监管，《草案》与之相比其实是倒退了，人为割裂了对期货市场的监管。这样会产生若干问题，例如，跨市场操纵、内幕交易等违法行为的管辖权问题；再如，证监会多年来已经建立了包括交易、结算、保证金监控、风险监控等一整套期货市场及监管的基础设施，如果将来国务院规定利率期货和汇率期货专属于央行管辖，那么这两种期货的交易和监管是用证监会已经建立的监管体系，还是央行另建一套？可以理解，利率、汇率对于我国金融安全有重大意义，因此相关期货合约的上市及规则制定应当符合央行的政策。但是期货市场的行为监管并非央行所擅长的，而且不同机构监管间的漏洞有可能被违法者所利用，因此应当专属于证监会。

因此，建议将第七条第一款修改为：“国务院期货监督管理机构依法对全国期货市场实行集中统一监督管理。利率期货和汇率期货~~由国务院依法另行规定~~的上市及相关规则制定应当征求中国人民银行的意见。”

三、 第二十一条、 第九十一条、 第九十五条

《草案》第二十一条规定：“依照期货交易场所依法制定的业务规则进行的交易，不得改变其交易结果。

发生本法第九十一条规定的情形导致期货交易价格出现重大异常的，期货交易场所按照业务规则可以取消交易或者调整交易价格，并及时向国务院期货监督管理机构报告并公告。

对依照前款规定采取措施造成的损失，期货交易场所不承担民事责任，但存在重大过错的除外。”

然而，第九十一条规定的“异常情况”仅仅包括：（1）在交易中发生涉嫌操纵期货市场的行为；（2）发生不可抗拒的突发事件；（3）国务院期货监督管理机构规定的其他情形。第（3）种情况要求证监会事先规定，因此实际上法律中明确规定的只有前两种情形。

但是，这两种情形明显无法涵盖期货交易场所按照业务规则需要取消交易或者调整交易价格的情形。与之相比，第九十五条列举的情形更加全面：“因不可抗力、意外事件、重大技术故障、重大人为差错等突发性事件而影响期货交易正常进行时，或者期货交易出现重大异常波动的，期货交易所对其为维护期货交易正常秩序和市场公平，按照本法和业务规则规定履行职责造成的损失，不承担民事赔偿责任，但存在重大过错的除外。”

第九十五条列举的情形包括“不可抗力、意外事件、重大技术故障、重大人为差错等突发性事件”，比第九十一条少了“发生涉嫌操纵期货市场的行为”，而这种情况也会影响期货交易正常进行或者导致期货交易出现重大异常波动，因此应当将此种情形加入第九十五条。

在法律效果上，第二十一条第三款和第九十五条都规定，期货交易所根据其职责对异常情况进行处置而造成损失的，期货交易所不承担民事责任，但存在重大过错的除外。这两个条款的规范意旨和法律效果都是一致的。因此，第二十一条应当援引第九十五条，而非第九十一条。

因此，建议将第二十一条第二款修改为："发生本法~~第九十一条~~第九十五条规定的情形导致期货交易价格出现重大异常的，期货交易场所按照业务规则可以取消交易或者调整交易价格，并及时向国务院期货监督管理机构报告并公告。"

将第九十五条修改为："因不可抗力、意外事件、重大技术故障、重大人为差错等突发性事件、发生涉嫌操纵期货市场的行为而影响期货交易正常进行时，或者期货交易出现重大异常波动的，期货交易所对其为维护期货交易正常秩序和市场公平，按照本法和业务规则规定履行职责造成的损失，不承担民事赔偿责任，但存在重大过错的除外。"

四、 第二十四条

目前《草案》第二十四条的规定是一种单一的价格操纵条款的反操纵立法框架，对构成要件的规定存在不合理之处，对某些操纵行为类型的表述也存在一些问题。建议对相关要件和操纵行为类型的表述进行修改，同时建立欺诈操纵与价格操纵并存的市场操纵二元规制体系。

1. 第二十四条规定"禁止以下列手段操纵期货市场，影响或者意图影响期货交易价格或者期货交易量……"。据此，市场操纵的构成要件既包括交易价格，也包括交易量。但根据期货市场操纵理论，在价格操纵的路径下，操纵行为的结果要件是人为价格，而行为人的意图则是影响市场价格，因此操纵对象就应该相应地被表述为"交易价格"。与交易价格不同，交易量并不直接与行为人的利益挂钩，交易量的变动也并非行为人操纵市场所要达到的目的。对交易量的影响只是行为人为实现价格影响所运用的一种手段，① 或者是在价格操纵认定框架之下证明行为人具备影响价格的能力的证据之一。② 所有操纵行为都是影响或者意图影响市场价格的行为，但并非所有操纵行为都包含对市场交易量的影响。这也就是为什么，价格操纵条款可以被作为市场操纵的兜底性条款，而交易量的变动并不包含在价格操纵条款的证明要件中的原因。因此，单纯对交易量的操纵并不构成操纵认定的决定性因素，所谓"人为交易量"也并非价格操纵的构成要件，"交易量"本身不应该被表述为价格操纵条款中与"交易价格"并列的操纵对象之一。③

2. 第二十四条第七项规定的操纵行为类型是"为影响期货市场行情囤积现货"。该表述继承自《条例》，一般认为是对"囤积"（corner）操纵行为的规定。根据行为主体的不同，可以区分为多头囤积和空头囤积。前者对应的是"多逼空"的情形，其目的是让空头不能取得现货供应

---

① 参见上海期货交易所《"期货法"立法研究》课题组编著：《"期货法"立法研究》，中国金融出版社2013年版，第705页。

② 参见程红星、王超：《美国期货市场操纵行为认定研究》，载曹越主编：《期货及衍生品法律评论》（第1卷），法律出版社2018年版，第100页。

③ 参见钟维：《欺诈理论与期货市场操纵二元规制体系》，载《清华法学》2021年第3期。

来交割；后者对应的是“空逼多”的情形，其目的是通过向期货市场大量交割现货而压低期货价格。[①]“多逼空”对行为人而言需要同时在两方面取得支配性的多头头寸，一方面是将要到期的期货合约，另一方面是期货合约项下的可交割现货供应。多头操纵者将其支配性期货头寸保留到交易的最后时段，并因此获得该期货品种相当比例的未平仓合约。因为空头起初并未预计到必须交割，而多头又垄断了可用于交割的现货供应，所以其事实上处于可以同时决定合约的对冲平仓价格以及可供交割的现货商品价格的地位。[②] 当交割期到来时，空头无法从市场中获取现货用于交割。为避免承担违约责任，且考虑到交割的成本和不便，空头大多会选择以多头设定的高价来对冲平仓。[③] 相较而言，“空逼多”的情形较为罕见，但这种操纵手法也是能够实现的。如果空头期货交易者囤积大量现货，并在期货市场上就这些现货供应发出大量的交割通知，多头为了避免必须受领实物交割，就会开始恐慌性抛售，导致期货价格被压低。空头就可以在该低价上买入多头合约，通过对冲平仓来了结其合约义务并盈利。与此同时，现货价格也会因为期货价格而走低，空头也可以以低价买入现货用于交割而盈利。[④] 可见，无论是多头囤积还是空头囤积，行为人仅仅囤积现货是不够的，必须同时持有支配性的期货头寸。[⑤]

此外，该项将行为人的意图表述为“为影响期货市场行情”。一般认为，“市场行情”至少包括交易价格和交易量。但是在囤积操纵中，行为人就是靠其在期现货市场中的支配性地位，以及期货合约的实物交割条款，来逼迫合约对手方以高价/低价对冲合约。因此，行为人的唯一目的就是获得特定的高价/低价，而完全不关心价格以外的诸如交易量等“市场行情”。因此，该项中对行为人意图的表述也是不恰当的。

3. 目前，《草案》中第二十四条的规定是一种单一的价格操纵条款。在价格操纵的规制框架之下，以人为价格为核心的构成要件的证明较为困难，且因为极易受到攻击而无法成立。近年来，美国通过《多德—弗兰克华尔街改革与消费者保护法》，在期货市场中增加了基于欺诈的反操纵条款，确立了欺诈操纵与价格操纵并存的二元规制体系，进而大大增强了监管机构的执法能力。与价格操纵相比，欺诈操纵虽然调整范围稍窄，但证明难度更低。在法律适用上，两种反

---

① See Philip McBride Johnson, Commodity Market Manipulation, Washington and Lee Law Review, Vol. 38, No. 3 (1981), p. 731.

② See Ralph T. Byrd, “No Squeezing, No Cornering: Some Rules for Commodity Exchanges”, Hofstra Law Review, Vol. 7, No. 4 (1979), p. 930.

③ See William D. Harrington, The Manipulation of Commodity Futures Prices, 55 St. John’s Law Review 240 (1981), p. 250.

④ See William D. Harrington, The Manipulation of Commodity Futures Prices, 55 St. John’s Law Review 240 (1981), pp. 249 – 251; Philip McBride Johnson, Commodity Market Manipulation, 38 Washington and Lee Law Review 725 (1981), p. 731.

⑤ 参见钟维：《跨市场操纵的行为模式与法律规制》，载《法学家》2018 年第 3 期，第 115 – 116，119 页。

操纵条款可以择一适用，也可以同时适用而提出两个并行诉求。欺诈操纵条款通常被作为一般性的反操纵条款，而价格操纵条款则作为兜底性条款。为提升监管机构的执法能力，在我国期货市场操纵立法和执法中没有必要坚持单一的价格操纵规制框架，而应当建立欺诈操纵与价格操纵并存的二元规制体系，从而降低操纵行为的认定难度和执法成本，同时提升监管效率。在欺诈操纵的路径下，对操纵进行规制和证明的逻辑在于，行为人通过操纵性或欺骗性的手段对他人造成了误导，即欺诈。从该角度出发，操纵活动对各种市场行情要素的影响都会产生虚假信息，从而可能造成对其他市场参与者的误导。市场行情主要由交易价格和交易量组成，但不限于这两个方面，还包括其他所有能够影响市场参与者交易决策的要素。因此，操纵活动对包括“交易价格”“交易量”在内的“市场行情”所造成的影响本身虽然并非欺诈操纵的构成要件，但却是行为人所采用的欺诈性手段和相关性要求的证据。所以说，操纵交易量其实是一种误导其他市场参与者的手段，其背后所代表的其实是对欺诈操纵的证明要求。①

因此，从整体上建议将第二十四条第二款修改为：“禁止以下列手段操纵期货市场，影响或者意图影响期货交易价格~~或者期货交易量~~：……（七）~~为影响期货市场行情~~在期货市场建立支配性持仓的情况下囤积现货；……”

五、 第二十五条

《草案》第二十五条第二款规定：“期货交易内幕信息的知情人进行期货交易的，视为内幕交易，但是能够证明没有利用内幕信息进行交易的除外。”

如果天然橡胶期货内幕信息的知情人进行股指期货交易，显然不能被视为内幕交易。只有内幕信息知情人进行了与该内幕信息有关的期货交易，才能被视为内幕交易。

该款规定应该是参考了证券内幕交易中对“利用”要件的认定方法。最高人民法院《关于审理证券行政处罚案件证据若干问题的座谈会纪要》第五条规定：“会议认为，监管机构提供的证据能够证明以下情形之一，且被处罚人不能作出合理说明或者提供证据排除其存在利用内幕信息从事相关证券交易活动的，人民法院可以确认被诉处罚决定认定的内幕交易行为成立：（一）证券法第七十四条规定的证券交易内幕信息知情人，进行了与该内幕信息有关的证券交易活动；（二）证券法第七十四条规定的内幕信息知情人的配偶、父母、子女以及其他有密切关系的人，其证券交易活动与该内幕信息基本吻合；（三）因履行工作职责知悉上述内幕信息并进行了与该信息有关的证券交易活动；（四）非法获取内幕信息，并进行了与该内幕信息有关的证券交易活动；（五）内幕信息公开前与内幕信息知情人或知晓该内幕信息的人联络、接触，其证券交易活动与内幕信息高度吻合。”

---

① 参见钟维：《欺诈理论与期货市场操纵二元规制体系》，载《清华法学》2021 年第 3 期。

可以看到，其中的第（一）项就是如此表述的。

因此，建议将第二十五条第二款修改为："期货交易内幕信息的知情人进行与该内幕信息有关的期货交易的，视为内幕交易，但是能够证明没有利用内幕信息进行交易的除外。"

六、 第二十六条

《草案》第二十六条第二款第四项将"其他相关市场中的重大异常交易信息"作为列举的内幕信息之一。首先，立法技术上的问题是，如果其他相关市场中的重大异常交易信息是内幕信息，那么本市场中的重大异常交易信息为什么不是？其次，一旦被认定为内幕信息，对相关知情人就会产生"披露或戒绝交易"的义务。典型的如错单交易，如果必须向全市场披露才能继续交易的话，那么根本无法再完成对冲交易，甚至有可能迎来全市场的逼仓。因此，此种披露义务是不符合市场和交易规律的，不宜将本人的重大异常交易信息定性为内幕信息。如果在异常交易及相关反向交易中，行为人具备影响价格的意图或以欺诈手段操纵市场，可以认定其构成操纵，但不宜认定为内幕交易。至于他人的重大异常交易信息，可以定性为内幕信息（重大未公开信息）。[①] 但这种情形该条第三项已经可以涵盖。

因此，建议将第二十六条第二款第四项删除。

七、 第四十五条

《草案》第四十五条第一款规定："结算参与人违约的，期货结算机构按照业务规则以结算参与人的保证金、风险准备金、结算担保金和自有资金等代为承担违约责任，并由此取得对该结算参与人的相应追偿权。"

当结算机构以结算参与人的保证金来承担违约责任时，是不应该产生追偿权的。只有以风险准备金、结算担保金和自有资金时，才能称为"代为"承担违约责任，进而产生对结算参与人的追偿权。

应当沿用类似《条例》第三十六条第一款的表述方式："会员在期货交易中违约的，期货交易所先以该会员的保证金承担违约责任；保证金不足的，期货交易所应当以风险准备金和自有资金代为承担违约责任，并由此取得对该会员的相应追偿权。"

因此，第四十五条第一款应修改为："结算参与人违约的，期货结算机构按照业务规则~~以结算参与人的保证金、~~先以该会员的保证金承担违约责任；保证金不足的，期货结算机构以风险准备金、结算担保金和自有资金等代为承担违约责任，并由此取得对该结算参与人的相应追偿权。"

---

① 参见钟维：《期货市场内幕交易：理论阐释与比较法分析——兼论我国期货法之内幕交易制度的构建》，载《广东社会科学》2015 年第 4 期。

八、第四十六条

《草案》第四十六条第二款规定："结算参与人、交割库进入破产或者清算程序的，保证金、进入交割环节的交割财产应当优先用于结算和交割。"

交割库不应出现在该款中，否则按照反面解释，交割库中未进入交割环节的财产、交割完成后剩余的财产就属于交割库的破产或者清算财产？事实上，保证金、交割财产的所有人都是结算参与人，与交割库无关，交割库只是交割财产的保管人。

因此，第四十六条第二款应修改为："结算参与人~~、交割库~~进入破产或者清算程序的，保证金、进入交割环节的交割财产应当优先用于结算和交割。<u>交割库中的交割财产不属于交割库的破产或清算财产。</u>"

九、第四十八条、第四十九条、第五十条

《草案》第四十八条规定："期货交易的交割或者行权，由期货结算机构组织进行。期货交易的交割包括实物交割、现金交割。"

第四十九条第一款、第二款规定："采取实物交割的，期货结算机构负责组织货款与标准仓单等合约标的物权利凭证的交付。期货交易场所负责标准仓单的登记。采用标准仓单以外的单据凭证或者其他方式进行实物交割的，期货交易场所应当明确规定交割各方的权利和义务。

期货交易的实物交割在期货交易场所指定的交割库、交割港口或者其他符合期货交易场所要求的地点进行。实物交割不得限制交割总量。"

第五十条规定："采取现金交割的，期货结算机构以交割结算价为基础，划付持仓双方的盈亏款项。"

"交割"或"行权"都是针对"合约"而言的，而非"交易"。准确的搭配是"期货交易的结算""期货合约的交割""期权合约的行权"。后两条另外的问题在于缺少主语。

因此，第四十八条应修改为："期货~~交易~~<u>、期权合约</u>的交割或者行权，由期货结算机构组织进行。期货~~交易~~<u>合约</u>的交割包括实物交割、现金交割。"

第四十九条第一款、第二款应修改为："<u>合约</u>采取实物交割<u>方式</u>的，期货结算机构负责组织货款与标准仓单等合约标的物权利凭证的交付。期货交易场所负责标准仓单的登记。采用标准仓单以外的单据凭证或者其他方式进行实物交割的，期货交易场所应当明确规定交割各方的权利和义务。

期货~~交易~~<u>合约</u>的实物交割在期货交易场所指定的交割库、交割港口或者其他符合期货交易场所要求的地点进行。实物交割不得限制交割总量。"

第五十条规定："<u>合约</u>采取现金交割<u>方式</u>的，期货结算机构以交割结算价为基础，划付持仓双方的盈亏款项。"

十、 第三章标题与位置

《草案》第三章标题为“其他衍生品交易”，但是其中的第三十九条是有关结算的，因此建议将第三章标题改为“其他衍生品交易与结算”。并且将第三章与第四章的位置对调。第三十九条中有参照后面的第四十六条规定执行的规则，对调后，被参照的条文先出现，在立法逻辑上也更恰当。

十一、 第六十八条

《条例》第十七条第三款规定：“期货公司不得从事或者变相从事期货自营业务。”在《草案》第六十八条中，这一规定被删除了，同时规定：“期货公司经过核准可以从事下列期货业务：（一）期货经纪；（二）期货投资咨询；（三）期货做市交易；（四）其他期货业务。”鉴于《条例》对期货自营业务的禁止性规定，如果《期货法》的立场是期货公司经核准可以从事期货自营业务，那么建议在第六十八条中予以明确。毕竟列举了不代表马上可以从事，还需要主管机关核准。

十二、 第七十八条

《草案》第七十八条第一款第八项规定，国务院期货监督管理机构可以采取的措施包括“责令负有责任的股东转让股权，限制负有责任的股东行使股东权利。”不能既责令负有责任的股东转让股权，又限制其行使股东权利。

因此，建议将第七十八条第一款第八项修改为：“责令负有责任的股东转让股权，或限制负有责任的股东行使股东权利。”

十三、 第九十八条

《草案》第九十八条规定：“期货结算机构作为中央对手方，是结算参与人共同对手方，进行净额结算，为期货交易提供集中履约保障。依照前款规定作出终止净额结算行为，不因结算参与人依法进入破产程序而无效或者撤销。”

该条第一款明确了期货结算机构中央对手方的地位，但是对结算机构介入合约的时点以及相关法律关系未予明确，容易引起适用上的争议。国际清算银行（CPSS）和国际证监会组织（IOSCO）联合发布的《对中央对手方的建议》指出：“在大多数法域内，使得中央对手方成为对手方的法律概念是合约更替或公开要约。通过合约更替，买方和卖方之间的原合约被两份新合约取代而消灭，其中一份产生于中央对手方与买方之间，另一份产生于中央对手方与卖方之间。在公开要约制度下，中央对手方在买卖双方就交易条款达成一致时立即自动地介入该项交易。如果所有预先约定的条件得到实现，公开要约制度下的买卖双方之间自始不存在合约关系。如果法律体系支持所采用的方式，无论合约更替还是公开要约，都可以在使中央对手方负有效结算义务方面，为市场参与者提供法律确定性。”①

在期货交易撮合后，即会提交给结算机构进行结算。因此，可以将期货结算开始的时点设定为结算机构介入合约关系成为中央对手方的时间。这样也能涵盖场外衍生品交易达成后提交给结算机构进行中央对手方结算的情形。另外，第二款有一些语言表述上的问题。

因此，建议在条文表述上将第九十八条修改为：

“期货结算机构作为中央对手方~~，是结算参与人共同对手方，~~进行净额结算，在结算开始时介入期货合约关系，成为买方的卖方、卖方的买方，为期货交易提供集中履约保障。

依照前款规定作出的终止净额结算行为，不因结算参与人依法进入破产程序而无效或者被撤销。”

十四、 第一百一十四条

《草案》第一百一十四条第二款规定：“期货经营机构、期货服务机构等从事期货相关业务的机构应当加入期货业协会。”

根据第一百零六条，期货服务机构包括会计师事务所、律师事务所、资产评估机构、期货保证金存管机构、交割库、产品质量检验机构、信息技术服务机构。其中，会计师事务所、律师事务所、资产评估机构等的主营业务一般并非期货业务，没有必要要求其加入期货业协会。《证券法》也没有要求会计师事务所、律师事务所、资产评估机构等加入证券业协会。建议直接采用列举的方式，将与期货市场直接相关的应当加入期货业协会的主体列举出来。

因此，建议将第一百一十四条第二款修改为：“期货经营机构、~~期货服务机构~~期货保证金存管机构、交割库、产品质量检验机构、期货市场信息技术服务机构等从事期货相关业务的机构应当加入期货业协会。”

① Committee on Payment and Settlement System & Technical Committee of the International Organization of Securities Commissions, Recommendations for Central Counterparties, p. 13，资料来源：https：//www. bis. org/cpmi/publ/d64. pdf，2021 年 9 月 20 日访问。

我国《公司法》立法体例探究

——以有限责任公司与股份有限公司的区分为核心

■ 沈贵明　赵植旭*

摘要： 我国《公司法》自颁布以来一直保持着两类公司合并立法、部分分别规范的体例，充分认可了股份有限公司和有限责任公司在“有限性”上的高度一致，却没有对两类公司的“个性”予以充分的关注。这致使我国《公司法》存在部分规范内容过于刻板、股东会董事会治理结构和“章”“法”权限划分的不合理以及两类公司各自专有制度的缺漏和混乱等问题。《公司法》对两种公司形态的规范，应当是紧密围绕着该两种公司的特征及功能展开的。在承认这两者共性的基础上，只有深刻剖析它们的本质差别，继而据此将这两者应当分别规范之处彻底分离，才有可能从根本上弥补上述公司法体例的缺憾。

关键词： 公司法体例　公司类型　公司法改革　公司法立法

《中华人民共和国公司法》（以下简称《公司法》）自 1993 年 12 月 29 日通过，迄今为止已经 27 年。虽已历经了三次修正和一次修订、内容上作了多次修改，但是在体例上一直没有突破，保持着股份有限公司和有限责任公司两类公司合并立法、部分分别规范的模式。其间我国的资本市场和社会主义市场经济迅猛发展，现行《公司法》不能准确地回应和满足市场长期以来的呼声和需求，也无法解决和应对市场中出现的问题和状况。追根溯源，公司法立法体例问题或是重要原因之一。僵化且畸形的公司法体例已经严重阻碍了立法理念的跟进、立法技术革新以及制度设计的进步。因此，要对《公司法》修改，首先应当反思我国公司法立法体例的问题，并解决之。

---

* 沈贵明，华东政法大学教授、博士生导师，喀什大学法政学院院长；赵植旭，华东政法大学经济法学院 2018 级博士研究生。

本文系 2020 年度国家社科基金重大项目“中国特色自由贸易港国际法治研究”阶段性研究成果。项目批准号：20&ZD205。

一、 我国公司法立法体例的不足

（一）两类公司的设立和组织机构相关规范流于范式

我国现行《公司法》“第一章　总则”“第六章　公司董事、监事、高级管理人员的资格和义务”“第七章　公司债券”“第八章　公司财务、会计”“第九章　公司合并、分离、增资、减资”“第十章　公司结算和清算”“第十一章　外国公司的分支机构”“第十二章　法律责任”以及“第十三章　附则”既规范着有限责任公司，又规范着股份有限公司；“第二章　有限责任公司的设立和组织机构”和“第三章　有限责任公司的股权转让”仅规范有限责任公司；而“第四章　股份有限公司的设立和组织机构”和“第五章　股份有限公司股份的发行和转让”专用来规范股份有限公司。也就是说，有限责任公司和股份有限公司的设立、组织机构以及股权（份）的转让方面的规范在形式上是分开的。这种大体模糊、局部清晰的体例，与我国制定《公司法》的社会背景密切相关，也是致使我国两类公司的设立及组织规范相关规范过于刻板、流于范式的原因之所在。

20 世纪 90 年代初期，我国大部分公司都是有限责任公司，作为最先出现在我国的“股份制”企业，有限责任公司向世人充分展示了其兼具效率与活力的特点，使社会主义市场经济充满生机与活力。因此，我国《公司法》在最初制定时，是以有限责任公司为主要研究和规范对象，未对股份有限公司予以充分的重视。这使得《公司法》在几番大改后，股份有限公司的设立和组织的设计虽然在形式上分开了，但在实质上仍然留有“复刻”有限责任公司的痕迹。例如，股份有限公司和有限责任公司在规范罗列的结构上明显是相对应的——从“设立条件”“设立方式”等依次展开。在设立的条件中，法定人数、股本、章程、名称、住所五个条件都和有限责任公司如出一辙，仅股份的发行程序适用个性化规则，而也只是基于有限责任公司的股份不适用发行。此外，有限责任公司的公司章程必须载明的事项也全部被吸收进股份有限公司必须载明的事项之中，两者区别之处也仅体现在公司的设立方式和股份的发行上。更有其他事项直接引用有限责任公司的相关规定，不作任何区分。

通常来说，我们对此的态度应当是将股份有限公司的相关规范进行重新修订和改良，避免“抄袭”和重复。但事实上，我国《公司法》在对有限责任公司的规范进行构建时，本身就带着一定的历史性的理念偏差。中国的社会主义市场经济由计划经济改革发展而来，相配套的公司制度在设计时考虑得更多的是如何“管制”公司以及如何保护债权人，而非公司制度的法理基础以及公司形态的特征和功能。这种设计理念的偏差是立法时就存在的预设逻辑上的错误，已经和我国的社会经济现实产生了严重的割裂。① 事实上，有限责任公司更具封闭性和契约性，其

① 李建伟：《公司组织形态重构与公司法结构性改革》，载《财经法学》2015 年第 5 期。

所对应的规范也应当更加具有任意性和自治性，这意味着，我国有限责任公司的规范虽然是股份有限公司的“模板”，但却更应当由繁入简、减少管制和约束性条款。但是，现行《公司法》对有限责任公司的设立和组织机构的规定却呈现出管制主义倾向，而毫无灵活性、自治性可言。如《公司法》在第四十条中透露出有限责任公司可以不设置董事会，那么后文第四十四条至第四十九条关于董事会的强制性规定就十分突兀——董事会设置与否并非强制，那么其如何存在、如何运行、有何职权似乎更是可以通过合同和章程来规定。[①]

除了有限责任公司的设立和组织机构过于繁杂、缺乏任意性之外，“刻录”也使股份有限公司相关的一些制度过于刻板和生硬，比如股份有限公司的股东大会职权——《公司法》第九十九条，直接引用了第三十七条有限责任公司的相关规定，承袭的有限责任公司的股东会中心主义，这给股份有限公司的治理带来了最突出的矛盾——小股东权利的侵害。

（二）两类公司的股董治理结构和“章”“法”权限划分得不合理

我国股份有限公司在组织机构的设立上秉承了有限责任公司的“股东会中心主义”理念。股份有限公司的股东会职权的最后一条明确规定“公司章程的其他职权”也是股东会的职权，换言之，股东会可以自己将自己的权力无限扩大。这点在有限责任公司的公司权力分配中是合理的，[②] 因为有限责任公司的人合性使股东之间的商讨和协议成为其主要的决策机制，这也是有限责任公司自治性的体现。但是在股份有限公司，尤其是上市公司，纯粹的股东会中心主义就显得很不合适。因为股份有限公司的股东群体多为分散的社会公众，他们在股东大会中的话语权十分微小。若是完全依靠董事和高管专业的管理，小股东和大股东更易被作为同质性群体考虑，得到更平等对待。但该条无限扩大股东会权力的规定却给了大股东干涉董事管理公司职能的空间，与《公司法》第一百零三条的股东表决权与股东大会议事规则中的资本多数决机制，共同成为大股东摆布小股东权益的撒手锏。

事实上，实务中早就注意到了这个问题并作了一定程度的修正。中证投服中心在 2018 年 2 月向北京辖区内的 238 家上市公司发送了股东建议函，要求相关上市公司对公司章程进行修改，因上市公司章程存在投票机制不规范、违法设置反收购条款损害中小股东合法权益及其他违反法律法规等相关问题。[③] 但这种层面的修正只是隔靴搔痒，并不能从根本上杜绝大股东通过修改章程来损害中小股东合法权益。较为典型的例证是：宝万之争后，各上市公司大股东及大股东所控制的董事争相通过股东会修改公司章程，设置了许多防恶意收购条款。如世联行集团股份有

---

① 参见郭瑞：《商事组织法中的强制性和任意性规范——以董事会制度为例》，载《环球法律评论》2016 年第 2 期。

② 叶林、刘向林：《论我国公司法立法结构的变革》，载《政法论丛》2010 年第 3 期。

③ 程春雨：《投服中心：238 家上市公司章程存损害小股东权益等问题》，资料来源：https：//www. sohu. com/a/223589026_123753，2020 年 4 月 17 日访问。

限公司的章程第一百零九条规定："……从公司长远利益考虑，董事会为公司选择其他收购者，以阻止恶意收购者对公司的收购……"，[①] 这显然是大股东为了巩固和长期霸占自己对公司的控制权，利用公司章程的制定权穿透董事层，肆意侵犯小股东自由转让股权的权利的行为，但小股东们的股权分散，只能听之任之。这种局面要想真正得到改善，还是要回归到股东会中心主义和董事中心主义之间平衡点的把握上。仅从公开性和公众性的角度来说，我国的股份有限公司很接近英美的公众公司，在这些国家公司法的发展历史上，明显有着股东会中心主义向董事会中心主义的过渡。股份有限公司具有很强的公众性和公开性，尤其是上市公司，如果对不同有限责任公司所适用的纯粹的股东会中心主义作出区分，显然是不合适的。

除了股东和董事权利及责任的划分不够明朗之外，我国《公司法》和公司章程的权力界限也十分扭曲。《公司法》的文本中经常出现诸如"公司章程另有规定的除外""公司章程规定的其他职权"等模棱两可的字眼，仅第三章就出现了7次，其涉及股东会职权、股东表决权、董事会职权、经理的任免与职权、监事的任期、股权转让规则及股东资格的继承等方方面面。但是，对于一条规范，如果应当是法定的，为何要给予章程掣肘的空间？如果能够有章程规定，为何又要在"有章程依章程"的规定前作如此冗长的"类法定"规范？这种倡导与强制的掺杂并存显得我国公司法的立法十分拖沓、"章""法"混乱。在此方面，美国的公司法则有较大的参考价值。美国的封闭公司（功能设计上类同于我国的有限责任公司）是作为开放型公司的补充而存在的，美国用来规制封闭公司的单行法《法定封闭公司附加规定（示范文本）》（*Model Statutory Close Corporation Supplement*）干脆利落地将几乎全部权力交于股东自治，毫无拖沓冗赘之处。

此外，一些股份有限公司章程的权力也确实触碰了公司法原理的底线，比如在《公司法》第一百六十六条中关于税后利润分配明确规定"股份有限公司按照股东持有的股份比例分配，但股份有限公司章程规定不按持股比例分配的除外"，换言之，资合公司连利润分配都可以不按照持股比例来，那极端一点，大股东是否可以通过修改公司章程不给小股东分配利润，或者只分配少量利润以避免小股东要求回购？此类章程又是否将带来"同股不同权"的问题？[②] 这些"章""法"在职能和权力上的冲突归本溯源都是我国《公司法》没有厘清两类公司的本质区别，没有将其分别规范而导致的积弊。

（三）两类公司各自专有制度的缺漏和混乱

与管制过多、条款冗余的有限责任公司部分相比较，我国《公司法》在股份有限公司制度

---

① 参见深圳世联行集团股份有限公司章程第109条，资料来源：http：//quotes. money. 163. com/f10/ggmx_002285_6583900. html，2020年4月17日访问。

② 我国《公司法》实践早已领先于立法，但在没有足够的理论支持时，直接赋予"同股不同权"合法性，怕是令人难以信服。

构建上不乏缺失和不完善之处。股权的自由流通是股份有限公司的生命和活力所在。一方面，股权自由流通对公司内部构架、管理及运营提出要求，因为良好的管理和运营是对“流动”股东的投入的资本金负责；另一方面，股权自由流通对公司信息的对外公开性提出要求，因为公开性是公众了解该公司管理和经营优越性的良好途径，也是吸引投资最直观、最直接的方式。简言之，股份有限公司对于信息披露制度的要求和有限责任公司根本不可同日而语。这里的信息披露制度应当是广义的，既包含财务会计制度也包含信息公开制度。

我国现行《公司法》将两类公司的财务、会计制度在第八章混合在一起，毫无区分度；信息披露制度只在第一百四十五条蜻蜓点水地提到了“上市公司必须依照法律、行政法规的规定，公开其财务状况、经营情况及重大诉讼，在每个会计年度内半年公布一次财务会计报告”，未涉及未上市的股份有限公司的信息公开制度；在第三十三条“股东的知情权”的部分中，规定了“股东有权查阅、复制公司章程、股东会会议记录、董事会会议决议、监事会会议决议和财务会计报告。股东可以要求查阅公司会计账簿”，但这仅仅针对有限责任公司，股份有限公司股东的知情权反而“缩水”，只能“查阅公司章程、股东名册、公司债券存根、股东大会会议记录、董事会会议决议、监事会会议决议、财务会计报告”，且这些资料仅对股东公开，而非对社会公众公开。换言之，虽然证券法为上市公司设计了财务报表公开制度和信息披露制度，某种程度上弥补了司法实践上的无据可依，但在股份有限公司上市前，公众其实是处在既不知道该公司经营管理情况，也不了解该公司财务状况的黑暗环境中。这本质上反映出对股份有限公司的公开性的理解不够到位：不仅上市公司的股票要买卖交易，未上市的股份有限公司的股权也要转让流通。如果信息没有充分公开，那即使该股份有限公司前景良好、董监高认真履行职责，投资者们也不会知道，公司就不能受到正向的激励。此时投资者就只能依赖券商的“包装”、保险公司的“增信”、证监会的“审核”，乃至地方政府的“背书”来进行投资。这就不免会屡屡遭遇“一管就死，一放就乱”的混乱局面和陷入“国家队救市”的窘境。如果公司法能建立健全股份有限公司信息公开制度，增加这方面的强制性规范，那投资者们就会从公司基本面、未来前景和财务状况等有参考意义的信息出发，作出理智投资决策，使社会资本得到高效、理性的配置，投机活动也会相应减少。这是成熟、健康的资本市场形成的标志，也是社会生产力得到更高层次的解放和发展的必经之路。

从性质上来说，公司法既是组织法，又是行为法，信息公开制度事关股东和债权人的利益以及公司的资金融通的效率和安全保障，对此作出规定可以说是公司法义不容辞的责任。但我国却将股份有限公司的信息公开制度置于可有可无的境地，将本应由公司法作出的行为规范草草地交托给财税法和证券法。财税法对公司的财会要求仅仅是为了税收核查，一年一报充分合理，但尚不能解决投资者们的信息饥渴；证券法仅对上市公司有具体的信息公开要求，但不能满足公众对未上市的股份有限公司的信息需求。只有针对性地单独为股份有限公司设计信息公开制度，才能在尊重有限责任公司封闭性设计的同时，实现股份有限公司股权流通的功能定位以及为金融市场和资本市场的对接做好充分的准备。

二、 两类公司立法应考量的主要因素

（一）有限责任公司和股份有限公司的本质区别

有限责任制度虽被英美法系认为是划分公司和非公司制企业的分界线，但事实上，有限责任公司的起源比股份有限公司要晚得多，也可以说有限责任公司制度的出现要比股份有限公司制度晚得多。早在15—16世纪，地中海地区就因航海和远洋贸易的发达而出现了康孟达（Commenda），有些人没有经营意愿，就将资金交给承担无限责任的Societas经营，自己获取分红。换言之，最早的股份制企业是一种类似于大陆法系中的两合公司的合伙企业。[①] 其实，有限责任公司很多方面都和合伙企业十分相似——比如它们都是契约制企业，企业财产的所有模式都是共同共有；它们相似的决策机制也决定了组织架构、运营模式以及企业治理上的类同。可以毫不夸张地说，除了有限性之外，有限责任公司从方方面面来说都更接近于合伙企业，而非股份有限公司。

这种企业形式广泛兴盛于船舶业和矿山业，由于这些行业的高风险和高收益，人们对康孟达的出资份额有了强烈的买卖需求，于是康孟达份额逐渐被等分以便自由流通，专业的企业内管理机构如董事会也开始形成。荷兰东印度公司也是这其中众多企业之一，它被后人视作“股份制的起源”。1602年，荷兰联邦会议给荷兰东印度公司颁发了特许状，确认了其所有成员的有限责任；1662年，英国颁布了条例——包含英国东印度公司在内的所有合股公司皆承担有限责任，真正意义上的股份有限公司由此诞生。

股份有限公司在出现之初就受到了各国的严厉规制，各国频繁地更新立法，从各角度规范着股份有限公司的设立、变更、股权交易、内部管理等。如1702年英国议会通过的《泡沫法案》（*Bubble Act*）就规定：股份公司的设立必须经过授权、1807年法国的《商法典》也对股份有限公司“从头到脚”地进行了一系列规制。这些烦琐复杂的规则，将股份有限公司这头巨兽牢牢地管控在了森林中。但是，随着公司制度的兴起，新的公司形态需求也形成了——有些股东关系封闭、所有权和经营权紧密结合的股份有限公司在密不透风的重重规制下寸步难行，这大大打击了民间经济的活跃性，法律与现实的冲突也日益明显。1892年德国颁布了《有限责任公司法》，将有限责任公司从股份有限公司中彻底剥离了出来[②]。

---

① 参见［日］大塚久雄著：《股份公司发展史论》，胡企林、胡欣欣等译，中国人民大学出版社2002年版，第104-125页。

② 参见吴振国：《西方发达国家企业制度概观》，中国法制出版社1999年版，第28页。

纵观两类公司的历史沿革，我们不难发现，股份有限公司和有限责任公司虽然在其“有限性”上是高度一致的，但这个共性只影响股东对公司外部债权人的责任承担，而不影响公司内部的权责划分和公司对外部投资者的义务认定。所以，在制定公司内部权责划分制度和公司对外部投资者的义务时，应当更多地考虑两类公司的本质差异——股份有限公司的本质特征应当是股份自由流通和所有权与经营权分离；而相应地，有限责任公司的本质特征则是股东关系封闭和所有权与经营权不分离。后者才是公司内部治理、信息公开、财务财会等制度设计的理论根源，而非有限性。股权是否可以自由流通和所有权经营权是否分离其实是一体两面、互为表里的——在股份有限公司身上，外部表现为股权可以自由流通、股东可以不停地更换，内部就表现为有固定的管理机构，且管理人员和股东不是也不可能是同一班人，这在大陆法系中又被称为“资合性”；在有限责任公司这里，外部表现为股东成员构成相对稳定，内部可以不设专门的管理机构，股东直接合作管理自己的产业，这在大陆法系中又被称为“人合性”。

无论是哪个法系，无论它们被如何称呼，这两个特征都是股份有限公司和有限责任公司实质区别所在。它们不仅决定了这两种公司的设立、变更、组织机构、股份的发行和转让的规制结构不同，也是公司董监高、财务会计、合并分立增减资、解散清算等各项制度及规范区别化设计的根源所在。这就是股份有限公司和有限责任公司在总则以外应当分开规范的法理根源。

（二）合并立法已经不能适应我国公司制度的发展

我国的公司法立法，可谓命运多舛。最早起源于洋务运动，但中间经历战火摧残和政权更迭，甚至还在计划经济时期经历过清零和断档。直至 1980 年，我国才有规范意义上的公司法立法活动。西方国家正是因为拥有完整的公司法立法历史，在制定股份有限公司法律的时候，对其功能和价值的定位就很清晰——该公司的股份能自由流通，股东只出资分红，不参与经营；而对有限责任公司定位则是股权相对封闭，股东之间通过协商来管理公司。如此顺理成章而来的立法，其目的是明确的、定位是精准的、相应的体例是清晰的、内容也是紧贴社会经济发展的需求的。而我国的公司法，不管是洋务时期的雏形，还是现行的《公司法》，在设立之初，对两种公司的价值和功能并未作过多区分，立法目的也不是适应经济活动的需要，而是鼓励资本活动、促进经济发展，其立法思路略有些形而上学的意味，立法过程也稍显仓促。

对西方国家经验的借鉴和教训的总结，让我国能在短时间内就把公司法构建起来，但这也不可避免地造成了其结构的刻板生硬。比如，各国公司法总体来说是以股份有限公司为规制模板，在此基础上再构建有限责任公司的相关结构和规范，而我国《公司法》似乎是在有限责任公司构架的基础上构建股份有限公司，从而使本应灵活自由的有限责任公司被精细架构，直至规范得事无巨细，而股份有限公司的结构和多处规范却都是复制或间接引用有限责任公司的对应结构和规范后略作增改而已。虽然，2005 年《公司法》修改因为处处考虑公司参与方的谈判空间、大大拓宽了任意性规范的适用范围，而得到了学界的交口赞誉，① 但事实上，我国《公司法》仍然没有摆脱强制性规范和任意性规范分配不均的问题。

较之以往，有限责任公司强制性规范过多的情况有了很大改善，但是自治性仍然没有得到充分保证。因为有限责任公司的股东成员是相对封闭的，没有公众性，所以在公司设立、变更及治理过程中，其股东（也即管理人员）之间的相对权利义务就更多，绝对的权利义务应当很少，可以说除了对债权人、债务人有一定权利和义务之外，公司和股东之间只对彼此享有来自契约的权利和义务。换言之，有限责任公司如何设立、变更、分立、解散，尤其是如何治理，在不涉及债权人利益的部分，都应当是以股东内部的协议为准，这种内部协议可以是最初商定的公司章程，也可以是股东会议上的多方妥协，但是我国《公司法》却常常在这些本应自治的领域强行掣肘。例如，50人以下的股东人数强制性限制并没有现实的意义，因为一个有限责任公司有多少个股东其实不影响股东自身以外的任何人。再如，三机关的设置在修订后仍然是强制性的，且职权范围几乎和股份有限公司相同，仅董事会和监事会在公司人数少、规模小时可以从简。有限责任公司设立的初衷就是股东自己经营可以减少代理成本，此处强行植入代理机构，和有限责任公存在的意义背道而驰。“股东会会议作出修改公司章程、增加或者减少注册资本的决议，以及公司合并、分立、解散或者变更公司形式的决议，必须经代表三分之二以上表决权的股东通过”也不近合理，因为这意味着如果一个股东占有三分之二以上的表决权，其余股东哪怕占有其他的三分之一，也只能服从相对大股东的决策，这显然不符合有限责任公司“人合性”的应有之义。除此之外，还有一些以章程兜底的条文，也颇有些刚柔难分，或者说有一些误导性，例如第七十一条股权转让部分，在作了一系列“规范”后又规定“公司章程对股权转让另有规定的，从其规定”，既然是由公司章程（股东间协议）解决的问题，为何还要另行规定？如果有必要强制性规定的，为何又要给公司章程优先地位？如此规定显得累赘，让人无所适从，还可能导致大股东通过多数决机制损害小股东权益。

在我国目前的公司法体例下，除了有限责任公司“股东自主管理公司”的需求一直不能被充分满足之外，未上市的股份有限公司“股权自由交易”的需求在某种程度上也被忽略了。虽然上市公司上市和交易的具体流程已和证券法完美对接，但是《公司法》却几乎没有规范未上市的股份有限公司的股权交易的内容，不仅交易流程和所需材料不清不楚，就连交易场所都是讳莫如深，只潦草地规定“按照国务院规定的其他方式进行”。如此，未上市的股份有限公司的股权如何能被市场公平定价？如何能实现自由流通呢？事实上，有关未上市股份有限公司的股权交易场所和流程的规定并非付之阙如，但是这部分本应由公司法具体规范的内容在公司法立法

① 参见罗培新：《公司法强制性与任意性边界厘定——一个法律分析的框架》，载《中国法学》2007年第4期。

体例中几乎空白，显然是不合适的。

除了这种重要的规范存在整体缺位之外，我国《公司法》对股份有限公司的强制性规范仍颇单薄，看似面面俱到，却过于“柔软”，使得投资者们常常对有融资需求的公司持有“不信任”的态度。这其实也是我国证券市场畸形发展、企业融资困难、民众投资无道的根本原因之所在。如前文所述，我国《公司法》规定股份有限公司的股东大会同时拥有修改公司章程继而拥有架空董事会肆意侵害小股东权益的能力和机会。除此之外，我国《公司法》对董事和高管的高信义义务的强制性规范也是很粗糙的，令投资者们望而却步。长此以往，我国的资本市场很可能充斥泡沫和投机倒把，进而影响我国社会主义市场经济的健康发展。

（三）两大法系的经验借鉴

大陆法系与英美法系在公司法的立法体例上各有特征，遵循不同的出发点和原理基础，各自规范的结构和方式也大不相同，但不约而同的是，两大法系的主流国家最终都选择了将两类公司分开立法。

大陆法系阵营对“公司”形态认可的范围比英美法系更大。例如，大陆法系公司法的典型代表——德国的公司法立法，在公司形态的分类上，不仅包含了有限责任公司和股份有限公司，还包含了无限公司、两合公司和隐名公司等公司类型。而英美法系公司法中所指的公司仅包括封闭公司和股份有限公司。[①] 以美国为例，除了封闭公司和开放公司，其余的企业形态都被涵盖进了合伙、有限合伙等组织形态。事实上，大陆法系中的两合公司和无限公司与英美法系中的合伙、有限合伙等企业组织形态虽然名称不同，但是仔细考虑其责任分配、运作和管理模式上却异曲同工。由此可见，在对“公司”这一组织形态的理解上，大陆法系更注重企业的“社团性”，[②] 而英美法系则更注重“有限性”。我国在对“公司”一词的定义上，更接近于英美法系，我国《公司法》所规制的两种公司类型——有限责任公司和股份有限公司都是最典型的公司类型，其余的商事主体则由合伙法、外资企业法等法律规制。但是如前文所述，有限性不足以作为公司法立法体例构建的根本依据，它仅影响公司对外的责任承担。真正影响公司法立法体例的应当是股东和股东、股东和公司之间的财产结构，因为这决定了公司的治理机制、运营模式以及权益分配，这些也是公司法需要规制的内容。

大陆法系的公司法规范常常采用“集中立法、分块规制”，即在统一的公司法典中，清晰、分块地对不同的公司类型进行规制。例如，法国经历了《商法典》规制公司法时期，到1925年单独颁布《有限责任公司法》，到最后1966年制定《法国商事公司法》，对公司作出统一规范；在日本，公司法也经过了从《商法典》的一部分到有限责任公司的出现和变革，最终脱胎出

① 这两种公司在各国的称谓可能有所不同，但是责任承担方式和运行模式却别无二致。

② 沈贵明：《基本商事主体规范与公司立法》，载《法学》2012年第12期。

《公司法典》——统一规范所有商事主体的公司法的历程。这些法典中，各个商事主体都被单独的章节模块专门分条规制，结构成清晰的块状。在对公司法的结构进行整体的调整和修改后，保持其块状结构和彼此边界的清晰度。①

英美法系的国家则更倾向于采用“分散式、打补丁”的立法模式。以美国现行的规范商事主体法律体系为例，除《商业公司法（修正示范本）》之外还包括《法定封闭公司附加规定（示范文本）》《统一有限责任公司法》《有限责任公司经营协议格式》等数部单行法，当新的企业类型出现，只要重新制定一部单行法，在原有的体系上打个补丁，将适用于新的商事主体的特别规范另行规定即可。就连封闭式公司也不过是在原有的公司法上打了一个补丁——在《法定封闭公司附加规定（示范文本）》出现之前，美国的公司法体系中根本没有“公开公司”这一概念，甚至现行的《商业公司法》中至今仍没有“公开公司”这一名词，所有有关封闭公司和公开公司的各自特征和差异性规范都是在《法定封闭公司附加规定（示范文本）》补充规定直接或间接得来的。

换言之，无论是大陆法系还是英美法系对于股份有限公司和有限责任公司这两种公司类别都是分开规范或者分别立法的。这两种不同的立法体例各有优势。“集中立法、分块规制”能节约立法资源，有利于构建完整的公司法体系，给商事组织形态之间的转换也留好了通路。直接分开立法充分地体现了两种公司的特征及功能差异，有针对性地设计公司管理、运营、分配等制度，还能通过单行法和专门立法对新的公司类型进行规范，由此避免由立法技术不到位而产生的适用不便。

中国商事法律体系虽然总体上是类似于英美法系的分散式立法，有诸多单行法对不同的商事主体进行规制，但到了公司法体例处就有些不伦不类：既没有像大陆法系一样成块状分别规制，也没有像英美法系一样分开立法。我国公司法结构更类似于一个“连体婴儿”，② “头脑”和部分“躯干”被两种类型的公司共用，另外的“躯干”和“四肢”又各行其是。若我国公司法体例能在此基础上稍作修缮，集分散式立法和合并式立法之所长，或许能在节约立法资源的同时，解决我国公司法体例矛盾所带来的一系列问题。

三、 我国公司法体例改革的方向

（一）区别个性为主，合理地保留共性

我国《公司法》的总则明确了我国《公司法》的立法宗旨、公司类型、股东权利、公司名

① 沈贵明：《公司立法体例比较分析兼议〈公司法〉修改相关问题》，载《法律适用》2013 年第 12 期。

② 甘培忠、曹丽丽：《我国公司法体系的重构——有限责任公司法和股份有限公司法的分立》，载《环球法律评论》2004 年第 4 期。

称、公司形态变更、经营范围、法定代表人、公司转投资、公司担保、职工权益保护、工会和党组织活动等方面。在这些方面，有限责任公司和股份有限公司存在很大的共性，没有必要分开立法。有些学者认为《公司法》的总则不如改为《公司法》序编，《公司法》总则的有些内容被民法总则收入，已然支离破碎，如股东有限责任、公司章程效力、营业执照换发、公司批准设立四个方面；[①] 至于法定代表人、股东权利、经营范围和股东有限责任等，完全可以置于有限责任公司和股份有限公司设立部分加以规范；公司担保和公司转投资的事项，则可回到董监高的资格与义务部分予以规范。

无论是以总则的形式存在还是以序编的形式存在，至少在立法宗旨、公司名称、公司类型法定代表人、公司形态变更、经营范围、工会、职工权益保护和党组织等方面的统一规范是有必要的，这是对其原有体例尽可能地保留，可以减少体例的修改成本，更具可行性。除此之外，还可以最大限度地突出两种类型公司之间的共性，为两个类型公司之间的转换和变更提供了法理上的坚实基础和依据。

第十三章附则的内容是一些《公司法》术语的含义以及外商投资对本法的保留适用的申明。这两个内容既可以单独保留，也可以并入其他章节——保留适用的申明可以并入总则；术语的含义可以分散到具体章节，在该术语首次出现时予以解释，增强阅读友好性。同理，第十二章法律责任的内容，也可以分散到各个章节，当法定情形出现时，即时提出相应的法律责任。这样一来，既可以让读者觉得规范和责任意义对应、一目了然、适用方便，也可以减少对法定情形的重复描述，节约立法资源。至于第十一章外国公司的分支机构，从目前来看，应当作为单独的章节予以保留。除了上述章节的内容外，《公司法》的其他部分都可以彻彻底底地从有限责任公司和股份有限公司两个方向各自分开规范，用于区别和适应两种公司的特性。

各自分开规范首先应该体现在各自的具体内容的增删上。我国《公司法》规范两种类型的公司，仅用了218条条文，我国台湾地区“公司法”共有条文449条，[②] 而日本《公司法》更甚，有979条条文，[③] 德国、美国各州的《公司法》立法条文更多。单从条文数量上，我国《公司法》已经不敷使用，其中，偏偏还有些“无用条文”，如前文所述：有限责任公司在设立和组织上有许多不应当由《公司法》规定，而应当由股东自行商议决定内容，那么冗余的法条就应当删除；股份有限公司出于吸引融资和股权流通的需求，急需配套完善的信息公开制度，那么该构建的制度就要增加。只有适度增删，我国《公司法》才有可能在分开规范的同时，保证全文

① 钱玉林：《公司法总则的再生》，载《环球法律评论》2019年第4期。

② 该计算方法忽略了台湾“公司法”“立法”修订时的集合条款，如“闭锁性股份有限公司”一节下共有14条，其条文序号为第356条之1至之14，第六章后增设“第六章之一关系企业”专章，该章共有条文12条，分别为第369条之1至之12，如将类似的集合条款统统展开计算条文数量远远超过449条。

③ 仅正文就有979条，再加上附录和案例索引则更多。

内容的严谨和周延。

各自分开规范也体现在各自不同的立法技术应用上。除了有限责任公司和股份有限公司在任意性规范和强制性规范的配比上应该有所调整外，如前文所述，我国《公司法》的强制性规范是否是真强制、任意性规范是否是真任意也是个值得关注的问题——对大股东的任意，往往是对小股东的强制。[①] 一些大陆法特有的精细化、地方化、专业化的立法技术也很值得我国学习。比如针对有限责任公司大股东利用三分之二的表决权修改章程以完成对公司的绝对控制继而欺压小股东的局面，德国《公司法》规定："有限责任公司章程的修改，需要以表决权票数四分之三以上多数通过，公司合同不能降低该多数要求，但可以将其提高或者提出其他要求。"[②] 从本质上来讲该立法技术是通过提高对股东的决策参与率和通过决议的表决权比例来提高公司章程修改的难度和审慎度，充分体现了德国《公司法》对于有限责任公司的人合性的考虑和适应。日本合同公司的章程修改比例要求则更高——"除章程另有规定，合同公司可经全体社员同意修改章程"。[③] 即日本《公司法》干脆利落地在人合公司章程修改的权限上摒弃了资本多数决，充分尊重社员的意思自治、保护"全员"的利益。

（二）从形式上分开到实质分离

《公司法》对两种类型的公司的分开个别规范，不仅是在谋篇布局上的分章立节、形式上的分开，更应当注重的是实质上的分开。除了"第一章　总则""第十一章　外国公司的分支机构""第十二章　法律责任"以及"第十三章　附则"已于上一节进行了讨论之外，我国《公司法》尚有"第六章　公司董事、监事、高级管理人员的资格和义务""第七章　公司债券""第八章　公司财务、会计""第九章　公司合并、分离、增资、减资""第十章　公司结算和清算"是合并规范的，"第八章　公司财务会计"为何要分开规范已于信息公开制度部分的讨论中言明，其他剩余几个章节也应遵循股份有限公司和有限责任公司的特性，各自分开规范。然而，现在已经从形式上分开规范的"第二章　有限责任公司的设立和组织机构""第三章　有限责任公司的股权转让""第四章　股份有限公司的设立和组织机构"和"第五章　股份有限公司股份的发行和转让"并非大功告成，应当根据不同公司的组织形式特点，在内容上作出有区分度的规范，避免"复制"和"套模板"。

当然，实质分离也不仅仅机械地指规范股份有限公司的设立、组织机构、股份的转让等事项必须和有限责任公司字句不同，换汤不换药，而应当是指制度内核——股份有限公司的股东会

---

① 郭瑞：《商事组织法中的强制性和任意性规范——以董事会制度为例》，载《环球法律评论》2016 年第 2 期。

② 吴飞飞：《公司法"规范错配"与公司章程自治法律风险》，载《西部法律评论》2016 年第 3 期。

③ 参见吴建斌编译：《日本公司法——附经典判例》，法律出版社 2017 年版，第 319 页。

中心主义和有限责任公司的单纯的资本多数决等，应当得到变更或改良，与它们自身的特点和功能相适应。如上文提到的在有限责任公司制中收效甚好却被我国《公司法》在股份有限公司误用的可排除的“单向缺省性”,[①] 就应该被用在该用的地方。由此可见，我国公司法立法不能仅仅停留在吸收“先进技术”“先进公司”上，而只有从法理根源出发，深刻理解两种公司本质上的差异，并据此作出有针对性、有区分度的规范，才能行之有效地将公司法的体例分离，才能助力于革故鼎新的公司法改革。

① 所导致的后果是，由于股份有限公司股东的分散性和小股东的决策参与率低，该制度加剧了股份有限公司，尤其是上市公司的大股东的强势程度。

商业银行风险处置中的股东权规制

■景 欣*

摘要：如何权衡审慎监管与股东权，是国内外商业银行风险处置面临的共同难题。我国相关立法与实践逐步实现法制化转型，需厘清股东权规制的法理与制度逻辑。权责机关随着商业银行风险演变，渐次介入其公司治理机制，采取以限制股东权利为主的规制措施，重新配置股东的权利、义务与责任。权责机关依法享有宽泛的权力，但其自由裁量缺少实体与程序的约束。国际准则及国外法律注重股东权规制的合法性、合理性与时效性，有效地约束权责机关的自由裁量权。我国需基于股东权规制的特性，借鉴国际最佳实践，吸取金融风险防控与处置的经验与教训，细化适用条件、权力分配、具体措施与实施程序等规则，实现大股东规制与维护公共利益的平衡。

关键词：商业银行　风险处置　股东　权责机关　规制

一、 待解问题： 审慎监管与股东权的权衡

自美国次贷危机、国际金融危机以来，商业银行的“治理失灵”和“监管失灵”备受关注。学界和实务界探讨大股东道德风险、滥用权利的规制对策。巴塞尔银行监管委员会（Basel Committee on Banking Supervision，BCBS）倡导股东优先分担损失，限制被处置银行股东的权利。① 金融稳定理事会（Financial Stability Board，FSB）强调赋予处置机构较大处置权力，可以限制或废除股东权。② 各国借鉴国际最佳实践，不断完善商业银行风险处置机制，强化对大股东的权力规制。

在我国，商业银行的股权管理与处置一直是金融改革的重点，近几年又成为金融风险防范

---

* 景欣，上海财经大学法学院博士研究生。

① BCBS, Core Principles for Effective Banking Supervision, p. 27，资料来源：https：//www. bis. org/publ/bcbs230. pdf, 2021 年 6 月 20 日访问。

② FSB, The Key Attributes of Effective Resolution Regimes for Financial Institutions，资料来源：https：//www. imf. org/external/np/pp/eng/2012/082712. pdf, 2021 年 6 月 20 日访问。

化解攻坚战的重点难点所在。2017 年以来，人民银行、监管机构落实中央会议精神，不断完善商业银行风险处置机制，持续加强股权管理与股东监管。股东权规制的规则与实践由政策化向法制化逐步转型。然而，现行法律制度对规制举措、利益协调等付之阙如，不能全面阐释风险处置与股东权规制的内涵与关系，凸显股东权规制法理研究的不足。强化商业银行大股东的权利规制，宜从公司治理与监管双管齐下，① 优先适用市场化处置，审慎运用行政干预，实现有效处置风险、减少公共救助成本、遏制股东道德风险等目的。② 权责机关因之享有较宽泛的自由裁量权，根据风险状态逐步介入商业银行的公司治理机制，调整和限制大股东的行为。这类规制涉及不同主体的利益协调，需要处理好权力与股东权、股东利益与公共利益的辩证关系。本文结合我国商业银行风险处置的历史与现实，剖析制度与实践中股东权规制的内在规律与制度逻辑，比较与借鉴国外实践与规则，探索依法规制股东权的路径。

二、股东权规制制度与实践的逻辑演变

（一）股东权规制方式的演变

1. 强势行政干预。在银行业改革初期，我国实行专业银行制度，并未实施银行股份制改革，未形成分业监管体制与现代银行体系。1998 年至 2002 年，人民银行采取差异化的股东权规制措施，处置了高风险城市信用合作社。有暂时流动性支付困难的机构自我救助，追缴股东欠款和占款，要求股东追加投资。对出现支付困难、亏损额不大的机构，对股东采取清产核资、核销呆账坏账、查清责任等措施。对严重资不抵债、不能支付到期债务的机构，实施行政关闭或司法破产，依法追究违法违规的股东等责任人。③

2. 行政干预与市场化处置结合。在城市商业银行风险处置中，地方政府、人民银行、监管机构等联合行动，结合行政干预与市场化处置，妥善解决了股权集中、股东关系贷款多和大股东掏空银行等引发的金融风险。例如，1998 年，威海市政府主导，引入山东高速投资集团，作为威海商业银行的控股股东。2003 年，吉林省政府引导信用社并购成立吉林银行，以新股置换旧股。2007 年，重庆市政府牵头重组万州商业银行，股东出资设立风险资产处置信托计划，以减持、以股抵债清理股权。过度的行政干预也会使风险处置产生更大问题。又如，海南省政府要求海南发展银行兼并了 28 家有问题的城市信用社。因组建基础薄弱、违法违规经营和兼并后负担加大等问题，该行严重资不抵债。

3. 中小银行处置中股东权规制。2018 年以来，随着我国严监管要求的深入落实，部分中小

---

① 参见宋立：《推进金融治理体系和治理能力现代化》，载《中国金融》2020 年第 3 期。

② 参见阳建勋：《公司治理与银行监管互动中的银行股东道德风险规制》，载《现代法学》2018 年第 4 期。

③ 《国务院办公厅转发中国人民银行整顿城市信用合作社工作方案的通知》（国办发〔1998〕140 号）。

银行逐步暴露出问题。人民银行、银保监会等合作，采取多种股东权规制措施，有效地化解了包商银行、恒丰银行和锦州银行的危机。其一，2019 年至 2020 年，包商银行被人民银行、银保监会联合实施接管，实施了清退涉明天集团的问题股权和股权重组等措施。新设的蒙商银行、徽商银行收购承接该行及其分行的资产负债，对包商银行实施破产，由存款保险公司与多家银行、相关部门及企业联合发起设立蒙商银行。① 其二，2019 年，在山东省委、省政府主导下，政府注资、发行新股，重组恒丰银行，非公开发行 1000 亿股普通股。中央汇金公司、山东省金融资产管理公司、新加坡大华银行分别认购了相应的股份。② 其三，2019 年，人民银行、银保监会与辽宁省政府联合主导锦州银行资产重组，成方汇达公司、辽宁金融控股公司达成认购协议，认购该行定向增发的股份。③ 在这三家银行的处置实践中，我国逐渐形成了依法有序的处置机制，对股东权的规制逐步法制化。

（二）股东权规制规则的完善

针对以往处置实践中任意性较强、缺少明确性和威慑力等问题，《银行业监督管理法》（以下简称《银监法》）借鉴了国际最佳实践，赋予监管机构在早期纠正中规制股东权的权力。我国银行体系的股权多元化、股东异质化日趋明显，增加了银行业治理难度。2013 年以来，一些中小银行大股东滥用权利谋取私利，银行已沦为其“提款机”，曝出违规持股、违规关联交易、骗贷等丑闻，严重威胁商业银行的安全与稳健运营。为全面治理商业银行股权管理乱象，监管机构制定了《商业银行股权管理暂行办法》（以下简称《办法》），④ 权责机关可要求银行自救，也可实行行政干预；当股东及其关联关系人不配合风险处置，使商业银行违反审慎经营规则的，监管机构也可采取相应规制措施。《银行保险机构恢复和处置计划实施暂行办法》要求相关银行报送恢复与处置计划，对股东权规制提出新要求。⑤《商业银行法修改建议稿》确立了早期纠正、风险处置与退出等制度，拟定了具体股东权规制措施。尽管制度不断强化监管机构处置权力，树立市场化处置优先、股东优先分担损失等理念，但规制股东权仍缺少可操作性强的规则。

从国内的立法与实践演变看，股东问题是我国银行业与生俱来的问题。早期银行尚未形成

---

① 黄頔：《人民银行举行 2020 年一季度金融统计数据发布会》，资料来源：http：//www. gov. cn/xinwen/2020－04/11/content_5501355. htm，2021 年 6 年 21 日访问。

② 《中国银保监会关于恒丰银行非公开发行普通股股份方案及有关股东资格的批复》（银保监复〔2019〕1171 号）。

③ 曾芳：《锦州银行 2019 年亏损 11.25 亿将进行重大资产重组》，资料来源：https：//finance. sina. com. cn/stock/relnews/hk/2020－04－01/doc－iimxxsth3013879. shtml，2021 年 6 月 23 日访问。

④ 《商业银行股权管理暂行办法》第十七条第二款、第二十四条、第四十八条第十一款，分别规定限制股东权利、责令转让股权等规制措施。

⑤ 该规章的适用对象为表内外资产≥3000 亿元人民币的存款货币银行。股东权规制措施包括股东救助、股东支持资本计划等。

公司治理机制，存在较强的行政属性和准公共机构属性，其风险的生成和扩散都将给经济社会带来重大影响。权责机关实施强势行政干预，倾向于以行政方式规制股东权。随着金融改革措施的逐步落地，我国不断完善现代银行体系和监管体制，促使各类商业银行建立健全公司治理机制，强势行政干预已不符合业态发展。权责机关规制股东权，限制和调整股东行为，及时处置商业银行风险，实现其安全与稳健经营。但权责机关必须遵循法定程序和权限，不得过度侵害大股东的合法权益。因此，有必要诠释商业银行风险处置中规则的法理与制度逻辑，明确股东权规制的行使条件、程序、强度与作用范围。

三、 股东权规制的法理剖析与制度构造

权责机关享有较为宽泛的自由裁量权，可以强制或非强制手段限制股东权利、增设股东义务与责任，其目的是及时处置商业银行风险。在我国的商业银行监管和处置法中，规则条文存在诸多空白与表达模糊，似乎刻意保持一种“建设性模糊”，部门规章却有意或无意地扩张处置权力。这种矛盾反映了强化规制的现实需要与法理、制度缺失的困惑。因此，需进一步归纳、借鉴国内外立法与实践，明确股东权规制的目标与定位，厘清其法律属性与制度构造。

（一）目标与定位：处置商业银行风险

1. 目标厘清：有效处置和有序处置。商业银行风险处置是当商业银行不可持续经营或不可能持续经营时，为确保关键金融服务和金融秩序不受影响而采取的行动。[①] 针对大股东的权利规制是风险处置中的重要措施，遏制大股东的道德风险与投机行为。金融控股公司、自然人大股东谋取私利，促使经理人采取过度冒险决策，对商业银行危机起到推波助澜的作用，[②] 暴露了欧美国家银行公司治理和风险处置机制的缺陷。为应对“大而不能倒”及其衍生问题，BCBS、FSB指引及各国立法确立有序处置机制，强调处置机构可废除和中止股东相关权利，促使股东优先吸收损失、积极救助银行。[③]

设立商业银行风险处置制度，使股东、特定债权人按照债权位阶吸收损失，预防商业银行风险苗头演变为实质风险，使商业银行恢复正常状态；或使救助无望的银行有序退出市场，避免并购、撤销或破产使股东等主体遭受极大损失。权责机关被赋予较为宽泛的处置权力，可以对商业银行、股东、董事及高管等采取权利规制措施，及时、有效地调控商业银行各方利益，保持风险

---

① BCBS, Key Attributes of Effective Resolution Regimes for Financial Institutions, pp. 11 – 12，资料来源：https：//www. imf. org/external/np/pp/eng/2012/082712. pdf，2021 年 6 月 23 日访问。

② EC, Directive (EU) 2017/828/EU of the European Parliament and of the Council of 15 May 2017 Amending Directive (EU) 2007/36/EC as Regards the Encouragement of Long – term Shareholder Engagement.

③ BCBS, Key Attributes of Effective Resolution Regimes for Financial Institution, p. 6，资料来源：https：//www. imf. org/external/np/pp/eng/2012/082712. pdf，2021 年 6 月 23 日访问。

处置期内公司治理机制有效运作。因此，股东权规制是为实现商业银行风险处置目的，权责机关针对银行大股东实施的规制行为。这种规制以限制权利为主，也包括增设股东义务或责任，是强制行为和非强制行为的总称，呈现从预防到处置功能逐渐强化的特点。

2. 体系定位：针对股东的风险处置措施。现代政府通过宏观调控、市场规制和公共投资等履行经济管理职能，以公共机制弥补市场机制的缺陷。① 在商业银行风险处置中，权责机关根据法律授权行使市场规制权，从微观层面规制股东行为，规避和处置大股东道德风险与投机行为引发的各类风险。

我国商业银行的风险处置涉及《银监法》《商业银行法》等法律制度，散见于系统重要性银行、金融控股公司等监管制度。结合各项规则，运用历史沿革解释与体系化解释，不难厘清股东权规制在商业银行风险处置中的定位。《办法》第二十四条、第四十八条源于《银监法》第十三条、第三十七条，股东配合风险处置；相关股东不配合风险处置时被责令转让股权、限制治理权。监管机构、处置机构有权自由裁量风险处置方式，对股东权利采取各类规制手段。梳理我国法律、规章和规范性文件，有关条文可按照功能分为四类。其一，日常监管、风险防范阶段的早期纠正措施，涉及《银监法》第三十七条、《商业银行资本管理办法（试行）》第一百五十三条至第一百五十七条、《存款保险条例》第七条，根据风险状况依次规制股东的财产权或治理权，敦促大股东恪守公司治理职责，发挥其在防范和化解商业银行风险中的作用。实践中，基层央行以风险提示函，要求法人银行大股东补充资本，及时报告关联交易等情况。其二，风险处置阶段的规制措施，涉及《银监法》第三十七条、《存款保险条例》第七条第六款，仅规定存款保险机构处置风险的自由裁量权。具体规制措施适用监管文件，如银行核心一级资本充足率跌破5.125%时，触发减记程序，核销股东权。《商业银行法修改建议稿》整合监管文件的规制规则，意欲将减记或转股等规制措施法定化。其三，在流动性救助中，人民银行规章要求股东制定救助方案、承诺增资扩股或提供担保。② 其四，依照《商业银行法》《银监法》《公司法》等法律，权责机关可在接管、机构重组和破产中实施股东权规制措施。《商业银行法修改建议稿》细化接管程序，规定限制股东权、强制转让股东权等措施。

（二）法律属性：有别于传统行政行为

1. 行为方式：强制与非强制方式相结合③。商业银行要事先提交恢复与处置计划，事先安排银行救助、再融资等事项。人民银行要求系统重要性银行报送恢复与处置计划，涉及股东救助、限制权利、承担额外责任等内容。新设银行的发起人在发起人协议或公司章程中约定，制订资本

① 参见张守文：《略论经济法上的调制行为》，载《北京大学学报（哲学社会科学版）》2000 年第 5 期。
② 《中国人民银行紧急贷款管理暂行办法》（银发〔1990〕407 号）。
③ 参见邢会强：《金融监管措施是一种新的行政行为类型吗?》，载《中外法学》2014 年第 4 期。

补充计划，约定要承担的剩余风险。如华瑞银行等民营银行的发起人，就在协议或章程中约定了股东承担剩余风险、补充资本等义务。[①] 控股股东、主要股东以书面承诺维持资本、救助银行。监管机构审查这些股东自治协议，评估银行救助方案的可处置性，认可其中的注资、救助或处置承诺，要求银行或大股东及时更新或修订。当商业银行处于风险状态，触发约定事件时，发起人、控股股东或主要股东将依照约定采取注资、救助等措施。监管机构经可处置性评估后，对不符合要求或过时的承诺提出修改意见，提出审慎监管要求，认可这类协议的法律效力。在早期纠正中，监管机构以资本监管指标为依据，采取逐步强化的股东权规制措施。在银行救助中，优先适用资产或股权交易、债转股等市场化手段。这类措施在股东约定时是非强制性规制行为，在适用法律规定时属于强制性规制行为。[②] 在银行市场退出中，权责机关优先采取市场化处置方式。并购行与合并行之间协商一致的并购是非强制性行为，对股东权并购适用合同法、公司法及证券法的规制措施。权责机关主导的并购虽遵循一般并购交易规则，却必须接受准入、反垄断等严格监管。撤销关闭或破产清算都属于权责机关运用公权力的强制性行为。权责机关依据法律授权，依据商业银行风险演变态势确定，自由裁量是否采取强制措施。

2. 行为属性：介于民事行为与行政行为之间。权责机关采取核销、转让或限制等方式规制股东权，让股东承担额外的义务与责任。[③] 这类规制行为介于民事行为和行政行为之间，具有不完全的平等性和不完全的命令—服从性。[④] 监管机构、处置机构依法定职权行使监管和处置行为，不完全是行政命令，也并非行政强制和行政处罚，难以归划为传统意义上的行政行为。[⑤] 监管机构在实施早期纠正时，要求大股东制订资本补充计划或限制分红，限制股东权利或设定股东义务。当触发优先股转换、债转股等自救机制时，产生稀释股东财产权、影响股东治理权的客观效果。这类自救行为并不符合行政命令的要件。大股东遵循自治协议，依照“生前遗嘱”约定补充资本或分担风险，并非遵循行政命令。当商业银行撤销关闭或破产清算时，大股东几乎丧失了一切权利，只有配合权责机关的义务，这时的规制措施属于行政强制。当权责机关与大股东以约定方式处置风险时，双方形成了行政合同关系。所有的风险处置方式都属于权责机关履行法定职责的行为，应遵循法无授权不可为、法定程序等要求，符合行政行为的合法性与合理性。

3. 主要功能：缓解信息不对称和稳定作用。在商业银行风险处置中，股东权规制发挥“调

---

① 第一财经日报：《华瑞银行发起人协议曝光　股东要兜底 50 万以下个人存款》，资料来源：https：//m. hexun. com/bank/2014 - 11 - 14/170378178. html，2021 年 7 月 23 日访问。

② See Bart P. M. Joosen, Regulatory Capital Requirements and Bail in Mechanism, in Matthias Haentjens, Bob Wessels, Research Handbook on Crisis Management in the Banking Sector, Edward Elgar Publishing, 2015, pp. 225 - 226.

③ 参见杨松、郭金良：《银行危机处置中的股东权利限制研究》，载《法律科学》2013 年第 5 期。

④ 参见王勇：《问题银行公共资金救助法律制度研究》，法律出版社 2016 年版，第 172 页。

⑤ 参见郑春燕：《行政任务取向的行政法学变革》，载《法学研究》2012 年第 4 期。

制解调器”和“内在稳定器”作用。① 权责机关规制股东权利，旨在解决股东、经营管理层委托关系形成的信息不对称，避免商业银行风险引发的公司治理失灵，发挥“调制解调器”作用。商业银行的股东权源于股东与其他主体的契约，设定股东的权利、义务和责任，促使股东依法规范出资、持股、转股等行为。股东不参与经营管理决策，通过股东会参与公司治理。商业银行内部存在“双重委托关系”，容易形成股东之间、股东与经营管理层之间的信息不对称。《公司法》禁止大股东滥用权利和背信行为，设置董事会、监事会、诉讼维权等制衡机制。② 经营管理层容易被大股东控制，使公司治理机制失灵。监管机构在监管和处置中对大股东提出较高要求，旨在缓解大股东与利益相关者之间的信息不对称，也遏制其道德风险和投机主义行为。

股东权规制也发挥了“内在稳定器”作用。股东天然存在着追求盈利的动机。在有限责任制度的庇护下，大股东容易利用控制权或影响力迫使董事会、经理人作出非理性决策，采取过度冒险经营行为，威胁商业银行的安全与稳健经营。商业银行极易受到负面消息或风险的影响，单个银行的风险容易发生传染效应，“大而不能倒”银行更易引发系统性金融风险。一旦商业银行产生危机，需要监管机构等权责机关迅速行动，最大限度地减少风险的负面影响。当商业银行处于风险之中时，市场与私法机制自治失灵，司法救济程序不经济，权责机关限制大股东权利，设置股东的额外义务与责任，调和股东与各相关方的利益纷争，保障关键金融功能，维护市场信心和宏观金融安全。

（三）制度构造：针对大股东的利益调整机制

1. 主要受制主体是商业银行大股东。商业银行大股东是股东权规制的主要受制主体，应以其持股比例或影响力进行界定。控股股东、主要股东当然是大股东，③ 发起人、有影响力的自然人股东是大股东，控股或有影响力的法人股东和国有股东也是大股东。④ 其中，法人股东不仅包括银行集团、金融控股公司，也包括运营金融产品的特殊机构。与中小股东相比，大股东处于资金、决策和信息的强势地位，对商业银行的控制力和影响力更强，具有不当行使权利的内在动力和倾向。大股东行为的负外部性更强。此外，大股东在银行风险处置中可能会利用其优势地位，借助信息不对称侵害中小股东的合法权益。

---

① 参见张守文：《略论经济法上的调制行为》，载《北京大学学报（哲学社会科学版）》2000年第5期。

② 参见王之亮：《中国大型商业银行公司治理及其优化路径研究》，西南财经大学2012年博士学位论文，第75页。

③ 控股股东、主要股东以持股比例进行界定。《商业银行公司治理指引》第九条第二款，直接、间接、共同持有或控制银行股份或表决权≥5%的股东是主要股东，对银行决策有重大影响的股东也是主要股东。《商业股权管理暂行办法》第五十六条第（一）项，持有股份有限公司股份总额≥50%的股东是控股股东，持股比例<50%且其表决权对股东大会决议产生重大影响的股东也是控股股东。

④ 法人股东或国有股东持股比例较小时，一般不宜被认定为大股东；但当其对银行经营管理有影响力时，也应当被认定为大股东。

2. 主要目的是协调利益冲突。风险预防和控制的理念伴随着银行经营管理的始终。各国法律制度对商业银行股东权实施全方位规制，不同阶段规制的价值取向和重点不同，协调与平衡股东与其他主体的利益关系，防控大股东行为引发的利益冲突。在准入阶段，监管机构设置设立或入股银行的资格、金额、持股形式等条件，规制商业银行投资者或发起人的投资行为，防范设立银行时的投机风险。我国监管机构近年来排查股权风险，强化对股东的穿透式监管，要求大股东层层说明实际持股人。在商业银行正常运营阶段，主要是公司治理机制发挥重要作用，平衡股东与股东、股东与债权人等主体之间的利益冲突，控制大股东不公平侵害行为，保护中小股东的合法权益。在商业银行风险处置中，大股东冒险行为和投机行为引发的利益冲突更甚于平常，容易促使管理层罔顾银行问题、采取冒险经营行为，这些利己行为容易导致系统性风险，影响金融市场信心和金融稳定。如果不注重规制股东权利，则会导致银行问题扩大化，甚至引发银行破产倒闭，对社会公共利益造成极大的损害，因而经济安全和秩序在此时居于优先地位。实施股东权规制，更注重维护金融稳定，防范系统性风险，保障关键金融功能运作，维护金融市场信心。

四、 我国股东权规制规则的现状与不足

（一）适用条件简略

在商业银行风险处置的过程中，适用股东权规制措施应当符合启动条件、对象条件、适用前提等条件。《银监法》《办法》等均未明确风险处置的启动条件。判断商业银行风险状态，是监管机构或处置机构的审慎监管职责，也是其依法自由裁量的事项之一。判断基础是审慎经营规则，现行法律对此规定不甚明确。《银监法》第二十一条以概括与列举的方式，规定了审慎经营规则的主要内容，包括但不限于资本充足率、风险管理、关联交易等方面，① 约束股东及关联关系人的准入、退出、股权交易等行为。具体指标值散见于各类监管规章和规范性文件。《商业银行法修改建议稿》第四十六条规定宏观审慎监管和风险管理，还需要统合宏微观审慎监管规则进行判断。

《办法》以三个条文规定了股东权规制的适用条件，在适用前提、适用对象等方面存在差异。《办法》第十七条、第二十四条、第四十八条分别规定了“责令改正”“责令转让股权”“限制股东权”等措施。其适用前提都是股东不配合风险处置，使商业银行违背审慎经营规则，未在规定期限内改正；或严重危及银行稳健运行，侵害银行利益、存款人利益及客户利益。其

① 《银行业监督管理法》第二十一条以列举与概括相结合的方式规定了审慎经营规则，大致包括风险管理、内部控制、资本充足率、资产质量、损失准备金、风险集中、关联交易、资产流动性等指标。《商业银行法修改建议稿》第四十六条规定宏观审慎指标，包括资本监管指标、资产管理、流动性监管、集中度监管、跨境资金逆周期监管等指标。二者的指标存在重叠之处，分别从微观和宏观层面实施的监管。

中，“不配合风险处置”“违背审慎经营规则”的认定较为模糊。股东与关联关系人“不配合”，包括未能履行风险处置义务、未完全履行义务及怠于履行义务。监管机构或处置机构的要求应当是处置商业银行风险所必要的，且并未超出该机构的法定权限范围。

《办法》第二十四条要求所有股东积极配合风险处置，监管机构采取风险处置或接管等措施。第十七条仅要求转让主要股东的股权。第四十八条要求股东及其关联关系人责令改正。其中，“责令改正”的适用对象是股东及关联关系人，可按照“实质重于形式”的原则进行识别。“责令转让股权”适用于控股股东，应当依照《公司法》第二百一十六条、《办法》第五十六条认定控股股东。[①]“限制股东权”也适用于中小股东。主要规制目的在于通过限制股东的治理权，遏制其不当关联交易等关系。这些规则存在适用对象不一致的问题，差别化规制措施并未明确区分适用对象。

（二）权力分配不明

我国现行法律制度对各权责机关的规制权力缺少总体安排。《中国人民银行法》《银监法》规定，人民银行、银保监会都有防范和化解金融风险的职责，[②] 有权主导商业银行风险处置的全过程，地方政府应当配合风险处置。《存款保险条例》赋予存款保险机构处置风险的权力。但现行制度并未明确规定这些机构规制股东权的权力。仅《办法》第二十四条、第四十八条规定，实施股东权规制的主体是银保监会或其省级分支机构。《商业银行法修改建议稿》试图从法律层面解决权力分配问题，仍需更明确、更具可操作性的规则及配套制度。

现行法律制度中风险处置权力与职责边界仍不清晰。在早期纠正阶段，存款保险机构、银保监会都享有纠正权力，对股东权利进行相应的规制。银保监会可进行结构化干预，采取预警到强制资本处理、接管或重组等措施。存款保险机构纠正权力缺少具体的、可操作性的明确指引。两机构的纠正权力应当是互补和协调的关系，而现行法律制度并未明确职责分工、适用范围、程序和措施。银保监会有权促成机构重组或接管。实践中人民银行等机构也参与其中。简略的法律条文并未规定股东权规制措施，尚需进一步厘清两机构的处置权力。人民银行、财政部门只有采取流动性支持或公共援助行动时，才能对商业银行股东提出附加条件。我国商业银行的破产清算制度属于混合模式，一般事项主要适用《企业破产法》《公司法》及相关司法解释，涉及商业银行的特别事项适用《商业银行法》。法院虽主导破产清算的司法程序，却以监管机构先行处置为基础。我国尚未制定商业银行破产制度，缺少衔接性法律制度。

---

① 《公司法》第二百一十六条以持股比例或重大影响作为控股股东的判定标准。《商业银行股权管理暂行办法》第五十六条强调了该认定标准。

② 《中国人民银行法》第二条规定人民银行具有防范和化解金融风险、维护金融稳定的法定职责。《银行业监督管理法》第一条规定银监机构具有监管、防范和化解银行业风险的法定职责。

（三）规制措施简略

《办法》第四十八条将指示性参照规范、责令行为规范相结合，规定监管机构可在股东不配合风险处置时采取的规制措施，呈现补救性功能到惩罚性功能的逐步强化。① 该条款使用了“有约束单一责令结构”和“条件并处结构”等制裁结构。② 其中，“责令改正”是一种行政纠错机制，期限一般不宜超过商业银行风险处置的最佳时期。责令转让股权、限制股东权利属于监管强制措施，对股东权的规制强度与范围取决于风险处置方式。监管机构还可同时责令股东转让股权或限制治理权。《银监法》《商业银行法》只笼统地规定了股东配合风险处置义务，并未规定监管机构的具体规制措施。监管规章及文件散布着各类规制措施，不仅效力层次较低，也未形成互相衔接与关联的体系。

（四）实施程序缺失

我国的商业银行风险处置程序大体上分为风险预警、早期纠正、接管、机构重组、撤销和破产等环节，各环节中仅有零星的、程序简略的股东权规制措施。在风险预警阶段，监管机构遵循审慎监管程序，限制股东的部分权利。监管机构在早期纠正中，根据《商业银行资本管理办法（试行）》中资本的不同阈值，③ 适用强度渐强的、梯次性的权利限制措施，甚至要求股东承担额外的义务。监管机构启动风险处置程序后，应当根据银行风险状况采取相应的规制措施，对不配合风险处置的股东采取规制措施。《银监法》和《办法》仅规定了股东权规制的批准与解除程序，并未明确其启动条件、各环节具体措施的实施程序，其他法律、法规及规范性文件也只规定了简单的处置程序。适用《办法》第四十八条第十一款项时，监管机构应当依照《银监法》第三十七条的程序，商业银行、股东及关联关系人进行整改，经过监管机构验收后解除整改措施，恢复受限制的股东治理权。但控股股东已被转让股权的，不可恢复原状，无法适用解除程序。

银保监会遵照《银监法》对问题银行实施接管或机构重组。当商业银行可能或已经发生信用危机时启动接管或重组程序，④ 限制股东的投票权等治理权，并在必要时核销股权或转让股权；在接管终止时，根据情况分别实施相应的股东权规制措施。⑤ 在撤销和破产中，依照《银监法》《商业银行法》《企业破产法》等规定，依照法定程序限制股东的治理权或财产权。破产清算将会核销股东权，最终使股东其他权利归于消灭，仅享有剩余财产分配权。⑥ 我国尚不存在商

---

① 参见陆海天、许多奇：《论我国银行业审慎监管强制措施的法律属性及其立法完善》，载《法学杂志》2020 年第 5 期。

② 参见胡建淼、胡晓军：《行政责令行为法律规范分析及立法规范》，载《浙江大学学报（人文社会科学版）》2013 年第 1 期。

③ 《商业银行资本管理办法（试行）》第一百五十三条至第一百五十七条。

④ 《银行业监督管理法》第三十八条。

⑤ 《银行业监督管理法》第三十七条第二款。

⑥ 《商业银行资本管理办法（试行）》第一百五十三条至第一百五十七条。

业银行风险处置的统合性立法，呈现法律与政策并用、新旧制度并立、多层次规范共存等特点。风险处置不同环节存在一定程度的重叠，处置机关如何启动各环节缺少明确规定，需进一步厘清股东权规制的具体程序。

五、 比较法视野下股东权规制的具体规则

（一）适用条件：量化与裁量标准并重

商业银行处于风险状态，成为问题银行，是风险处置程序的启动条件。判断商业银行的风险状态，是启动程序、实施规制的前提。学界和实务界不存在统一的风险界定。巴塞尔银行监管委员会将风险分为市场风险、流动性风险、操作风险、声誉风险和策略风险等类型，[①] 可分别从监管指标、银行公司治理状况判定。在一般情形下，监管机构在日常监管中督促商业银行及时消除风险。当商业银行陷入资本不足等状态时，监管机构可对大股东等采取纠正行动，使银行恢复安全与稳健运行状态。当商业银行存在多重叠加风险或系统性风险，可能会导致银行破产倒闭或濒于倒闭的，对经济社会存在潜在影响，就需要监管机构启动风险处置程序。FSB 倡导无法持续经营的标准。美国联邦存款保险法（Federal Deposit Insurance Act，FDIA）规定，联邦存款保险公司（Federal Deposit Insurance Company，FDIC）运用五级资本分类法、结合相关监管指标判断，分别在资不抵债、无清偿能力或监管性标准下启动风险处置程序。[②] 欧盟法以监管性指标为核心，确定了银行处置程序的启动标准，需满足以下条件：商业银行已经失败或可能失败、各类救助措施无法阻止失败和公共利益需要。相关制度中明确了银行失败的界定标准，及银行可持续经营能力（viability）的评估程序。[③] 美国法确立更明确、更具弹性和梯次性的量化标准；欧盟法在单一监管与处置机制下适度照顾各成员方的差异，赋予权责机关较大自由裁量权。

（二）权力配置：权责机关的分权与制衡

股东权规制一般属于监管机构或处置机构的法定职责。央行的处置权力旨在维护金融稳定、防范系统性风险，或作为最后贷款人为问题银行提供流动性支持。存款保险机构主要负责防控系统性风险，在银行危机时赔付存款人损失，享有衍生的风险处置权力。当问题银行对经济社会的负面影响较大时，其他权责机关也将涉入其中。各机关之间权力的合理分配与协作，对商业银行风险处置的成效影响甚大。各机关应以有序、有效、及时处置问题银行为目标，统筹审慎监

---

① See Yves Mauchle, Bail – In and Total Loss Absorbing Capacity（TLAC）Legal and Economic Perspectives on Bank Resolution with Functional Comparisons of Swiss and EU Law, Wolters Kluwer, 2017, p. 45.

② 12 U. S. C. Section 1821（c）（5）（Supp. Ⅳ 1992）.

③ BRRD, Art. 19. 5 – 19. 7, Art. 21.

管、最后贷款人、存款保险、破产清算等职能,[①] 依次介入问题银行的救助与市场退出。财政部门将主导国有化、公共资金援助等措施，不宜过多地干预银行的正常经营。政府在风险处置中可以稳定经济社会秩序。[②] 对系统重要性银行实施风险处置时，监管机构、央行、处置机构等组成危机管理小组（Crisis management Group，CMG），负责跨境处置、沟通协调等事宜，各机关应按照各自职责协同救助银行。[③] 这些权责机关只有履行其法定职责时，才能对大股东提出一定的附加条件，要求其为或不为特定行为。法院虽被动地涉入商业银行风险处置，但在一般机制中协助实施和强制执行处置措施，在特定机制中使处置或规制措施发生法律效力。[④] 例如，在英国特别处置机制中，英格兰银行等须向法院申请管理令、破产令等令状，法院有权审查或否决申请，或签发相关令状。[⑤] 美国 FDIC 可向地区法院申请临时禁令，解决中止或终止银行经营等措施执行难题。[⑥] 法院在司法清算中裁判股东分担损失或分配所得财产。此外，法院在具体案件裁判中享有对规制行为合法性与合理性的司法审查权。

（三）具体措施：根据银行风险状况调整

处置机关在风险处置中重新配置大股东的权利、义务与责任。风险处置程序可被分为前置程序、救助和市场退出阶段。早期纠正不能化解商业银行风险时，该银行将进入风险处置程序。在银行救助阶段，监管机构或处置机构的干预是渐进式的，优先适用市场救助，以减记、转股等方式吸收损失。其次采取财政援助、过渡银行与国有化等行政干预方式处置风险。其中，财政援助是以国家财政部门向银行注入资本，要求大股东提供担保或分担损失，以免产生公共救助中的道德风险。在实施国有化时，政府成为问题银行的股东，而原股东丧失了部分权利，甚至完全丧失所有权利，失去股东资格。在相关立法例中，银行恢复与处置指令（Bank Recovery and Resolution Directive，BRRD）规定了诸多市场化处置工具及其适用规则。处置机构在实施资产或股权出售时，一般要符合公平市场交易条件。[⑦] 处置机构以平等主体参与交易；在确保金融稳定或

---

① See Tomas Ambrass, Bank Resolution Regime. Balancing Private and Public Interests. A Comparative Analysis, Mykolo Romerio universitetas, 2015, p. 232.

② See Tomas Ambrass, Bank Resolution Regime. Balancing Private and Public Interests. A Comparative Analysis, Mykolo Romerio universitetas, 2015, pp. 232 – 234, 241.

③ BCBS, Key Attributes of Effective Resolution Regimes for Financial Institution, p. 14, 资料来源：https://www.imf.org/external/np/pp/eng/2012/082712.pdf, 2021 年 6 月 20 日访问。

④ BCBS, Key Attributes of Effective Resolution Regimes for Financial Institution, p. 17, 资料来源：https://www.imf.org/external/np/pp/eng/2012/082712.pdf, 2021 年 6 月 20 日访问。

⑤ Banking Act 2009: Special Resolution Regime Code of Practice, pp. 29 – 34, 资料来源：https://assets.publishing.service.gov.uk/government/uploads/system/uploads/attachment_data/file/209933/bankingact2009_code_of_practice.pdf, 2021 年 6 月 20 日访问。

⑥ 12 U. S. C. 1818（d）.

⑦ BRRD, Art. 39. 1 and 2.

处置效果时可也采取强制交易。[①] 在实施过渡银行或资产剥离时，处置机构无须经过股东同意，可强制转让其股权，同时限制股东的财产权和治理权。[②] 在实施债转股时，处置机构首先要求大股东承担损失，依次将次级债、高级别债转化为股权，并吸收相应的损失，以转股、减记方式限制股东的财产权。减记、转股还需与更换管理层配套实施，调整银行内部结构或经营方式，将限制股东治理权。[③]

当救助无望的问题银行退出市场时，欧美国家一般适用并购重组、撤销关闭和破产清算。并购重组涉及资产、负债和股权变动，被合并银行的人格消灭。在实施并购过程中，大股东在自愿并购中享有有限的表决权等治理权，在强制并购中不再享有这类治理权。原股东成为存续银行或新设银行的股东，股东地位、股权结构均发生了变化，大股东的财产权益受到很大影响，其治理权也被削弱。在希腊阿尔法银行、比埃雷夫斯银行重组中，大股东的财产权、治理权就因重组方案产生变动。在对问题银行实施撤销关闭或破产清算时，大股东不仅将丧失治理权和财产权，也将分担银行的剩余风险，赔偿存款保险基金的损失或直接赔付存款人。最终结局是无法破产重整、救助彻底无望的银行完全退出市场，正如美国第一州银行破产那样，大股东丧失一切权利。

（四）程序设置：有序和渐进式规制

欧美国家构建了商业银行的有序处置机制，渐进、有序地规制股东权。英国《2009 年银行法》将特别处置程序分为银行稳定程序、银行破产程序和银行管理程序。为保障商业银行转让后资产或业务的正常运营，启动稳定程序、破产程序时，同时启动银行管理程序。英格兰银行作为银行管理人，实施资产转让或过渡银行等处置措施，采取停止分红、清算和解散银行等措施规制股东权。特别处置机制强调市场因素，形成权责机关与市场主体的互动，更注重权责机构间的互相制衡。[④] 美国法赋予 FDIC 更宽泛的自由裁量权，依据风险处置的需要和判断，针对股东实施不同强度的规制措施。如 FDIC 处置富兰克林国民银行风险时，就采取了承接与购买交易、资产剥离等措施，不仅使大股东股权发生变动，也使大股东的财产权因减记、转股发生变化，甚至使其转移股份所有权。《2010 年华尔街改革与消费者法案》确立了有序清算等处置程序，强化了对银行控股公司及控股股东的要求。资产超过 500 亿美元的系统重要性银行和被保险银行，可由财政部长决定启动有序清算程序，FDIC 行使处置权、任命接管人，可不经过股东和债权人同意

---

① BRRD, Art. 39. 3.

② BRRD, Art. 40 and 42.

③ BRRD, Sec. 5. The bail – in tool.

④ See Louise Verrill, Paul Durban, United Kingdom (England and Wales), in Matthias Haentjens, Bob Wessels, Research Handbook on Crisis Management in the Banking Sector, Edward Elgar Publishing, 2015, pp. 524 – 543.

行使处置权力。系统重要性银行按要求提交“生前遗嘱”。[①] 这种机制旨在约束大股东等主体的投机行为，试图在遏制道德风险、避免公共救助和维护金融稳定之间取得平衡。

六、 有序风险处置机制下的规则重构

（一）明确设定适用条件

启动商业银行风险处置程序，首先需要厘清监管与处置的前后相继关系，实现两类行为的合理衔接。相关法律制度规定时机、标准、阈值等要素，进一步明确风险处置程序的启动条件。我国可借鉴美国法的差别化启动标准，以审慎监管指标为主要依据，兼采判断资产负债表、流动性等标准，决定是否启动风险处置程序。我国还需明确风险处置中股东权规制的裁量基准，有效约束权责机关的自由裁量权。《银监法》《商业银行法》简要规定风险处置的目标、原则和方式，[②] 并在《商业银行风险处置条例》中规定商业银行可处置性的评估程序，规定股东权规制中要考虑的各种因素；明确要求监管机构、处置机构比较股东权规制的成本与收益，从中选择最优的、最小成本的处置方式。

（二）合理分配规制权力

以有序、及时、有效处置商业银行风险为导向，划定各权责机关的权力边界，厘清不同权责机关的职责范围，实现处置权力在横向和纵向上的合理分配。人民银行、银保监会主导商业银行风险处置全过程，一般由后者启动风险处置程序。两家机构都有权实施股东权规制。人民银行同时履行最后贷款人职责，为问题银行提供流动性支持，也参与对系统重要性银行、金融控股公司及附属银行的风险处置，以股东权规制为各类处置方式的附带条件。财政部门实施注资、国有化等公共救助，也可给股东设置部分义务。我国还需赋予各级政府稳定职能，减少商业银行风险处置对经济社会的负面影响。各权责机关应形成协同处置风险的合力，避免权力竞争和推诿，过度侵害大股东的合法权益。法院是商业银行风险处置的最后防线，通过裁判银行破产案件和司法审查，以权利、义务与责任的重新分配调整大股东的行为，确保风险处置不会过度侵害股东的合法权益，又不会让股东滥诉影响银行风险处置进度。

（三）精准适用规制措施

结合具体的资本监管指标，判断商业银行风险特点及其演化态势，实施与之适配的股东权规制措施。在早期纠正中，以资本监管指标为判断标准，当资本充足率、核心资本充足率等指标

---

① See Donald Bernstein, Reena Agrawal Sahni, United States, in Matthias Haentjens, Bob Wessels, Research handbook on Crisis Management in the Banking sector, Edward Elgar Publishing, 2015, pp. 550 – 559.

② 《商业银行法修改意见稿》虽确立了商业银行风险处置机制，但风险处置的目标还需法定化，《银监法》还需作出适当修改，形成相互协调与衔接的制度体系。

低于比较充分标准时，股东应当采取补充资本等行动。在银行自救阶段，以股东事先约定的触发事件为准，分别适用减记、转股、债转股等机制。行政干预救助以权责机关自由裁量适用条件。当问题银行处于市场退出阶段时，股东可按照市场化处置或行政干预的条件，分别承担权利限制、分担风险等义务。在采取购买与承继、债转股融资、并购、资产剥离等方式处置风险时，商业银行将会发生股东权转让或股权稀释，也会对银行公司治理结构产生影响。《公司法》等法律及时作出回应，实现股东权规制措施和公司法律制度的衔接与协调。我国还可以借鉴美国法的制定法和判例法规则，明确股东承担剩余风险等特别规制的适用条件。在商业银行风险处置中，大股东承担的责任突破有限的额度，控股股东适用“力量之源”、额外股款补缴、交叉担保等类似规则。

（四）完善具体规制程序

我国处置实践中长期存在“重实体、轻程序”现象。完善商业银行风险处置制度，必须扬弃以往处置和规制经验，破除盲从国内外经验的“路径依赖”。结合国际最佳实践重构程序理性；制定符合正当程序原则的股东权规制规则。我国可在《银监法》中设置股东权规制的一般程序，并在《商业银行风险处置条例》中明确各项规制措施的具体程序与特别程序。根据商业银行的风险特点，整合相关规章、规范性文件的规定，形成早期纠正、救助和市场退出相互衔接的完善流程。明确界定各程序环节的功能定位。早期纠正属于处置前置程序，倡导通过纠正排除风险隐患。银行救助旨在恢复商业银行常态。当各方无法以纠正措施排除商业银行风险时，应当启动处置程序，分别实施股东救助、债权人救助、行政救助等环节；避免权责机关过早介入救助引发银行、股东等主体的道德风险。银行退出实现负面影响最小化。当问题银行处于破产边缘时，应当启动市场退出程序，优先适用市场化退出；将强制退出作为最后的处置手段。明确具体规制措施的触发事件、适用程序和范围。

构建较为完备的商业银行风险处置制度，是推进国家治理体系和治理能力现代化建设的重要组成部分。商业银行风险处置涉及股东利益与公共利益的权衡与协调，监管机构享有较大的自由裁量权，仍应恪守行政行为的合法、合理和正当程序等基本原则。现实社会复杂多变，商业银行风险瞬息万变，更适宜动态、灵活地进行处置。情势变化远远超出规则条文字义的涵射范围，这使任何规则都变得模糊、滞后。在实践中，需厘清商业银行风险处置规则的文义、目的与适用范围，规范监管机构、处置机构的规制权力。妥善规制股东权利，以完善的商业银行公司治理与风险处置机制，巩固我国防范与化解金融风险的重大成就。

新《证券法》下证券交易所自律管理职能的厘定与转变

——以司法介入的诉讼方式为视角

■艾 博*

摘要：随着证券市场的不断发展，证券交易所的自律管理属性日趋强化，自律管理具备的灵活高效等监管优势获得更广泛的认同。在证券交易所自律管理职能向纵深推进的背景下，本文以自律管理司法介入的诉讼方式为视角，分析涉及证券交易所履行自律管理职能的纠纷适用行政诉讼程序所存在的问题，介绍了新《证券法》关于证券交易所自律管理职能相关规定的变化，并提出修改相关司法解释的具体建议。在此基础上，本文探索构建恰当的行为标准以明晰证券交易所自律管理职能的法律性质，通过明确证券交易所依据业务规则履行自律管理职能的民事法律属性，更好地实现自律管理灵活性与监管规范性的平衡，进一步提高证券监管的法治化水平。

关键词：新《证券法》 自律管理 司法介入 行为标准

一、 问题的提出

证券交易所的自律管理与行政监管、司法救济共同构成证券法律实施机制体系，① 其体现为对证券市场参与主体的自我管理、自我约束、自己监督自己的事务，② 并在全球证券市场发展历史中占有十分重要的地位。我国的证券交易所自律管理在特定历史环境下呈现新兴与转轨的特征，③ 从世纪之初PT水仙股民诉上交所案开始，伴随我国证券法律制度的迭代发展，对证券交易所自律管理职能的法律认识也在不断地拓展与深化，其中围绕证券交易所法律性质的诉讼争辩集中和全面体现了证券交易所自律管理职能转变的历史进程。特别是自2015年以来，涉及证

* 艾博，西北政法大学博士研究生，任职于深圳证券交易所法律事务部。本文仅代表个人观点，与所任职单位无关。

① 缪因知：《中国证券法律实施机制研究》，北京大学出版社2017年版，第9页。

② 徐明、卢文道：《证券交易所自律管理侵权诉讼司法政策——以中美判例为中心的分析》，载《证券法苑》2009年第1期。

③ 卢文道：《证券交易所及其自律管理行为性质的法理分析》，载《证券法苑》2011年第2期。

券交易所监管职能的行政诉讼案件开始增多，法院以证券交易所为“法规法规规章授权的组织”为由，将交易所纳入行政诉讼的被告范围。

证券交易所自律管理诉讼模式不仅是单纯的民事诉讼或行政诉讼的程序选择，更涉及证券交易所自律管理职能法律性质的准确界定，既需要对市场主体的正当权益予以妥善保护，也需要充分保障证券交易所依法履行监管责任，以适应证券市场快速发展及监管转型的推进。更为重要的是，在新《证券法》的背景下，若证券交易所依据业务规则实施的自律管理行为动辄被视为行政行为，则在行政诉讼司法审查压力之下，交易所需要按照行政行为要求开展证券监管。一方面，实体上监管范围只能局限于法律法规的既有规定而不能根据市场情势变化及时进行拓展；另一方面，程序上一线监管的灵活高效也将受到行政程序的严格限制。这将牵制交易所证券监管的决策与实施，导致自律管理机制僵化，影响投资者对证券市场的信心，也与新《证券法》构建更加完备证券监管法律体系的立法目的不符。

二、 我国司法介入自律管理的诉讼方式变迁

沪深证券交易所成立30年以来，涉及交易所的诉讼案件数量总体不多，但近年来随着交易所承担更多的监管职责，涉诉案件特别是行政诉讼案件开始增加。通常来说，证券交易所的涉诉案件对于证券市场的影响都比较大，社会关注度也比较高。随着证券市场的不断发展，交易所自律管理司法介入的诉讼方式也随之发生变化。

1997年胡某等投资者诉上交所民事诉讼案中，投资者要求交易所赔偿其因尾市交易被宣告无效发生的损失，受案法院以“不属于民事诉讼受案范围”为由裁定不予受理。2001年PT水仙股东诉上交所行政诉讼案中，相关股东要求撤销上交所作出的不给予宽限期决定，并赔偿相关经济损失，受案法院以“相关法律制度尚不成熟”为由裁定不予受理，前述案件实际上均未进入实体审理阶段。①

2005年，最高人民法院发布《关于对与证券交易所监管职能相关的诉讼案件管辖与受理问题的规定》（以下简称“司法解释”）。“司法解释”是最高法院根据1998年证券法制定，主要是为了明确涉及证券交易所监管职能诉讼的受理及管辖等问题，其中第一条关于指定管辖的规定中指出涉及证券交易所监管职能的案件包括民事和行政两种类型。同时，“司法解释”第二条也是根据证券交易所“法律法规规章”“证监会依法授权”“章程、业务规则、业务合同”等不

① 徐明、卢文道：《判例与原理：证券交易所自律管理司法介入比较研究》，北京大学出版社2010年版，第3－9页。

同的职权来源确定了不同类型的监管职能。[①] 但是对于哪些案件应该纳入民事诉讼，哪些案件应该纳入行政诉讼，未进一步明确作出区分。

2005 年后发生的投资者诉上交所权证系列案件中，法院均认可交易所的自律管理行为，并适用民事诉讼程序审理该案，法院最终并未支持投资者要求交易所承担赔偿责任的诉讼请求。[②]

2014 年对《行政诉讼法》的全面修订充分贯彻对行政相对人的诉权保护原则，大幅拓宽行政诉讼的受案范围，以呼应《行政诉讼法》制定之初“逐步扩大受案范围”的立法原意。[③] 立法导向的调整也影响到司法裁判的倾向，部分介于民事纠纷与行政争议界限之间的诉自律管理组织案件被纳入行政诉讼的处理范围。[④] “郑宇诉上交所申请政府信息公开案”[⑤] 作为第一起进入实体审理阶段的诉证券交易所行政诉讼案件，便发生于这一背景之下。而在此之前，涉及证券交易所监管职能的诉讼案件大多为民事诉讼案件。

“郑宇诉上交所申请政府信息公开案”中，最高人民法院认为，按照 2001 年《证券交易所管理办法》第九十九条之规定，交易所作为法律法规规章授权组织，有权按照法律、法规、规章的规定实施包括对证券市场违法行为予以处罚等监管行为，因此交易所具有相应的行政管理职能，属于行政诉讼适格被告。从裁判理由的阐述来看，最高人民法院的裁判逻辑为：“《证券交易所管理办法》作为部门规章规定交易所有权进行处罚→交易所作为规章授权组织有权实施处罚等监管行为→交易所具有相应的行政管理职能→交易所属于行政诉讼适格被告”。这一逻辑链条中实质上包含两项标准：其一，被诉的交易所是规章授权组织，符合行政诉讼适格被告的主

---

① 《最高人民法院关于对与证券交易所监管职能相关的诉讼案件管辖与受理问题的规定》第一条：“根据《中华人民共和国民事诉讼法》第三十七条和《中华人民共和国行政诉讼法》第二十二条的有关规定，指定上海证券交易所和深圳证券交易所所在地的中级人民法院分别管辖以上海证券交易所和深圳证券交易所为被告或第三人的与证券交易所监管职能相关的第一审民事和行政案件。”

《最高人民法院关于对与证券交易所监管职能相关的诉讼案件管辖与受理问题的规定》第二条：“与证券交易所监管职能相关的诉讼案件包括：（一）证券交易所根据《中华人民共和国公司法》、《中华人民共和国证券法》、《中华人民共和国证券投资基金法》、《证券交易所管理办法》等法律、法规、规章的规定，对证券发行人及其相关人员、证券交易所会员及其相关人员、证券上市和交易活动做出处理决定引发的诉讼；（二）证券交易所根据国务院证券监督管理机构的依法授权，对证券发行人及其相关人员、证券交易所会员及其相关人员、证券上市和交易活动做出处理决定引发的诉讼；（三）证券交易所根据其章程、业务规则、业务合同的规定，对证券发行人及其相关人员、证券交易所会员及其相关人员、证券上市和交易活动做出处理决定引发的诉讼；（四）证券交易所在履行监管职能过程中引发的其他诉讼。”

② 宋航：《权证纠纷的司法审查—权证案件审判评述及展开》，载《证券法苑》2012 年第 2 期。

③ 胡康生：《中华人民共和国行政诉讼法讲话》，中国民主法制出版社 1989 年版，第 18 页。

④ 无论是理论界还是实务界，争议点主要是在具体行政行为与抽象行政行为的划分上，认为这种类型划分可能限制行政诉讼的受案范围，该划分标准最终在 2014 年修法时被废弃。但针对自律管理组织的行为纳入受案范围还是存在一定争议的，因为这涉及保障市场化导向下的自律管理与公共管理下相对人诉权保护的权衡问题。

⑤ 最高人民法院（2016）最高法行申 1468 号判决书。

体标准；其二，被诉的行为是关于证券申报信息是否属于政府信息，属于行政争议，符合行政诉讼适格被告的行为标准。① 该案后，涉及深交所的新都酒店退市案②、欣泰电气退市案③等诉讼案件也开始适用行政诉讼程序进行审理。

近期，随着新《证券法》的落地实施，在注册制改革的背景下，人民法院在相关司法保障文件中也明确提出，根据行政监管权、自律管理权的不同来源及不同性质，明确涉证券交易所行政纠纷与民事纠纷的边界，引导当事人先行寻求证券交易所复核、复审等救济程序。对证券交易所依照业务规则进行自律管理引发的纠纷，一般作为民事案件立案审理。④

三、 证券交易所自律管理涉诉案件适用行政诉讼存在的问题

由于最高人民法院“司法解释”并未区分涉及交易所监管职能的诉讼案件具体适用何种诉讼程序，以致在2014年《行政诉讼法》修改扩大行政诉讼受案范围后，也将关于交易所履行自律管理职能的诉讼案件纳入行政诉讼的受案范围，开始适用行政诉讼程序，这对交易所履行自律管理职能带来了一系列问题。

（一）模糊了证券交易所的自律管理属性

将交易所的监管职能认定为法律法规规章授权的行政管理职能，进而适用行政诉讼程序，这不利于交易所发挥区别于行政监管的灵活高效的管理优势。首先，自律管理的灵活性将受到限制。行政监管严格受限于法律法规规章的规定，遵循“法无授权不可为”的原则。交易所的自律管理，主要通过章程、业务规则和协议，建立全面、具体和弹性的市场规则。如果严格按照行政法中“法律层面是否有具体规定”这一标准，交易所业务规则将失去“贴近市场”“填补立法”的作用和优势。其次，自律管理快速反应机制难以满足行政程序的要求。为了充分保护行政相对人的权利，行政机关实施行政行为必须遵守严格的法定程序要求，包括事先书面告知、给予申辩和听证机会、内部充分决策、提供复议救济等。瞬息万变的市场环境要求交易所监管作出快速反应，以适应市场监管要求。比如在市场发生异常波动时，交易所需果断采取限制交易等措施，快速稳定市场，但这些措施难以照搬完整的行政程序，否则，交易所“一线监管”防线将失去其前哨作用。

（二）给现有证券市场监管体制带来冲击

《证券法》《证券交易所管理办法》等法律法规，明确了证券交易所自律管理与证监会行政

---

① 《中华人民共和国行政诉讼法》第二条的规定，行政诉讼受案范围的确定应当同时遵循主体标准和行为标准，主体标准应当是行政机关或法律、法规、规章授权的组织，行为标准应当是行政行为。

② 深圳中级人民法院（2017）粤03行初128号判决书，广东省高级人民法院（2018）粤行终366号判决书。

③ 深圳中级人民法院（2017）粤03行初177号判决书。

④ 《上海金融法院关于服务保障设立科创板并试点注册制改革的实施意见》（2019年）上海金融法院公告、《关于服务保障创业板改革并试点注册制的实施意见》（2020年）深圳市中级人民法院公告。

监管的法律性质，形成了自律管理与行政监管分工合作的监管机制。交易所的自律管理职能如果被认定为行政监管，会对现有证券市场监管架构造成冲击。如对交易所按照行政行为的实体与程序要求来开展监管，交易所自律管理将出现“泛行政化”倾向，甚至趋同于行政监管，这将与现有的自律管理制度架构和运行机制发生重大冲突。

实际上，交易所与证监会的职责具有明显区分：一是职权来源不同。证券交易所的自律管理职权来源于章程、业务规则以及相关协议。而行政监管权力来源则只能是法律法规规章的授权。以证监会及其派出机构为例，其对证券市场的监管权主要来源于证券法等法律法规。[①] 二是监管手段及效果不同。自律管理可以创设灵活的监管手段和措施，无须通过修改法律法规规章的方式来实现，且主要以声誉罚为主，实施手段的类型及其效果有限。自律管理手段不仅具有及时、高效和灵活的特点，还具有贴近监管一线的优势，可以在第一时间发现、纠正和制止有关的违法违规行为。而行政监管的手段受限于法律法规规章的规定，遵循“法无授权不可为”的原则，行政监管相对自律管理更具刚性、权威性和执行力，但行政监管兼具声誉罚、资格罚和金钱罚等手段，手段多元且威慑力更强。三是程序要求不同。因自律管理具有及时、高效和灵活的监管优势，对市场主体的财产和资格等权利影响也有限，故其程序要求相对宽松。行政监管特别是行政处罚对相对人影响重大，因此行政行为需要遵循较为严格的程序性要求。四是救济方式不同。经过多年发展，交易所的自律管理已经形成了相对完善的内部救济机制，如听证、复核制度等，交易所的内部救济机制也在法律上得到了确认。[②] 行政监管是行政主体作出的行为，有可能导致行政权力的滥用，因此行政相对人必须获得复议、行政诉讼等救济程序的保护，需要严格适用《行政复议法》和《行政诉讼法》的相关规定。

（三）混淆了交易所自律管理的职权来源

证券交易所自律管理的职权来源是研究自律管理职权法律性质的关键，其核心问题是自律管理职权究竟来源于法律法规规章的授权还是交易所章程、业务规则和相关协议。笔者认为，交易所的自律管理的职权主要来源是交易所的章程、业务规则和相关协议。证券交易所作为自律管理组织，制定规则约束市场主体的行为是其基本要义。自律管理职权是交易所本有的、应然的权利，是自生自发性市场格局下自发演进而成的。从历史发展上看，在相关法律法规规章出台之前，证券交易所就开始依据章程和契约对市场主体进行监管。[③] 全国人民代表大会宪法和法律委

① 《证券法》第七条规定：“国务院证券监督管理机构依法对全国证券市场实行集中统一监督管理。”《证券法》第十二章专章规定了证监会作为行政监管机构的具体职责和监管措施。

② 《证券法》第四十九条规定，对证券交易所作出的不予上市交易、终止上市交易决定不服的，可以向证券交易所设立的复核机构申请复核。

③ 1991年12月31日，深交所就与深宝安签订了上市协议，在协议签署时《证券法》等相关法律法规尚未出台，证券交易所上市审核及其他监管职能均来源于协议及相关业务规则。

员会也认可证券交易所与上市公司签订上市协议是一种民事法律关系。[①] 随着证券市场的发展，证券交易所将逐步演进成熟的监管经验形成了一系列业务规则，作为对市场参与者进行监管的依据。有的规则被法律所确认，以更好地维护证券交易所自律管理组织的地位，更有效地行使自律管理职权。如果不加区分地完全将法律法规规章作为交易所的职权来源，不但灭失了自律管理的活力与一线监管的优势，更为严重的是日后交易所的业务规则将流于形式，没有法律法规规章的明确授权，交易所的业务规则不能作出超越上位法的规定，也就不能及时应对证券市场的瞬息万变，损害自律管理的固有属性，不利于证券市场的健康发展需要。

四、新《证券法》关于证券交易所自律管理职能法律框架的结构性调整

在新《证券法》修订之前，立法技术上主要采取直接规定证券交易所监管职能的方式，这给司法实践带来很多误解，认为只要是法律明确规定的证券交易所的监管职能就都是法律“授权”的职能，涉及的纠纷也应适用行政诉讼程序。为避免争议，更为了防止涉及交易所履行自律管理职能的纠纷适用行政诉讼所带来的问题，此次新《证券法》的修改，就交易所自律管理的法律框架进行了结构性调整，以明确交易所自律管理职权的民事属性。

（一）新《证券法》关于交易所自律管理职能的主要变化

我国证券交易所诞生于地方政府的改革试点，并在初期获得广泛的独立性与自主权。随着中央政府证券市场统一监管架构的形成，证券交易所的自律管理职能有所淡化。2005 年《证券法》修订之后，证券交易所的自律管理职能开始进入发展的阶段，证券市场监管更加重视发挥证券交易所的自律管理作用。2019 年新《证券法》则进一步强调交易所自律管理的制度价值，规定交易所依据业务规则履行相应的自律管理职能，这为发挥交易所的一线监管作用提供了更大的法律空间。

其一，在整体法律理念层面，新《证券法》更加强调证券交易所的自律管理属性。新《证券法》在继续明确规定证券交易所实行自律管理的基础上，[②] 新增了第九十九条第一款明确证券交易所履行自律管理职能中的基本原则，[③] 还修改了第一百一十五条第二款明确在证券交易所从事证券交易，应当遵守证券交易所依法制定的业务规则，进一步强化业务规则对相关市场参与

① 《全国人大法律委员会关于〈证券法（修订草案）〉修改情况的汇报》指出，“法律委员会认为，证券交易所作为证券市场的组织者，其依据法定上市条件和交易所上市规则对证券上市进行审核，属于自律管理，经审核同意上市的，证券交易所应当与上市申请人签订上市协议，通过上市协议规范双方权利义务，形成一种民事法律关系”。

② 《证券法》第九十六条第一款规定，证券交易所、国务院批准的其他全国性证券交易场所为证券集中交易提供场所和设施，组织和监督证券交易，实行自律管理，依法登记，取得法人资格。

③ 《证券法》第九十九条第一款规定，证券交易所履行自律管理职能，应当遵守社会公共利益优先原则，维护市场的公平、有序、透明。

主体的约束力。[①] 其实，早在2017年《证券交易所管理办法》修改时就已经开始强化证券交易所的自律管理职能，以及对交易所业务规则法律效力的保障。[②] 此次《证券法》的修订，则是在法律层面再次确认与强化证券交易所的自律管理属性。

其二，在交易所具体自律管理职能层面，改变了原来直接"授权"模式，而是明确交易所依据自身制定的业务规则履行各类自律管理职能。新《证券法》主要规定了证券交易所上市审核、退市审核、停复牌、证券交易异常情况的处置（包括技术性停牌、临时停市等）、限制交易、重大异常波动的风险处置（限制交易、强制停牌、临时停市等）六项自律管理职能，[③] 并明确交易所履行上述自律管理职能均按照业务规则实施。[④] 这些规定体现出新《证券法》理念上的系统性调整，即强调交易所自律管理更多依据其自身制定的业务规则进行，以更好地适应日益变化发展的证券市场，而不是在法律层面直接规定交易所的自律管理职权，避免了法律直接"授权"的误解。

具体分析新《证券法》规定的六项自律管理职能（见表1），主要包括两类：一类是明确证券交易所依据业务规则履行的自律管理职能，如停复牌、证券交易异常情况的处置、限制交易、重大异常波动的风险处置等，新《证券法》明确了交易所履行的上述自律管理职能的职权来源是"业务规则"，而非"法律授权"。

另一类是2005年《证券法》曾明确规定交易所履行自律管理职能的具体条件和情形，但新《证券法》予以删除，并规定由交易所的业务规则来具体规定，如上市审核、退市审核等职能。新《证券法》删除2005年《证券法》第五十条、第五十六条列举的法定上市和退市情形，转而规定上市退市要符合交易所的业务规则。这意味着在法律层面明确上市和退市的情形由交易所规定而不再由法律直接规定，强调交易所完全按照业务规则规定的条件和程序办理上市和退市事宜。

但新《证券法》第四十六条规定，"申请证券上市交易，应当向证券交易所提出申请，由证

---

① 《证券法》第一百一十五条第二款规定，在证券交易所从事证券交易，应当遵守证券交易所依法制定的业务规则。违反业务规则的，由证券交易所给予纪律处分或者采取其他自律管理措施。

② 《证券交易所管理办法》第十一条规定，证券交易所制定的业务规则对证券交易业务活动的各参与主体具有约束力。第十二条规定，证券交易所应当按照章程、协议以及业务规则的规定，对违法违规行为采取自律监管措施或者纪律处分，履行自律管理职责。第十三条规定，证券交易所应当在业务规则中明确自律监管措施或者纪律处分的具体类型、适用情形和适用程序。第十四条规定，市场参与主体对证券交易所作出的相关自律监管措施或者纪律处分不服的，可以按照证券交易所业务规则的规定申请复核。

③ 除了新《证券法》确认的证券交易所依据业务规则履行的自律管理职能外，证券交易所的章程、业务规则以及相关协议规定了交易所其他更多的自律管理职能。

④ 《证券法》第四十七条、第四十八条、第一百一十条、第一百一十一条、第一百一十二条、第一百一十三条，相关条文内容详见表1。

券交易所依法审核同意，并由双方签订上市协议”。该条规定与2005年《证券法》保持一致，并未作出任何修改。该条文在立法上，既强调“依法”，又明确“签订上市协议”，第四十七条又强调上市条件由业务规则规定，立法上似乎有些矛盾。笔者认为，上市审核毫无疑问属于交易所的自律管理职能，全国人民代表大会宪法和法律委员会也认可属于民事法律行为。但在注册制下，证券交易所的股票发行审核与上市审核实现了流程一体化，实践中也很难严格区分两种审核，立法者可能在注册制制度设计中也存在着法律属性的困惑，或者存在着立法上的疏忽。但是这并不影响新《证券法》关于交易所依据业务规则履行自律管理职能的结构性调整，在法律规定上发行审核和上市审核仍属于两种不同的监管职能，发行的注册权归属于证监会，发行注册程序中的发行审核权属于新《证券法》授予证券交易所履行的职能，但上市审核权属于交易所自律管理职责的本质并没有发生变化。① 笔者建议，如果新《证券法》后续修改，建议对第四十六条的表述进行相应调整，明确规定“申请证券上市交易，应当向证券交易所提出申请，由证券交易所依照业务规则审核同意，并由双方签订上市协议”。

表1　证券交易所自律管理职能新旧证券法对照

序号	管理职能	2019年《证券法》	2005年《证券法》
1	上市审核	第四十七条　申请证券上市交易，应当符合证券交易所上市规则规定的上市条件	第五十条　股份有限公司申请股票上市，应当符合下列条件：（一）股票经国务院证券监督管理机构核准已公开发行；……
2	退市审核	第四十八条　上市交易的证券，有证券交易所规定的终止上市情形的，由证券交易所按照业务规则终止其上市交易	第五十六条　上市公司有下列情形之一的，由证券交易所决定终止其股票上市交易：（一）公司股本总额、股权分布等发生变化不再具备上市条件，在证券交易所规定的期限内仍不能达到上市条件；……
3	停复牌	第一百一十条第二款　证券交易所可以按照业务规则的规定，决定上市交易股票的停牌或者复牌	未规定

① 从新《证券法》第二十一条和第四十七条分别规定发行和上市两种职权来看，发行与上市分属于两种不同的监管行为。

续表

序号	管理职能	2019 年《证券法》	2005 年《证券法》
4	证券交易异常情况的处置	第一百一十一条　因不可抗力、意外事件、重大技术故障、重大人为差错等突发性事件而影响证券交易正常进行时，为维护证券交易正常秩序和市场公平，证券交易所可以按照业务规则采取技术性停牌、临时停市等处置措施，并应当及时向国务院证券监督管理机构报告。 因前款规定的突发性事件导致证券交易结果出现重大异常，按交易结果进行交收将对证券交易正常秩序和市场公平造成重大影响的，证券交易所按照业务规则可以采取取消交易、通知证券登记结算机构暂缓交收等措施，并应当及时向国务院证券监督管理机构报告并公告	第一百一十四条　因突发性事件而影响证券交易的正常进行时，证券交易所可以采取技术性停牌的措施；因不可抗力的突发性事件或者为维护证券交易的正常秩序，证券交易所可以决定临时停市
5	限制交易	第一百一十二条第二款　证券交易所根据需要，可以按照业务规则对出现重大异常交易情况的证券账户的投资者限制交易，并及时报告国务院证券监督管理机构	第一百一十五条第三款　证券交易所根据需要，可以对出现重大异常交易情况的证券账户限制交易，并报国务院证券监督管理机构备案
6	重大异常波动的风险处置	第一百一十三条　证券交易所应当加强对证券交易的风险监测，出现重大异常波动的，证券交易所可以按照业务规则采取限制交易、强制停牌等处置措施，并向国务院证券监督管理机构报告；严重影响证券市场稳定的，证券交易所可以按照业务规则采取临时停市等处置措施并公告	未规定

资料来源：作者整理。

其三，新《证券法》关于交易所自律管理职能结构性调整的原因分析。新《证券法》对证券交易所自律管理职能的法律框架进行优化，并规定交易所依据相关业务规则履行自律管理职能，这种规定不仅是简单立法技术上的变化，而背后其实蕴藏着对交易所自律管理职能的结构性调整。

新《证券法》之所以如此调整，目的是更加充分地发挥交易所的自律管理作用，究其具体原因则在于：第一，发挥交易所自律管理的灵活性。证券市场瞬息万变，而法律则具有天然的滞后属性，无法及时修订以适应证券市场的变化，需要交易所业务规则随时调整，以发挥交易所自律管理作用。新《证券法》改变原来直接“授权”交易所自律管理职能的模式，利用交易所自律管理的灵活性，可以随时根据证券市场的变化适应性地修改业务规则，及时调整监管目标、策略以及措施。第二，要充分认可交易所业务规则在证券市场监管中的重要作用，进一步提升其法律效力。新《证券法》规定交易所依据自身制定的业务规则来履行自律管理职能，是对交易所各类业务规则的认可，提升了法律效力，也是要求司法机关、社会公众充分尊重交易所制定的各类规则。第三，要明确区别于交易所的其他监管职责。此次《证券法》修订的重要内容之一就是证券发行注册制，新《证券法》除了规定自律管理职能外，也赋予了交易所在发行中的审核职能。① 针对该职能，笔者可能更加倾向属于“法律授权的监管职能”②。基于此，就更有必要区分交易所的各类职能属性，只有在证券法层面对此予以明确的规定，才能避免司法机关与社会公众对交易所职能性质的混淆，以避免涉诉案件适用诉讼程序错误。

（二）新《证券法》背景下司法态度的再次转变

司法实践观点的转变是与证券市场发展的客观情势紧密相关的，充分体现了实用主义的司法理念，法院始终处于保障市场参与主体正当权益与尊重交易所自律管理的权衡之中。随着新《证券法》对交易所法律地位与行为性质的认识深化，对证券交易所自律管理职能规范模式的结构调整，相关自律管理诉讼模式也应相应调整，这对我们进一步深化对交易所自律管理职能的法律认识具有重要参考价值。

虽然最高人民法院司法解释并未对交易所监管职能适用何种诉讼程序予以区分，但在新《证券法》背景下，三级法院关于科创板的司法保障文件均明确提出保障交易所依法实施自律管理，上海金融法院明确指出对交易所依照业务规则进行自律管理引发的纠纷，一般作为民事案件立案审理。③ 在创业板改革期间，三级法院的司法保障文件也明确提出严格执行证券法有关保障证券交易所履行自律管理职能的有关规定，依法保障退市机制的平稳运行，妥善处理涉及创业板公司的退市案件。深圳中级人民法院同样明确指出对交易所依照业务规则进行自律管理引

---

① 《证券法》第二十一条规定：“国务院证券监督管理机构或者国务院授权的部门依照法定条件负责证券发行申请的注册。证券公开发行注册的具体办法由国务院规定。按照国务院的规定，证券交易所等可以审核公开发行证券申请，判断发行人是否符合发行条件、信息披露要求，督促发行人完善信息披露内容。”

② 《证券法》第二十一条规定证券交易所按照“国务院规定”审核证券发行申请，而非业务规则。对于证券发行而言，笔者认为在法律性质上是一种行政管理职能。

③ 《最高人民法院关于为设立科创板并试点注册制改革提供司法保障的若干意见》（法发〔2019〕17号）、《关于服务保障设立科创板并试点注册制的若干意见》（2019年）上海市高级人民法院公告、《关于服务保障设立科创板并试点注册制改革的实施意见》（2019年）上海金融法院公告。

发的纠纷，一般作为民事案件立案。①

（三）建议最高人民法院根据新《证券法》尽快修改司法解释

鉴于新《证券法》已经就证券交易所履行自律管理职责的职权来源确定为业务规则，相关法院也在相关司法保障文件里明确了司法态度，关于涉及交易所依据业务规则履行自律管理职能一般作为民事案件立案。

基于此，为解决司法实践中对于涉及交易所监管职能诉讼案件适用行政诉讼程序所给交易所及证券市场监管带来的系列问题，笔者建议，应当尽快修改最高人民法院司法解释，并明确规定："证券交易所依据章程、业务规则以及相关协议履行的自律管理职能应当适用民事诉讼程序，而依据法律法规规章授权而履行的监管职能，适用行政诉讼程序。"

五、 证券交易所监管职能性质的判断： 民事法律行为抑或行政行为

新《证券法》下，证券交易所自律管理所涵盖的范围和领域日益拓展，也开始明确规定交易所依据自身制定的业务规则履行自律管理职能，以区别交易所可能依据法律法规规章授权履行行政监管职责。但在理论上，我们仍需要对交易所相关监管职能法律性质的判断标准予以讨论，以便更好地论证交易所自律管理职能的民事法律属性，以及未来交易所涉诉案件所适用的诉讼程序。从目前来看，传统的主体标准在区分监管职能的法律性质上日益困难，需要思考新的判断标准，并作为分析交易所监管职能法律性质的理论工具。

（一）监管职能法律性质判断之主体标准的反思

自律管理组织初兴之时，我国社会组织的发育并不完善，行政机关仍然在社会公共生活中居于主要地位，相应的自律管理组织诉讼地位问题主要通过主体标准解决，即判断一个组织是否能够成为行政诉讼适格被告的主要依据是该组织是否具有行政主体资格。② 主体标准从法律地位的视角出发，将行政主体的界定、法律权限、资格取得等作为理论建构的核心，并将其与行政诉讼的被告资格联系起来，成为法律识别与确认的重要技术标准。③ 参考主体标准的分析模式，自律管理组织监管行为的法律性质取决于该组织本身的主体性质。郑宇诉上交所申请政府信息公开案也是适用主体标准对交易所的监管职能的法律性质进行判断。在该案中法院认定证券交易所具有相应行政管理职能，属于规章授权的组织，便主张交易所各项监管行为均可纳入行政诉讼审查范围，这是脱离个案进行扩大化理解，不利于交易所自律管理活动的有效开展。

---

① 《最高人民法院关于为创业板改革并试点注册制提供司法保障的若干意见》（法发〔2020〕28号）、《广东省高级人民法院关于为深圳证券交易所创业板改革并试点注册制提供司法保障实施意见》（粤高法发〔2020〕7号）、《关于服务保障创业板改革并试点注册制的实施意见》（2020年）深圳市中级人民法院公告。

② 王青斌：《行政诉讼被告认定标准的反思与重构》，载《法商研究》2018年第5期。

③ 余凌云：《行政法讲义（第三版）》，清华大学出版社2020年版，第127页。

伴随我国国家治理能力与治理体系现代化进程的推进，在传统行政治理之外，社会治理主体将扮演更为重要的角色，治理主体的多元化和复合性使得主体标准主导下的诉讼地位判断愈发困难。[①] 因此，针对自律管理组织诉讼地位认定问题，呈现出从主体标准主导向行为标准主导的转变趋势，这为我们讨论自律管理职能法律性质标准问题提供重要的理论镜鉴。考虑到交易所作为自律管理组织的法律主体地位问题涉及历史沿革与现实发展，始终处于激烈的理论争辩中，而交易所本身的监管属性也具有混合性特征。[②] 因此，对于交易所自律管理职能的法律性质，与其纠结于旧有学说框架并在主体标准主导下展开讨论，不如将主要精力用于对交易所自律管理职能本身的解构和分析，更有利于形成类型化的判断标准。

（二）监管职能法律性质判断之行为标准及其三个视角

在提倡从主体标准主导到行为标准主导的转变后，我们需要进一步讨论如何开展行为标准的审查。判断行为究竟是民事法律行为还是行政行为，法律渊源和行为性质是最重要的衡量因素，因此我们不妨首先将来源标准与性质标准作为分析交易所监管职能的两个视角，并在实践中综合运用。此外，法律行为与法律效果具有对应关系，通常情况下只有实施某一特定行为的主体，才会被课以特定的法律效果，这是法律正当性的应有之义。因此，法律行为的性质与法律效果的性质一般应当是统一的，某一民事法律行为所产生的也应当是民事法律效果。至此，我们用来源标准、性质标准以及效果标准三个视角对交易所的自律管理职能进行分析。

1. 来源标准。来源标准即是否以交易所的业务规则为职权来源。交易所自律管理职能的来源不是法律法规规章的授权，而是交易所制定的业务规则，法律对交易所依据业务规则履行的自律管理职能是一种确认与保障。以交易所退市监管为例，关于交易所业务规则中退市章节部分，2005 年《证券法》在第五十六条中明确规定终止上市的情形，并以兜底条款的方式明确交易所有权通过业务规则规定其他情形。退一步讲，从文义上可以理解为以往交易所业务规则中退市章节部分是根据 2005 年《证券法》第五十六条第（五）项的授权制定的，而新《证券法》已经整体删除法定退市情形列举条款，交易所业务规则退市章节部分与证券法相关条款存在法律授权关系的逻辑链条已经被切断，再将交易所退市监管职能视为法律授权已经不合时宜。

2. 性质标准。性质标准即是否履行证券市场的自律管理职能。交易所自律管理的核心职能是为证券集中交易提供场所和设施，组织和监督证券交易，也是判断交易所职责是否为自律管理职能的依据。交易所履行的上市审核职能是与其作为证券市场组织者的地位紧密相连的，是

---

① 以往在司法实践中法院为达到诉权保护的目的，通常采取对行政主体进行扩大解释的方式以拓展行政诉讼受案范围，最高人民法院先于行政诉讼法修订在司法解释中规定“规章授权组织”属于行政主体，便是这种操作模式下的例证。但随着自律管理组织的多元化与复杂化，这种操作模式日益困难，且对行政主体的概念内涵产生冲击，甚至引发思想认识上的混淆和冲突。

② 刘筱萌：《境外证券交易所一线监管的渊源与实践分析》，载《证券法苑》2019 年第 2 期。

业务规则主导下的市场管理行为，而非行政管理职能。交易所作为具体组织证券交易活动的主体，何种主体应当进入市场、何种主体应当退出市场，都是其进行市场管理应当考虑的问题。新《证券法》在继续规定发行条件的基础上，明确上市条件和退市情形均由交易所进行规定，这是对交易所市场组织者地位的进一步明晰。

在我国交易所初兴时期，沪深交易所均实质掌握上市管理权，后证监会掌握的发行管理权吸收上市管理权后，交易所上市管理权出现虚化情形。[①] 在注册制改革中，交易所审核环节同时审查发行条件与上市条件。因此，将上市管理权进一步明确为交易所作为市场组织者当然享有的监管权，无疑更加符合目前注册制改革的方向和要求。此外，以市场管理为目的的其他监管行为同样符合交易所作为市场竞争主体的利益，交易所为提高其市场竞争力，必然需要规范证券交易活动、严格上市及退市的标准，以保持交易所的商业信誉。[②] 换言之，这种以严格退市制度为导向的监管行为是交易所市场服务的内在要求而非外部赋予的运行成本，其相关监管权性质必然是私权性质。[③]

3. 效果标准。效果标准即是否承担相应的民事法律责任（见表2）。新《证券法》规定交易所履行部分自律管理职能享有民事责任相对豁免，而法律责任又是法律效果的主要表现形式，因此这种民事责任豁免条款可视为对相关行为民事性质的佐证。新《证券法》第一百一十一条、第一百一十三条之规定，交易所采取限制交易、技术性停牌、强制停牌、临时停市等处置措施的，非因重大过错，对所造成的损失不承担民事赔偿责任。前述措施的典型特征就是均属于交易所组织和监督证券交易所中的市场管理措施，这些行为既然在法律效果层面享受民事责任豁免，则法律性质上属于民事行为。

表2 新《证券法》关于证券交易所监管职能法律性质分析情况

序号	监管职能	职权来源	行为性质	法律效果
1	发行审核	法律法规	法律法规授权	行政责任
2	上市审核	业务规则	自律管理	民事责任
3	退市审核	业务规则	自律管理	民事责任
4	停复牌	业务规则	自律管理	民事责任
5	证券交易异常情况的处置措施	业务规则	自律管理	民事责任
6	限制交易	业务规则	自律管理	民事责任
7	重大异常波动的风险处置	业务规则	自律管理	民事责任

资料来源：作者整理。

① 冷静：《科创板注册制下交易所发行上市审核权能的变革》，载《财经法学》2019年第4期。

② 缪因知：《中国证券法律实施机制研究》，北京大学出版社2017年版，第69－72页。

③ 彭冰、曹里加：《证券交易所监管功能研究——从企业组织的视角》，载《中国法学》2005年第1期。

六、结语

在新《证券法》背景下，明确证券交易所依据业务规则履行自律管理职能具有民事法律性质，指导证券交易所在私权框架下构建自律管理标准及流程，有利于充分发挥证券交易所一线监管灵活高效的优势，既无损于上市公司的权利救济，又能保障自律管理的高效稳健运行。

更为重要的是，以自律管理司法介入的诉讼方式为切入点，探索通过来源标准、性质标准及效果标准三个维度的行为标准，明晰证券交易所各类自律管理职能法律性质的判断标准，不能仅仅依据“行政机关”“法律法规规章授权的组织”等主体标准来界定法律性质，而需要进一步厘清新《证券法》关于交易所监管职责的基础性规定与交易所就监管事项制定的具体细化规定之间的关系，深化对自律管理法定化趋势的认识，避免对证券交易所监管职能的“泛行政化”理解，保障证券交易所依法高效履行自律管理职能，最终推动良好证券市场生态的形成。

公开承诺的法律定位与责任框架

——论《证券法》第八十四条第二款的适用

■ 龚澄渝*

摘要：在中国证券市场上，不少上市公司大股东、董监高会作出增持公司股份、向公司注入优质资产等公开承诺，但这些承诺并不总能得到实际履行，极大地伤害了中小投资者的投资热情和信心。对此，2019 年新《证券法》增设了公开承诺相关规定，但该规则过于概括仍需进一步解释和适用。对此第一种可能的解释路径是传统民法上的单方允诺规则，但其障碍在于公开承诺并未直接赋予任何特定相对人向其主张承诺实现的权利，这不符合单方允诺的本质特征。结合第八十四条第二款加强自愿信息披露和提高违规成本的立法目的，更合适的解释思路是《证券法》上关于预测性信息披露的虚假陈述规则。在此种定性下，第八十四条第二款的承诺行为要件应根据立法目的进行限缩解释，因果关系、损害后果要件和受偿对象认定与虚假陈述的现有规范相一致，过错要件上应注重考察承诺主体作出承诺时是否具有合理基础和理由。最后，可能的立法建议是限缩公开承诺内涵，加强对承诺事前用语、事中披露和事后问责的行政监管，以及明确违反承诺行为的法律性质、构成要件及诉讼方式，真正为该规则赋予生命力。

关键词：公开承诺　虚假陈述　预测性信息披露　损害赔偿

一、 背景： 不履行公开承诺问题的提出

“惊闻沈机集团申请豁免承诺向股份公司注入I5 机床类相关资产的消息，有如五雷轰顶。当初……就是看中了承诺，看中自主核心知识产权的数控机床未来的发展前景，如果不履行，那请承诺方赔偿我们由此造成的损失。”① 近日，深圳证券交易所（以下简称深交所）主板上市公司 ＊ST沈机不履行承诺的“白条”事件引起了众多投资者的不满和舆论的谴责，将上市公司大股

＊ 龚澄渝，北京大学法学院2019 级金融法方向法律硕士（法学），任职于美国普衡律师事务所。

① 参见互动易（深圳证券交易所下官方投资者与上市公司沟通平台），资料来源：http：//irm. cninfo. com. cn/ircs/question/questionDetail？ questionId = 670538352672362496，2021 年3 月15 日访问。

东、董监高等不履行公开承诺的行为再次带回了公众视野。对此，不少投资者在深交所下的投资者关系互动平台激动质问失信行为，更有投资者直接质问民事赔偿方案。

那么，投资者主张的违背公开承诺行为的民事救济是否存在相应的规范依据呢？其实＊ST沈机的投资者们在通过投资者关系互动平台向上市公司主张损害赔偿时已尝试援引了最新规范："根据新《证券法》的相关规定：违背承诺给投资者造成损失的要予以赔偿，请问贵公司是主动出赔偿方案还是根据投资者集体诉讼后的判决结果来赔偿投资者都损失？"①

投资者提及的前述规定指向的是《中华人民共和国证券法》（以下简称《证券法》）于2019年末新增的第八十四条第二款。该款中，上市公司及其控股股东、实际控制人、董监高等不履行公开承诺的行为被首次明确为一种证券违法行为，这在承诺不履行、超期履行、违规变更或豁免承诺等大量发生、中小投资者私力救济无门的背景下具有重大的现实意义。但第八十四条第二款的寥寥数语背后也同时留下了更多规范空白以待回答，例如公开承诺行为的法律定位为何，违反公开承诺时"赔偿责任"的法律基础为何，应如何理解具体各项构成要件等问题均缺少答案。

综上所述，带着这些疑问，本文意图针对新《证券法》第八十四条第二款下的公开承诺规则进行研究，重点讨论公开承诺的法律定位、责任承担基础和具体构成要件，并在最后尝试提出立法建议和展望。

二、概览：公开承诺的实践发展与规范演变

（一）股权分置改革（股改）期间

上市公司自身及其大股东、董监高等的公开承诺始于十余年前，是颇具中国特色的"发明"，它最初产生于我国经济体制转轨、股改的这一历史阶段。彼时由于获得流通股与非流通股的原始成本差异明显，直接实现全流通改造可能会对流通股股东带来利益损害，于是证监会采取了让两类股东就股权分置改革方案进行自行协商的思路，非流通股股东须向流通股股东作出对方愿意接受的补偿安排，以换取股份的流动性。② 在双方讨价还价的具体协商过程中，出现了多元的非流通股股东补偿方案，其中部分补偿方式并不能或不适合在当下即时支付兑现，于是以"未来将为一定行为"为特征的承诺成为非流通股股东显示妥协和寻求股改方案通过的一个有效工具和筹码。这一期间最常见的承诺种类有赠送现金或股份承诺、分红承诺、优质资产注入承诺和增减持承诺等。③

相应地，在规则层面，非流通股股东以承诺换取股改方案通过的这一方式在股改相关政策

---

① 参见互动易（深圳证券交易所下官方投资者与上市公司沟通平台），资料来源：http://irm.cninfo.com.cn/ircs/question/questionDetail?questionId=670538352672362496，2021年3月15日访问。

② 参见张辉：《股改承诺履行的法律分析》，载《贵州财经学院学报》2007年第6期。

③ 张刚：《2005年深市公司股改承诺事项履行情况分析》，载《证券市场导报》2006年第7期。

文件中一直都有所体现。2005年五部委联合颁布的指导意见①要求非流通股股东严格履行其在股权分置改革中作出的承诺，并对违约行为承担相应法律责任；随后证监会颁布的《上市公司股权分置改革管理办法》等文件②进一步提出承诺方须提供担保措施来保障所作承诺的履行；交易所层面③也针对非流通股东承诺的类型、担保、制定过程、信息披露、法律效力等问题进行了专章规范。总体上看，这一阶段的前述规范主要服务于股改背景下流通股股东与非流通股股东的谈判，意在通过增强承诺可信度来促成股改方案的达成。

（二）股改后至今

1. 实践层面。近年来，上市公司及其大股东、董监高公开承诺的实践应用情景不断拓展，承诺开始被用于首次公开发行股票（以下简称IPO）、上市公司再融资、并购重组等丰富情形中，承诺人通过承诺释放信息增强中小投资者信心来主要达到稳定或拉抬股价的目的。目前公开承诺的实践情形从上海证券交易所（以下简称上交所）和深交所（以下合称沪、深交易所）的信息披露版面可以窥见一斑。根据沪、深交易所股票上市相关规则，上市公司有义务将公司和其他相关信息披露义务人的承诺情况单独摘出报送交易所备案，并在交易所网站公开披露。于是在2012年前后，沪、深交易所开始专版披露上市公司大股东、董监高等作出公开承诺情况及履行状况。以深交所官网为例，其在“监管信息公开”的页面下专门开辟了“承诺事项及履行情况”板块用于披露上市公司承诺。④ 截至2021年1月2日，深交所披露的主板承诺有7763项，承诺披露的信息范围通常包括上市公司基本情况，承诺背景、承诺主体、承诺内容，承诺起止时间和目前履行状态等（见表1）。

表1　深交所主板公开承诺情况统计

承诺类型	承诺总数量（除最后一行外降序排列）	正常履行中	已履行完毕	超期未履行	变更或豁免	长期不履行	客观原因无法履行	其他违反承诺
同业竞争、关联交易、资金占用（包含资产注入）承诺	1543	1221	246	2	59	0	5	0
股份限售承诺	1202	431	766	0	3	0	3	0
业绩承诺及补偿安排	405	152	222	13	12	1	5	1

① 《中国证券监督管理委员会、国务院国有资产监督管理委员会、财政部等关于上市公司股权分置改革的指导意见》（证监发〔2005〕80号）。

② 《中国证券监督管理委员会关于发布〈上市公司股权分置改革管理办法〉的通知》（证监发〔2005〕86号），《中国证券监督管理委员会关于已完成股权分置改革的上市公司原非流通股股份转让有关问题的通知》（证监发〔2006〕87号）。

③ 《深圳证券交易所股权分置改革承诺事项管理指引》。

④ 参见深圳证券交易所官方网站，资料来源：http：//www.szse.cn/disclosure/supervision/promise/index.html，2021年3月15日访问。

续表

承诺类型	承诺总数量（除最后一行外降序排列）	正常履行中	已履行完毕	超期未履行	变更或豁免	长期不履行	客观原因无法履行	其他违反承诺
股份减持承诺	333	82	251	0	0	0	0	0
股份增持承诺	246	45	193	2	3	0	3	0
分红承诺	93	43	49	0	1	0	0	0
不进行重大资产重组承诺	85	5	80	0	0	0	0	0
股东一致行动承诺	83	47	32	0	4	0	0	0
募集资金使用承诺	56	15	20	0	1	0	0	0
股份回购承诺	11	3	8	0	0	0	0	0
追送股份或现金	4	1	3	0	0	0	0	0
IPO 稳定股价承诺	0	0	0	0	0	0	0	0
其他承诺（多为法定义务重述）	3702	—	—	—	—	—	—	—

资料来源：作者整理自深交所官方网站，截至 2021 年 1 月 2 日。

从前述公开披露界面看，交易所目前是按照实践中公开承诺的具体事项进行的分类，常见类型涵盖了增减持承诺、关联交易承诺、同业竞争承诺、资产注入承诺等。

增持承诺的内容通常是由上市公司大股东、董监高等表示将在特定期间内增持一定数额的上市公司股票，它发生于公司常规管理和市值维护的日常情形中，前述承诺人以此向证券市场投资者表明公司内部人士对公司未来发展前景的信心和对公司内在价值的认可。不减持承诺与之类似，不过这类承诺既可能在股价波动的日常情形中由承诺人主动作出，也大量发生于 IPO、并购重组这类特定事项期间由承诺人出于对规则的遵守而被动作出。

关联交易承诺的内容通常是前述上市公司内部人士表示自己将在一定期限内、以一定方式限制关联交易的发生，以洗清上市公司利益输送的嫌疑和满足硬性或软性的监管要求。实践中，关联交易承诺的显著特点是基本都只承诺尽力避免关联交易的行为义务，而不承诺禁止关联交易的结果义务；其常见用语是“尽量避免”“原则上不发生”这类模糊词语，且同时认可“无法避免”“合理原因”等情形下的关联交易例外，实践中类似表述如“尽所能地减少本人及本人控制的其他企业与雅励股份的关联交易”①，“尽量减少并规范与江苏神通及其控股企业之间的关联交易”②，等等。再

① 《广东雅励新材料股份有限公司支付现金购买资产之重大资产重组报告书（修订稿）》，资料来源：http：//static. cninfo. com. cn/finalpage/2020 - 12 - 23/1208973234. PDF，2021 年 3 月 15 日访问。

② 《关于减少和规范关联交易的承诺函》，资料来源：http：//static. cninfo. com. cn/finalpage/2019 - 07 - 03/1206416006. PDF，2021 年 3 月 15 日访问。

加之关联交易类承诺表述方式和内容高度标准化，大量上市公司公开披露的关联交易承诺均采用了前述表述方式，普遍存在限制承诺范围的情形，因此目前关联交易情形中承诺人更多的是借承诺来向中小投资者表态上市公司不会利益输送的决心，而很难看出实质的自我约束意思。

此外，在上市公司与其控股股东、董监高等从事业务相同或近似、存在利益冲突的情形中，上市公司控股股东、实控人等还可能出于维护中小投资者信心或符合监管要求的目的，公开表示在一定期间内、在一定程度上解决同业竞争问题，即同业竞争承诺。将此等竞争的资产注入上市公司则是解决同业竞争问题的一个重要手段，此时作出的相关承诺即资产注入承诺。

2. 规则层面。在这一阶段中，效力最高的规则是2019年《证券法》新增的第八十四条第二款。其次在证监会层面，2014年颁布的《承诺监管指引》是针对公开承诺最完整全面的专项规范，在信息充分披露，承诺变更和豁免，以及违反承诺后证监会可以采取的监管措施等方面作出了规定。此外，交易所层面也有以《新股发行上市后相关主体承诺履行等事项的信息披露规范要求》[①] 为代表的多份规范文件，更具体地就公开承诺的信息披露等问题提出落地要求。

特别地，关于法定承诺的特殊规则也在这一阶段中开始出现，散见于证监会、交易所出台的各类规范中。这些法定承诺新规则让公开承诺在自愿商业行为之外，也同时开始扮演广义行政监管手段的角色。在这些规则要求下的常见法定承诺可梳理为以下三类。

第一类是规范文件直接要求相关主体针对特定事项作出公开承诺，主要代表有股份（法定）锁定期承诺，落实每股收益填补措施的承诺，以及保证自身和促进上市公司合法合规的承诺等。如《上市公司重大资产重组管理办法》（以下简称《重组管理办法》）第四十六条和第四十八条要求上市公司实控人、股份受让人和其他特定对象应当公开承诺遵守一定时长的股份锁定期；沪、深交易所上市规则[②]要求上市公司董监高须在IPO前签署《董事（监事、高级管理人员）声明及承诺书》，公开承诺将履行忠实勤勉义务、促使公司合法合规以及遵守公司章程和接受交易所监管等义务；《重组管理办法》第三十五条第二款也要求特定情形下相关主体公开承诺将落实填补每股收益的具体措施；等等。

第二类是规范文件只设定了强制性义务本身（未要求相关主体就将遵守该义务单独作出承诺和表态），但相关承诺主体主动或根据市场惯例被动选择采用公开承诺的方式对该法定义务进行重述，以显示其将遵守规定的积极态度。典型情形如保持和增强上市公司独立性承诺：《中国证券监督管理委员会关于规范上市公司重大资产重组若干问题的规定》（以下简称《重组若干规

---

① 《上市公司日常信息披露工作备忘录第7号——新股发行上市后相关主体承诺履行等事项的信息披露规范要求》。

② 《上海证券交易所股票上市规则》（上证发〔2020〕100号）、《深圳证券交易所创业板股票上市规则》（深证上〔2020〕1292号）。

定》）第四条要求在交易完成后继续保持上市公司在资产、人员、机构、财产及业务方面的独立性①，实践中上市公司相关主体常以公开承诺的形式重述此种法定义务。

第三类是在法律法规要求下对过去特定时间段内状态或当前状态进行的客观描述，其实质更类似于陈述和保证，而非对将来事项的“承诺”。典型情况有拥有标的资产完整权利的承诺、过去不存在虚假陈述的承诺、过去不存在行政处罚或重大诉讼的承诺等，详见于《重组若干规定》等。

3. 小结。在近 15 年间，证券市场公开承诺相关的实践与规范走过了一条从无到有的路程，但从其实践与规则发展状况中不难发现，目前的规则仍有有待完善之处。第一，现有规范对公开承诺行为法律性质和定位缺乏明确结论，也未明确违反公开承诺责任承担的法律基础，致使在解释和适用《证券法》第八十四条第二款时缺少素材和指引。第二，现有规范下公开承诺的概念被极大地泛化，相关法规无法也不应该涵射所有“千差万别”和“有名无实”的承诺概念，承诺概念的范围过广导致对承诺的规定缺乏逻辑上的一贯性和体系性。

三、 法律基础：违反公开承诺责任的解释路径选择

承前文所述，虽然我国针对丰富的公开承诺实践发展出了一系列不同层级的规则，但仍留下了诸多法律问题以待回答。在新《证券法》第八十四条第二款明确不履行公开承诺的损害赔偿责任之后，如何认定该种赔偿责任的法律基础，并在此基础上解释构成要件、适用该条规则，则是当前针对公开承诺规则构建和完善的重中之重。

（一）民法进路下传统单方允诺制度的排除

1. 损害赔偿责任的一般讨论。“损害赔偿”是一种常见的民事责任承担方式，就此民法上和证券法上均存在多个可能的请求权基础。民法上，违约之债、侵权之债、单方允诺之债、无因管理之债、不当得利之债等多种规则都可能涉及赔偿责任。②

证券法上，民事责任的基础主要包括证券侵权责任③和证券违约责任④这两大类，它们都可能涉及损害赔偿这一责任承担方式。就具体的证券违法行为类型而言，通常认为主要有虚假陈

---

① 应当注意并非所有承诺内容源自法定要求的情形都属于彻底的法定承诺，如我国目前虽然有避免同业竞争的规范要求，但实践中各上市公司的历史情况和交易背景千差万别，不同上市公司会结合自身情形作出在同业竞争问题解决时限、解决方式、解决承诺等方面不同的个性化承诺；业绩承诺、关联交易承诺也是类似，承诺通常都在一般性法律规定的基础上进行了细化，仍有一定的意思自治空间。

② 参见王洪亮：《债法总论》，北京大学出版社 2016 年 5 月版，第 35 – 41 页；杨立新：《债权法》，人民法院出版社 2009 年 11 月版，第 2 – 8 页。

③ 参见侯水平主编：《证券法律责任》，法律出版社 2005 年 7 月版，第 195 – 197 页。

④ 除证券侵权责任和证券违约责任这种二分法外，有观点认为还包括缔约过失责任，见周友苏主编：《证券法新论》，法律出版社 2020 年 4 月版，第 572 – 573 页；也有观点认为从证券法责任的本质特征出发，此种责任只应包括最主流的证券侵权责任，见朱锦清：《证券法学》，北京大学出版社 2019 年 6 月版，第 219 – 220 页。

述、操纵市场、内幕交易、欺诈客户和违法发行这五大类;[①] 其中前三类性质为证券侵权责任,第四类可能涉及证券侵权责任与(证券)违约责任的竞合。

但事实上,除了这五类最受人关注的证券违法行为,《证券法》提及的民事损害赔偿责任的还有十余处"非典型"情形,其中约六处均为2019年修法时新增;[②] 第八十四条第二款违反公开承诺的赔偿责任便是新增之一。关于这些非典型证券违法行为的行为性质和法律基础目前仍有不少争议。单就公开承诺而言,在行为性质上,多数学者认为公开承诺属于民法上的单方允诺;在法律基础上(即违反公开承诺的责任承担问题),有学者直接将违反公开承诺责任认定为证券侵权责任,但缺少合理性说明;[③] 也有学者尝试用侵权行为的一般构成要件进行检验从而得出系属侵权这一结论,并进一步将该侵权行为区分为虚假陈述型侵权、操纵市场型侵权和非典型侵权这三类;[④] 也有学者综合了侵权和违约这两大责任构造,在此基础上提出责任承担方式应包括"停止侵害、返还财产、实际履行、赔偿损害"等。[⑤]

从逻辑上看,欲判断违反公开承诺责任承担基础为侵权、违约或是其他,则须先确定公开承诺行为本身法律性质。鉴于不少学者认为公开承诺的性质与民法上单方允诺行为性质类似,因此下文将先讨论公开承诺系民法上单方允诺的观点能否成立:若能成立,那么《证券法》第八十四条第二款所提的赔偿责任则只是一条援引性规范,违反该条的法律责任基础直接按照民法上违背单方允诺的责任基础去认定即可。

2. 单方允诺概念。单方允诺核心含义是允诺人因允诺意思表示而使自身受到约束。[⑥] 从历史上看,法律意义上的允诺最早产生于罗马法古典时期,后来逐渐分为据荣誉允诺(policitatio ob honorem)[⑦] 和非荣誉允诺(policitatio non ob honorem factae),在荣誉允诺的情形以及个别非荣誉允诺的情形中单方允诺的约束力得到承认。

那么单方允诺在何种程度上存在约束效力?就英美法而言,在禁反言原则的思路下单方允诺效力多被肯定;就大陆法而言,早期单方允诺并不足以产生债务,但后期在契约范式下单方允

① 参见李东方:《证券法》,北京大学出版社2020年10月版,第612-615页。

② 参见《证券法》第二十九条、第五十四条、第五十六条、第八十四条、第八十八条、第九十条等。

③ 参见周友苏主编:《证券法新论》,法律出版社2020年4月版,第568-587页。

④ 参见参见赵旭东:《违反资产重组承诺的民事责任分析》,载《证券法苑》2010年第1期;陈洁:《上市公司及相关主体违反公开承诺的民事责任分析——以虚假陈述型违反承诺为中心》,载《法律适用》2013年第10期。

⑤ 参见陈亦聪,武俊桥:《上市公司承诺履行与上市公司诚信塑造》,载《证券法苑》2012年第2期。

⑥ 参见黄美玲:《允诺原则之历史解释》,载《环球法律评论》2014年第5期。

⑦ 此处荣誉允诺的典型代表如市民考虑到已经或即将向其授予的公职而对公众作出的实施一项工程或者给付一笔钱款的允诺,特定费荣誉允诺的典型代表如承诺建设某工程或支付某款项,且工程已经开始建设或款项已经部分履行的情形。参见徐涤宇、黄美玲:《单方允诺的效力根据》,载《中国社会科学》2013年第4期。

诺的效力也或多或少得到承认。[①] 从我国今天采纳的相关法律框架看，2021 年刚生效的《中华人民共和国民法典》第一百三十四条[②]肯定了单方法律行为的效力，但我国现行法规对于单方行为概念下的具体行为类型以及违反单方允诺承担责任的法律基础尚无较为系统的界定，在列举各类债因时也并没有单独将单方允诺列作债的发生依据。我国学界目前认为单方法律行为可以分为（1）只涉及己方权利；（2）为他人设定权利、权益或权限；（3）为他人设置负担这三大类。第一类如所有权之抛弃；第二类有为他人设定权益的情形如债务免除，为他人赋予权限的情形如代理权授予，以及为他人设定权利的如单方允诺；第三类如形成权行使。其中单方允诺的内部又存在两大类型：一种是需受领的单方允诺，通常向特定人作出，需要特定人受领，如债务允诺、债务承认、债务加入等；另一种是不需受领的单方允诺如悬赏广告，这一类允诺通常是向公众作出，个别民商法的研究观点还直接提到证券法领域的公开承诺也属于与悬赏广告并列的“其他无须受领的单方允诺”中一种。[③]

3. 公开承诺是否属于单方允诺的检验。初看上去，近年来不少证券市场公开承诺都与单方允诺类似。一方面，承诺由上市公司大股东、董监高等单方面作出，许多承诺作出本身并不需要经上市公司或各中小股东的同意和批准，具有单方性；另一方面，大多数承诺内容为承诺人表示自愿承担不利益，限制自己的权利（如不减持承诺系限定自身在一定时间内出售特定股票的权利）或增设自己的义务（如资产注入承诺系增加自己将与上市公司协商，以使得上市公司从自己处取得特定资产的义务），具有自我限制的特征。

但是应当认识到，单方允诺并非限制自身权利即可构成，还须能够进一步赋予相对方向自己进行主张的权利。换言之，单方允诺制度核心问题不是允诺人是否有允诺的自由（因为这显然是毋庸置疑的），而是受诺人是否因此获得了根据允诺内容要求允诺人履行或给付的权利。如在单方允诺的典型情形悬赏广告中，一旦有人完成行为主张付款，则此时能享有悬赏广告对应权利的主体完成了特定化，确定由该主体享有对应的主张悬赏金的权利。由此可见，在单方允诺的语境中，当承诺人自愿放弃或限制自己本来享有的某个权利，则相应地受诺人会因此取得这个权利，双方的权利状态为此消彼长的零和关系。这也符合前述理论研究中将单方允诺与其他单方法律行为区分开来的特征：单方允诺涉及对他人进行权利的授予。因此，考察是否构成单方允诺，核心应当考察从通常理解上，该“承诺”是否赋予了相对人主张其对自身履行或给付的具体权利。

---

① 参见黄美玲：《允诺原则之历史解释》，载《环球法律评论》2014 年第 5 期。

② 《中华人民共和国民法典》第一百三十四条：民事法律行为可以基于双方或者多方的意思表示一致成立，也可以基于单方的意思表示成立。法人、非法人组织依照法律或者章程规定的议事方式和表决程序作出决议的，该决议行为成立。

③ 参见黎珞：《单方法律行为的适用类型与适用原则》，载《民商法论丛》2020 年第 1 期。

那么在明确单方允诺的核心特征后，将证券市场公开承诺类比为民法上单方允诺会发现不少障碍，很难认为证券市场实践中作出的公开承诺具有赋权的特征。如在增持承诺中虽然承诺人有义务在二级市场购入股票，但由于承诺人并不会进一步承诺自己将向谁购入股票，权利人并未特定化，承诺人并无向特定人购入股票之义务，任何股票持有人也自然不因此享有要求承诺人从自身手中购入股票的权利。类似地，在不减持承诺中，其履行方式是消极不作为，则更不涉及任何特定人相应的权利的取得。

因此，结合单方允诺的历史演变过程和我国今天所采纳的民法制度框架，证券市场上的公开承诺在内容和特征上都与民法上单方允诺的语境截然不同，公开承诺难以容纳在已有的传统单方允诺制度之下。

4. 对现有单方允诺说的驳斥。然而，为何近年来关于证券市场公开承诺性质的学术研究大多并未细致讨论，甚至有意忽视了传统民法中的单方允诺概念、历史和应用，而是不约而同地得出了公开承诺系单方允诺的结论？本文认为原因可能在于，现有研究的定性判断更多是基于功能主义视角作出的，即认为如果将公开承诺认定为单方允诺，则有下述诸多好处，故而不必再追究民法单方允诺制度的传统定位：一者单方允诺能一经作出即发生法律效力，不必等待受诺者的明示或默示同意就可形成对承诺人的约束，不能随意撤回或撤销，故有益于资本市场交易安全；二者公开承诺作出后中小股东产生了合理信赖，单方行为说可强调承诺的单方性、有效性和无条件性，从而符合公平正义理念；① 三者单方允诺说更能解决相对人行为能力、合同成立和生效时点等现实问题；等等。②

但上述观点并不可取。第一，采单方允诺观点会导致论证逻辑的断裂：现有观点在认定完公开承诺性质系单方允诺之后，从逻辑上看应当沿此性质认定不履行承诺时的法律责任（即违背单方允诺的一般民法责任）；但事实上大多数研究在认定单方允诺后戛然而止，随后直接走向了虚假陈述、操纵市场等证券特殊侵权责任，或者回避责任定性直接混用侵权责任、违约责任等的责任承担形式。这一论证方式在行为性质与法律责任上存在逻辑链条的跳跃。第二，即使是从功能主义的视角考虑、希望实现前述功能，那也完全可以用“信息披露行为 + 侵权”的框架来实现该目的。若将公开承诺行为性质认定为信息披露，那么一经作出即不能反悔的法律效果完全可以由对信息披露真实性的要求来实现：除非承诺人没有过错，否则一经披露即要对信息的真实性、完整性和准确性负责。同时这也可以避免对相对人行为能力和合同生效时点等难题的判断。

---

① 参见陈洁：《上市公司及相关主体违反公开承诺的民事责任分析——以虚假陈述型违反承诺为中心》，载《法律适用》2013 年第 10 期。

② 参见杨海静：《单方允诺视角下的证券市场公开承诺》，载《南方金融》2018 年第 7 期。

总结而言，从制度特征看公开承诺并不能被民法单方允诺制度囊括，反而会导致后续论证逻辑的断裂；从功能主义视角看将其认定为单方允诺欲实现的功能也完全有其他替代方案可以解决，也无一定采单方允诺说的必要。因此，不宜将公开承诺认定为单方允诺。

（二）证券法进路下对第八十四条第二款公开承诺的解释

既然民法上现成的单方允诺制度无法成为证券市场公开承诺的解决方案，那么第八十四条第二款就是一条需要解释和适用的全新规则，应当通过对该规范的体系解释和目的解释来认定违背公开承诺损害赔偿的法律基础。

1.《证券法》修订过程和立法目的：加强自愿信息披露合规和提高违规成本。此次《证券法》的修订持续了近五年，早在2015年4月一审稿出台时，关于公开承诺的新增规定就已被纳入第一百三十九条。彼时第一百三十九条全三款均为针对公开承诺问题的规定，较为完善和详细。待到2019年4月三审稿敲定时，虽然公开承诺的规定仍然保留了下来，但篇幅明显缩减，此前的三款合为第九十四条中的第二款，与该条第一款的自愿信息披露规则一起设置在第九十四条之下。最终，在2019年12月的新《证券法》正式稿中，此前三审稿关于公开承诺的表述得到完整沿用，被规定在第八十四条之下。但无论在一审稿、三审稿或最终正式稿中，公开承诺相关条文都被设置在了新增的“信息披露”专章部分，并与前一条/款的自愿信息披露规则紧密相连（见表2）。

表2　新《证券法》下自愿信息披露规则和公开承诺规则的修订历史

时间	名称	内容
2014年8月	2014年《证券法》	无公开承诺的相关规定
2015年4月	《证券法》修订草案第一次审议稿	第一百三十八条　信息披露义务人可以按照一致性原则自愿披露其他与投资者作出价值判断和投资决策有关的信息。 第一百三十九条　发行人、控股股东、实际控制人、发行人的董事、监事、高级管理人员等作出公开承诺的，应当依法披露。 依法披露的公开承诺，应当及时、全面、适当地履行。改变公开承诺内容的，应当经股东大会作出决议。 不履行承诺、擅自改变承诺或者未经股东大会认可的，国务院证券监督管理机构可以根据本法第一百四十九条的规定采取监督管理措施。法律、行政法规另有规定的除外。不履行承诺给投资者造成损失的，应当依法承担赔偿责任
2017年4月	《证券法》修订草案第二次审议稿	（公开渠道未见相关资料）

续表

时间	名称	内容
2019 年 4 月	《证券法》修订草案第三次审议稿	第九十四条　除依法需要披露的信息之外，信息披露义务人可以自愿披露与投资者作出价值判断和投资决策有关的信息，但不得与依法披露的信息相冲突，不得误导投资者。 发行人、控股股东、实际控制人、发行人的董事、监事、高级管理人员等作出公开承诺的，应当披露。不履行承诺给投资者造成损失的，应当依法承诺赔偿责任
2019 年 12 月	《证券法》	第八十四条：内容完全同三审稿

资料来源：作者整理。

从 2020 年 3 月证监会在其官方网站公布的名为《新〈证券法〉全文及修订亮点》公告看，公开承诺问题被分别从两个角度予以关注。[①] 其一是在“进一步强化信息披露要求”方面，证监会认为此次新《证券法》设专章规定了信息披露制度，而发行人及控股股东、董监高等公开承诺的信息披露制度也为加强信息披露合规的表现之一。此外，在上交所公布的《新〈证券法〉50 问》系列提到公开承诺时，该指引文章《新〈证券法〉对于公开承诺的信息披露制度有何规定?》也是选择了从信息披露角度切入和设问。[②] 其二是在新《证券法》“显著提高违法违规成本”方面，证监会也在公告中表示最新规则大幅增加了对证券违法行为的处罚力度，其中一个例证便是新增了发行人等在不履行公开承诺时的民事赔偿责任。前述立法历史和相关公告在一定程度上表明了公开承诺规则的两个主要立法意图：提高违规成本和加强自愿信息披露合规。

2. 立法目的解释下的第八十四条第二款：证券特殊侵权行为。

（1）自愿信息披露。从前述自愿信息披露的立法思路出发解释第八十四条第二款，违背公开承诺行为民事责任承担的法律基础应是虚假陈述这类证券特殊侵权行为。

只是此时可能存在的一个疑惑是，相关主体作出公开承诺的行为似乎初看起来与传统的虚假陈述这类信息披露行为存在较大差别。在传统信息披露情形中，证券投资者对该披露的理解是一种对客观事实进行简单反映的行为，并不会预期披露义务人在履行真实披露义务之外还存在其他义务（如将为或不为一定行为）。但是在公开承诺的情形中，投资者似乎还进一步期待了承诺人自身将通过对自己权利的约束或义务的增设来促使承诺结果的发生（即使得

① 参见《新〈证券法〉全文及修订要点》，中国证监会（上海证监局）官方网站，http://www.csrc.gov.cn/shanghai/ztzl/pfzl/202003/t20200306_371622.htm，2021 年 3 月 15 日访问。

② 参见《新〈证券法〉50 问（四）》，中国证监会（天津证监局）官方网站，http://www.csrc.gov.cn/pub/tianjin/xxfw/tzzzsyd/202003/t20200325_372635.htm，2021 年 3 月 15 日访问。

披露内容成真）。

但是纵然如此，本文仍然认为投资者遭受的损失仅是一种信息性的损失（与虚假陈述情形类似）；而非因大股东、董监高等承诺人不履行承诺本身导致的影响投资者基本权利和义务的损失（与双方合同和单方允诺类似）。而这是由前文提及的公开承诺的性质与单方允诺截然不同决定的。具言之，在单方允诺情形中，当允诺人一方为自己增设义务，则条件成就后特定人享有对允诺人进行主张的相应权利（如完成特定行为的人可以向悬赏人主张赏金）；因此当悬赏人违反自己作出的承诺，则对于该完成特定行为的人而言即为一种权利义务上的损失。其实普通的合同关系情形也类似，当一方违约后，另一方也是因自身权利无法实现而受到损失。因此，在广义“违约”（违反单方允诺或违反双方合同）情形下，对相对人造成的损失都应当是一种权利义务层面的损失。但在大股东、董监高等公开承诺的情形，任何特定中小投资者并非承诺的相对人，并不能从公开承诺的作出中获得对应的、要求承诺人向自身履行的权利；这相应意味着即使承诺人不履行承诺，中小投资者受到的损失也并不来自其本来也未曾享有的权利的减损。事实上，这应当是一种信息上的侵害——由于其信赖了承诺人的承诺这一信息而高价购入股票，但事后发现承诺无法得到实现，即此前基于错误的信息作出决策而受到股价下跌的损失。至于造成该种承诺虚假的原因究竟是纯粹客观情况，还是承诺人自身不履行，这只是过错要件需要考虑的问题。

从这个角度观察，还会进一步发现违反证券市场公开承诺的情形的确与虚假陈述这一侵权行为本质更为接近。在虚假陈述中，陈述并不涉及投资者权利义务的重新分配，因此证券市场上的投资者仅为“听众”而非直接权利人：既不会因为陈述的作出本身而享有额外的权利，也不会因承诺的失实而遭受权利义务性的损失。公开承诺的情形恰与之类似，承诺同样并不具有赋权性，中小投资者的身份仅为普通“听众”。相似地，投资者因为承诺未实现而受到的损害本质上也是一种信息性的损害，投资者因为当初信赖了错误或虚假信息后作出决策因而遭受的损害；而非因为承诺人履行或履行承诺本身使得投资者的权利义务受损而遭受的损害。

诚然，就侵权而言，行为人的义务往往来源于法律的设置，而违约情形中行为人义务通常来源于意思自治的先前表示①，因而鉴于违反的证券市场公开承诺（除强制或法定承诺外）属于自己为自己设置的意定限制，看起来似乎更接近广义违约行为而非侵权行为。但应当注意的是，不同于悬赏广告情形，完成特定行为的人主张赏金的权利是直接来自悬赏人对自身权利的让渡；在证券市场公开承诺的情形中，虽然承诺人的义务来源是意定设置，但中小投资者主张损害赔偿的权利却并不直接来自承诺人意定让渡的义务（因为中小投资者并不会因承诺的作出而对应获得额外的权利），而是来自承诺人及相关信息披露义务人应当公平、真实地披露信息这一规范

① 参见程啸：《侵权责任法》，法律教育出版社2015年9月版，第63－72页。

要求。换言之，是禁止虚假陈述的规则才使得中小投资者有权主张自己受到了信息性的损失，获得了主张损害赔偿的权利；因此违反公开承诺的赔偿仍然应该属于侵权行为。

（2）增大违法违规成本。从加强违法违规成本的角度来理解第八十四条第二款，应认为该条否定违诺的行为的意图（之一）为将公开承诺问题从证监会规范层面拔高到法律层面，并通过对此类行为违法性的明确肯定来实现对作出承诺人认真对待承诺的提醒和威慑目的，应当认为这条规范被寄希望于为中小投资者对违反承诺行为民事责任的追究提供具有可操作性的法律基础通过实际适用来让其真实地发挥威慑和弥补亏损功能。若对比证券违约责任和证券侵权责任，显然前者在证券法领域得到的特殊关注较少，传统合同法制度难以解释证券语境下“合同相对方”，“合同”何时成立、生效，是否可以撤销等一系列问题，采用违约思路来追究将缺少标准和先例可循。相反地，鉴于侵权责任是《证券法》的主流责任，且针对虚假陈述、内幕交易等为代表的证券侵权行为《证券法》均存在整套的独立规则和丰富的解释经验，可以为其他证券特殊侵权行为的解释提供切实借鉴和操作指南，从而使得该规范能够更为普遍、真正地得到适用，选择侵权框架来解释公开承诺法律基础更为合适。

四、构成要件：违背公开承诺责任规则的具体适用

承前文所述，从宏观定位上看，违反公开承诺行为的性质属于对将来不确定信息的不当披露这类特殊的虚假陈述行为，赔偿责任的法律基础也就自然是证券侵权责任。在此框架下本文进一步讨论应如何解释和适用第八十四条第二款的各项构成要件。

（一）主体

《证券法》和《承诺监管指引》均对违反公开承诺主体范围进行了列举（见表3）。从立法目的和原理上看，鉴于相关规范是从自愿信息披露的角度对公开承诺行为加以规制，那么《证券法》规定的作出公开承诺的主体范围不应无限扩张解释为任何公开作出承诺的人，其内涵和外延应当与有权自身作出或通过上市公司进行自愿信息披露的主体范围相一致。

表3　《证券法》和《承诺监管指引》对公开承诺主体的要求

规则	上市公司	实际控制人	实控人以外股东	董监高	关联方	收购人
《证券法》	✓	✓		✓		
《承诺监管指引》	✓	✓	✓		✓	✓

资料来源：作者整理。

（二）行为一：作出公开承诺

关于第八十四条第二款所规制的承诺行为范围，应当根据立法目的并结合实践中具体的承诺类型进行限缩解释，将该条的定位与传统合同法情形和传统证券虚假陈述情形区分开来。

1. 排除情形之一：法定承诺。前文已提及，实践中存在三种法定承诺的类型，此时承诺的作出完全是出于对法定义务的履行或重述，或者承诺本身只是对过往或现状的客观描述而非对将来义务的设定，此时没有必要也不宜置之于第八十四条第二款下解决，理由有两个。

第一，根据其违反的具体法律法规来追究责任（而非根据一般的承诺违反规则来追究责任）更能“对症下药”，受到的处罚更有针对性，也更贴近相关立法意旨。如在前文提到的 IPO 情形中上市公司董监高将勤勉忠实履职的公开承诺，此时即使董监高此时出具了承诺函，显然该承诺函也并非其勤勉义务、忠实义务和合法合规义务的产生来源；董监高实质上并未为自身新设任何义务，而更多只是对外的表态重申和对内的自我提醒。事后当勤勉义务被违反时，第八十四条第二款也远远无法解决有哪些职责属于勤勉和忠实义务的范围、哪些特定行为可以作为免责或抗辩事由、如何认定不同人员对公司信义义务的程度等一系列问题，相反这些问题都应诉诸勤勉义务相关丰富的境内外法律实践和理论研究以寻找答案，如此也更有利于保持监管口径和尺度的一致性，在方案上也更为成熟，救济路径更有迹可循。

第二，根据违反的具体规则而非宽泛的《证券法》第八十四条第二款去追究民事责任更符合《证券法》立法目的。从 2019 年《证券法》的一审稿到最终稿，公开承诺的赔偿规则一直紧跟“自愿”信息披露规则，这即说明从监管定位而言，第八十四条第二款意图规制的公开承诺问题只应该包括出于自愿作出了超出法律要求的额外承诺的情形，而不应包括早已有相应规则处理的法定承诺的情形。

不过仍可能存在的一种例外情况是，虽然承诺内容与法规要求的义务重复，但涉及的法规下目前尚缺少关于民事赔偿责任的规定。那么此时出于平等对待和保护中小投资者的考虑，从违反第八十四条第二款的角度来主张损害赔偿责任也应当例外地被允许。我国 IPO 后特定股份强制锁定期就属于此类情形。

2. 排除情形之二：公开承诺载体及效力来源为普通协议（以业绩补偿类承诺为例）。如果公开承诺的“出场方式”并非单独的承诺函，而为特定相对人之间协议的一个条款，则基于第八十四条第二款“兜底”的特征，更合适的方案应当为：在特定相对人（如上市公司与交易对手方）之间时应当适用现有的传统违约责任去解决，在中小投资者与公司之间时应当适用《公司法》及其司法解释规定的股东代表诉讼的方式解决。

此等实践典型情形是业绩补偿承诺。一方面，我国现已有较完备的规则①来处理业绩承诺情形：《重组管理办法》第三十五条界定了实践中常见的“业绩补偿承诺”含义和适用情形；2020 年证监会颁布的《监管规则适用指引——上市类第 1 号》也总结了关于业绩承诺在业绩补偿的

① 相关规则如《重组管理办法》《关于并购重组业绩补偿相关问题与解答》和《关于上市公司业绩补偿承诺的相关问题与解答》等。

范围、计算思路和履行保障措施等问题上的监管表态，并对业绩补偿承诺提出了比一般承诺变更和豁免的规则更严格的特殊要求。另一方面，实践中业绩承诺通常以《业绩承诺及补偿协议》《股权及资产转让协议》等双方或多方协议方式作出[①]；即使存在以承诺函形式作出的情形，实践中该承诺函通常也会表明承诺效力来源是双方或多方协议，承诺效力相应依附于相关协议效力，承诺函起到的更多是公示披露的作用而非首次设定权利义务。[②]

因此，业绩补偿这一类承诺虽然在形式上看似属于第八十四条第二款指称的公开承诺，但一者在法律规范层面，已有较多专项文件对其定义、适用情形、承诺方式、保障措施和变更豁免等各方面进行详细规定；二者在实践层面，业绩承诺往往不会脱离特定方之间的协议而单独存在，故当补偿未能实际履行时也有明确的利益受损的相对方（通常是上市公司自身），其作为业绩补偿协议的签订方和标准的权利人，完全可直接向承诺方提出主张。因此业绩承诺情形中事前关于如何作出承诺的证券法规则供给充足，事后关于民事责任追究的问题也并未超出传统的合同法和公司法规制框架，没有适用第八十四条第二款进行讨论的必要。后续如果业绩未达标后上市公司自身怠于向承诺方积极主张业绩补偿款从而导致承诺不被履行和股价下跌，由于上市公司自身本就有权直接向承诺人直接主张违约权利，那么此时中小投资者更适当的民事救济方式应当为股东代表诉讼制度：首先要求上市公司董事或监事维护公司利益，其次在仍然无法解决的情况下代表公司利益提起诉讼主张权利。

3. 排除情形之三：承诺在外观上无自我约束意思（以关联交易承诺为例）。如果从公开承诺的外观上看就缺少自我约束和为自身施加义务的意思，则同样不应属于第八十四条第二款规制的“承诺人作出自身将承担不利益的意思表示”情形，而应直接用常规的虚假陈述规则来处理。

实践中此类情形出现的典型情况是前文提及的关联交易承诺。虽然《承诺监管指引》第一条等已经禁止了承诺期限上“尽快”“时机成熟时”等模糊性词语的使用，但关联交易承诺中使

---

① 如在远大智能业绩补偿中，业绩补偿承诺被具体约定在《盈利补偿协议书》中，详见《沈阳远大智能工业集团股份有限公司关于2019年度业绩补偿事项的进展公告》，巨潮网，http：//static. cninfo. com. cn/finalpage/2020－11－06/1208698294. PDF，2021年3月15日访问。如在金杯电工业绩补偿案中，相关业绩承诺被记载于《业绩承诺与补偿协议》中，详见《金杯电工股份有限公司独立董事关于公司与吴学愚、周祖勤签署〈业绩承诺与补偿协议〉的独立意见》，巨潮网，http：//static. cninfo. com. cn/finalpage/2020－10－31/1208662553. PDF，2021年3月15日访问。又如在中材国际业绩补偿案中，业绩承诺的载体也是上市公司与业绩补偿人之间签订的《关于安徽节源环保科技有限公司之业绩补偿协议》，详见《中国中材国际工程股份有限公司关于业绩补偿事项进展公告》，巨潮网，http：//static. cninfo. com. cn/finalpage/2020－10－23/1208603086. PDF，2021年3月15日访问。

② 如在兖州煤业业绩承诺案中，虽然资产出卖方单独出具了名为《关于兖州煤业股份有限公司收购兖矿集团有限公司相关资产之业绩承诺函》的公开承诺函，但是业绩承诺显然首先是《股权及资产转让协议》中的条款，该承诺函也完全依附于前述协议存在，“自《股权及资产转让协议》生效之日起生效”。详见《兖州煤业股份有限公司关于收到控股股东业绩承诺函的公告》，巨潮网，http：//static. cninfo. com. cn/finalpage/2020－10－24/1208607292. PDF，2021年3月15日访问。

用“尽可能避免”这类投机词语的情况仍大量存在，很难证明承诺人的该种表态有对自身进行实质约束的意思。对此类在外观上无自我约束意思的“承诺”而言，完全可以从常规的信息披露合规角度提出监管要求和进行民事追责。即如果该公告以“承诺”之名却其实并不具有明确限制自身权利的特征，如用语含混、具有引导性，又缺少相应风险提示，以至于广大中小投资者容易误解过于信赖“承诺”的实质效果，那么用传统虚假陈述进行处理即可。

（三）行为二：违反公开承诺

违反公开承诺的行为概念本身争议不大，包括不履行承诺和不适当履行承诺这两大类型，这意味着承诺人此前披露的事项不再会（完全）发生，故此前的预测信息确定从真实（或真假未明）变为虚假。须注意鉴于《承诺监管指引》认为当承诺确实无履行可能或履行不利于上市公司利益，可以通过股东大会合法表决来变更或豁免该承诺，[①] 故如果对公开承诺合法地进行了变更或豁免，则不履行原承诺的行为不再构成对承诺的违反，此时也不再存在虚假陈述的客观行为（见表4）。

表4 《承诺监管指引》下的变更、豁免条件

无法履行原因	承诺履行可能	免责要求	对应构成要件
因相关法律法规、政策变化、自然灾害等自身无法控制的客观原因	导致承诺无法履行或无法按期履行	信息披露即可	过错要件
非因上述客观原因	承诺确已无法履行或者履行承诺不利于维护上市公司权益	信息披露 + 股东大会同意变更/豁免承诺即可	行为要件
	超期未履行承诺或违反承诺的	无免责情形，将受到行政处罚	

资料来源：作者整理。

（四）因果关系

在因果关系的问题上，虚假陈述制度中的双重因果关系证明方式已经较为成熟，[②] 违反公开

① 虽然这一规则是从行政监管而非民事责任角度进行界定，但仍可为民事构成要件提供参考。

② 《最高人民法院关于审理证券市场因虚假陈述引发的民事赔偿案件的若干规定》第十八条：投资人具有以下情形的，人民法院应当认定虚假陈述与损害结果之间存在因果关系：

（一）投资人所投资的是与虚假陈述直接关联的证券；

（二）投资人在虚假陈述实施日及以后，至揭露日或者更正日之前买入该证券；

（三）投资人在虚假陈述揭露日或者更正日及以后，因卖出该证券发生亏损，或者因持续持有该证券而产生亏损。

承诺语境下的因果关系问题只需对其稍加改造即可适用。可能的改造是，在传统虚假陈述中因果关系推定条件的时间节点之一是“揭露日或者更正日”；但在公开承诺情形中，承诺的真实性并不需要一个对其真假的特别揭露过程其才能为公众知晓，而只要在承诺期限即将届至时观察完成情况即可。若出现承诺期限已经届至但未见（全部）履行，或虽承诺未到期但承诺人明确表示拒绝履行等情形，则显然违反了公开承诺。因此，虚假陈述中的“揭露日或者更正日”应当在公开承诺的情形中更正为“承诺时间届至之日，或虽未届至但已明确不会得到履行之日”。

（五）损害结果和受偿对象

虽然对证券违法行为的损失计算和受偿对象认定一直以来都是一个复杂且争论不休的问题，但仅就违反公开承诺的损害赔偿计算和受偿对象认定而言，其与常规的虚假陈述情形并无太大区别，且从可操作性的角度看沿用虚假陈述的规则在现阶段也更有实践意义，在判定第八十四条第二款下的损害结果和受偿对象时整体沿用常规虚假陈述的规则即可。

具言之，我国目前针对虚假陈述赔偿数额计算方法主要采取的是“价差法”，这一逻辑在违背公开承诺的情形也仍然适用。在此模型中，承诺人先披露了承诺相关信息，此时股票价格会随之迅速升高（证券市场越有效，该信息反映到股票价格的速度就越快），投资者基于对承诺的未来事项会发生信赖，因而愿意以比未出现承诺时的公平价格更高的价格购入；后在临近承诺届至时，随着承诺不会被履行、此前预测信息为虚假的可能性不断升高，股价会开始下跌直至完全确定承诺不会被履行，此后投资者或低价卖出，或继续低价持有。那么与传统虚假陈述类似地，此时中小投资者受到的损失应为包含了承诺信息的较高的卖出价格和验证承诺信息虚假后较低的买入价格之差（作平均值处理）；受偿对象也就相应为在“公开承诺时间届至之日，或虽未届至但已明确不会得到履行之日”前购入，且该日后售出或继续低价持有的投资者。

此外，在信息披露侵权的思路下，曾有学者提及的“实际履行”① 恐怕不是一个损害赔偿之外合理的民事责任承担方案。一者在绝大多数承诺的情形中，实际履行都难以实现，如关联交易和同业竞争承诺的实现需要多方谈判才能达成具体方案，达成之后还需要股东大会通过、监管认可等多方面条件，强制执行并不现实。二者从原理上，强制履行来自合同法语境，当义务人不履行义务，权利人可主张自己权利的强制实现；但在公开承诺的证券侵权语境下，由于中小投资者并非对承诺人承诺事项享有直接权利的权利人，即使义务不履行其受到的损失也只是信息性的损失，其自然无权要求承诺人实际履行。

（六）主观过错

1. 过错认定的抽象原则。如前文分析，公开承诺应位于预测性信息披露框架之下，故其过

① 陈亦聪、武俊桥：《上市公司承诺履行与上市公司诚信塑造》，载《证券法苑》2012 年第 2 期；马其家、王淼：《上市公司及其关联方公开承诺履行制度的构建》，载《法律适用》2015 年第 8 期。

错认定与传统预测性信息披露无疑存在一定共性。预测性信息（又称“软信息”）被认为是“一种夸大的无生命的甚至有时是扭曲的形象”,[①] 具有天然的不确定性，信息披露人在对未来信息作出披露时自身就存在认识的局限，故仅因陈述内容与将来发生的事实存在内容不一致这一结果就自动认为其构成虚假陈述显然并不合理，因而预测作出时是否经历了充分的调查分析、预测的结论是否存在合理理由、承诺人是否真诚相信承诺会兑现等过程性因素才应该是该种情况下的考察重点。[②]

只是遗憾的是，我国目前尚缺针对软信息披露相关责任认定的系统性规则。从《首次公开发行股票并上市管理办法》《重组管理办法》以及沪、深交易所层面的主要规则来看，我国对IPO、发行可转债、重大资产重组等情形中未实现盈利预测或业绩快报等情况基本采取了简单的“结果责任”认定方式，即只要预测与将来的实际利润实现情况或业绩情况的偏差超过一定幅度，上市公司等相关责任主体就面临道歉、行政处罚等不利后果；而并未精细区分和考察作出预测时是否经充分调查，也缺少存在合理依据等事项上的考量与相关识别经验和相应的安全港规则。此类“单纯因事后事实与预测数额不一致而采取处罚措施的做法”因“不符合公司经营运作规律，也未对盈利预测中的事实和观点予以区分从而在责任适用上依据不足”而饱受诟病。[③]鉴于文章容量所限，本文并不意图讨论所有预测性信息披露情形下的认定思路，只是指出在第八十四条第二款涉及的这一新兴预测性信息披露情形中，应当将“作出预测（承诺）时有无尽职地、公平地分析彼时的所有相关资料”作为过错的判断标准。

同时，公开承诺相较于传统的预测性信息披露也应存在一定特殊之处。传统的预测性信息披露多是基于对客观情况的直接预测，最终是否能够实现预测往往取决于综合的客观因素，预测人个人的努力在其中的影响因素较小。如业绩预测和盈利预测依据的主要是对公司客观商业模式和既往财务数据、整体市场和政策环境等因素的分析，对于最终结果能否实现而言，人为性和可控性较小。但是在公开承诺的情形中，承诺人的主观努力对最终承诺结果能否实现有较大的影响作用，因为承诺内容本身指向的就是对自身享有的权利的约束、表示自身愿意承担不利益，最终承诺能否实现相较在更大的程度上取决于承诺人自身的财力状况等个人因素；相应地，应该要求承诺人在披露公开承诺时对承诺能否实现及相关影响因素有更精准的认识，在判断承诺人是否具有证券虚假陈述意义上的“过错”时应当苛以比常规预测性信息披露更高的标准。

---

① 齐斌：《证券市场信息披露法律监管》，法律出版社2000年版，第177页，转引自周友苏主编：《证券法新论》，法律出版社2020年4月版，第334页。

② 参见程茂军：《上市公司信息披露法律规制研究——以中小投资者信息需求为视角》，中国法制出版社2019年5月版，第189－192页。

③ 程茂军：《上市公司信息披露法律规制研究——以中小投资者信息需求为视角》，中国法制出版社2019年5月版，第190页。

2. 过错认定的具体分类讨论。在确定了抽象的判断原则后，应该分为以下几种情形具体讨论承诺人的过错心态。

（1）故意不履行承诺。第一种也是最明确的情形是，承诺人在承诺作出时便无意将来履行或明知将来不能履行，此时承诺人属于明知承诺虚假而仍然作出承诺并进行信息披露的情形，心态为故意。鉴于在这种情形下，承诺本身不是目的，而仅仅是用于获得市场认可的欺诈手段和工具，这直接可能构成常规虚假陈述中的虚假记载。虽我国暂缺相关认定规则或先例，但香港地区《证券及期货条例》第一百零七条和第一百零八条已经作出了类似的判断可供参考。① 如果还能够证明承诺人不仅存在不履行的故意，还进一步具有操纵市场的意图（如意图通过向市场发布虚假利好信息来人为影响证券交易价格或证券交易量），则此种行为完全也可能构成《证券法》下传统的市场操纵情形。

（2）过失不履行承诺。前述故意情形因其举证责任难度较大而出现频率较低，更为普遍的情形是承诺人出于过失的心理（至少只能证明是出于过失的心理）而未履行承诺。具体而言，这种情形中承诺人在作出承诺时是真诚希望将来履行的，但由于其未尽合理调查而对未来情势的判断过于自信或存在疏忽，最终在应当履行时无法或因履行成本过高而不愿再履行。此时要判断承诺人是否具有过错，应当借鉴预测性信息披露的归责原则去设置判断标准，即作出公开承诺时其判断是否具有合理基础（reasonable base）。换言之，如果导致承诺不再履行的事由属于承诺人在承诺作出时尽到合理的努力也无法预见的事由，则承诺人对其所披露信息的虚假不存在过错。②

用这一标准可以识别许多证券市场上备受争议的承诺白条“奇葩”理由。例如在增持承诺中，常见的承诺不履行理由是承诺人存在资金困难或流动性问题。此时判断承诺人是否具有可归责事由的核心标准应当是阻止其增持的事由是否为其在作出承诺时所不能预见，即其在需要兑现承诺时遇到的流动性问题和资金短缺属于与正常的、可预见的商业风险波动（如控股股东在正常商业竞争中失利导致利润率下降），还是属于因为完全不可预计的突发情况（如 2020 年的新冠肺炎疫情导致处于相关行业的控股股东现金流骤减）。

举例而言，当前实践中已经开始有交易所和上市公司以“合理基础”作为过错判断标准的

---

① 香港《证券及期货条例》第一百零七条和第一百零八条认为，如果“任何承诺，而在该承诺作出时，作出该承诺的人是无意履行该承诺的，或知道该承诺是不能够履行的”的情形，则属于虚假陈述下“欺诈的失实陈述”（fraudulent misrepresentation）；以及如果“任何承诺，而在该承诺作出时，该承诺是不能够履行的，并且是罔顾实情地作出的”的情形，则属于虚假陈述下“罔顾实情的失实陈述”（reckless misrepresentation）；这都属于虚假陈述下的子类型。

② 能够符合这一标准的最极端的情形就是《承诺监管指引》列出的不可抗力情况，此时无论事前承诺时如何尽力分析往往都难以预测不可抗力事件的发生，那么就很难认为承诺人存在过错。

情形。以湖北三峡新型建材股份有限公司（以下简称三峡新材）的回购承诺为例，在2018年3月5日三峡新材以《关于回购注销公司股份的议案》的形式公开承诺其在接下来十二个月内完成一定数额的股份回购，但最终该回购承诺只完成了不到10%。就此违反承诺行为，三峡新材核心抗辩理由是公司资金紧张导致没有能力回购：一者自公开承诺作出后平板玻璃制造业企业面临的融资难局面凸显导致资金不足；二者为承诺后突发的中邮系列诉讼案加剧了资金紧张。[①]对此，上交所一一进行了驳斥："公司在首次回购期限届满前就已涉及'中邮诉讼案'，公司在当时也已经面临'金融去杠杆'政策影响，公司也未形成明确、具体的纾困方案，流动性已出现重大不确定性。公司在未充分评估前述事项的不确定性可能对回购造成影响的情况下，决定延长回购期限……异议理由不能成立。"[②]

分析上述抗辩理由和上交所的驳斥思路不难发现，两方均采用了作出公开承诺时是否具有合理基础这一判断标准。三峡新材试图强调导致其资金能力不足的行业环境变化和诉讼事项均是在其承诺之后才"突然"发生，其潜台词为承诺作出时难以预见到此等突发状况。而上交所的回复也集中在承诺人在作出承诺时有无对承诺可行性进行合理分析上，认为导致公司资金不足的这两个所谓的"突发"情况其实在公司作出承诺之时就都已出现，故属于在承诺作出时"未充分评估前述事项的不确定性"，承诺人对承诺的无法履行存在过错。

五、 小结与建议

在2019年新《证券法》中，加大投资者保护力度的思路得到明确，重行政责任轻民事责任的情况也在一定程度上得到了缓解。下一步的问题是这些新增的大量投资者保护条款要如何落地和具体适用，这就离不开更细致的法律解释和原理追问。本文意图讨论的第八十四条第二款即为这样一条意义重大，只是用语简洁、有待适用的规则。

前文尝试探讨了公开承诺行为的法律定位和适用思路，在此基础上可能的建议有三个。

一者，重新澄清在证券市场语境下"承诺"一词的内涵。我国证券市场上"承诺"这一概念泛滥，如在关联交易报告书中，承诺就占据了1/5的篇幅，而其中大量被冠之以"承诺"名义的内容，实际却只起到了满足合规要求、自我提醒或向公众表态的功能。这些承诺混杂在有实质意义的自愿增减持安排、资产注入安排等承诺中成为信息噪声，极大地混淆了公众视线和监管视线。对此，更好的方式应是区分承诺与宣誓：将真正有区分意义的、能够发挥信号功能的上

---

① 参见《湖北三峡新型建材股份有限公司关于终止回购股份的公告》，巨潮网，http://static.cninfo.com.cn/finalpage/2020-02-29/1207333676.PDF，2021年3月15日访问。

② 《上海证券交易所纪律处分决定书》，上海证券交易所官方网站，http://www.sse.com.cn/disclosure/credibility/supervision/measures/criticism/c/44c15698-0904-4504-89ac-22ed341b83fc.pdf，2021年3月15日访问。

市公司相关人士作出的自愿额外承诺凸显出来，让该信息能够被更快地识别和获取，而非对所有合规事项逐一进行冗余的、形式意义的承诺，造成不必要的混淆和疑惑。同时可将用于增强上市公司大股东、董监高等诚信意识的、宣誓性的“承诺”统一在一起签署，并注明其性质仅为对法定义务的重述或对过往状况的声明，而承诺人并不存在额外的自愿妥协。如此既不影响宣誓功能，又可正投资者视听，还有利于澄清监管规则的适用范围和协调监管边界。

二者，应当加强在承诺内容和信息披露方面的行政监管要求。《承诺监管指引》已经就承诺内容作出了具体要求，极大地改善了此前承诺中常见的模糊用语情况；但许多情形仍有此类问题待规范跟进。尤其是关联交易承诺和少部分同业竞争、资产注入承诺中普遍充斥着打擦边球蒙混过关的含糊表述，在是否具有明确的自我约束意思这一问题上容易使人产生误解。对此，应当引导承诺人对承诺实现的概率和条件进行分析，并针对可能面临的风险进行充分提示，向投资者表明承诺人究竟愿意为此承受何种程度的负担，从而明确投资者预期，保持实质意义上的信息透明。

三者，应当通过最高人民法院完善司法解释或相关规范性文件等方式，对上市公司相关人员违背公开承诺的民事责任、构成要件及诉讼方式进行明确，使得《证券法》第八十四条第二款真正“活”起来，为违诺行为的民事追究提供有力保障。

＊ST 航通主动退市案例评析

——规避型主动退市的出现

■ 吴梦婕*

摘要： ＊ST 航通是 2021 年首例主动退市的上市公司，也是为数不多的为规避强制退市而主动退市的公司，该案值得关注与反思。这种规避型的主动退市方式以现金选择权代替退市整理期，能够减小中小股东在退市过程中的损失，有其可取之处。但主动退市制度中涉及中小股东利益保护核心的现金选择权与中小股东多数决机制在我国实施不过短短数年，尚不成熟，仍有明显不足。同时，主动退市制度在适用于本该强制退市的公司时还存在不适配的问题。因此，为使得此类规避型主动退市能够在未来有一定的适用性，应当有所改进。

关键词： 主动退市　强制退市　股东大会决议　现金选择权　中小股东保护

引言

主动退市是指上市公司基于实现发展战略、维护合理估值、稳定控制权以及成本效益法则等方面的考虑，认为不再需要继续维持上市地位，或者继续维持上市地位不再有利于公司发展，主动向证券交易所申请其股票终止交易。① 与之相对地，强制退市大多是因为上市公司欺诈发行、重大信息披露违法或由于自身经营不善不再符合上市条件而被所在证券交易所强制终止上市交易。但近年来也相继出现了一些本该强制退市的公司主动退市的案例，如 2015 年＊ST 二重和 2019 年＊ST 上普均选择以股东大会决议方式主动退市，交易所对此也持鼓励和引导的态度，本次＊ST 航通主动退市是继＊ST 二重和＊ST 上普之后的第三个典型案例，值得反思和关注。

＊ 吴梦婕，北京大学法学院 2020 级金融法方向法律硕士（法学）。

① 2014 年 10 月 17 日，中国证监会正式发布了《关于改革完善并严格实施上市公司退市制度的若干意见》，2014 年 11 月 16 日正式开始实行。2021 年 1 月 15 日，中国证监会发布《中国证券监督管理委员会关于修改、废止部分证券期货规章的决定（2021）》，根据新《证券法》第四十八条“上市交易的证券，有证券交易所规定的终止上市情形，由证券交易所按照业务规则终止其上市交易”的规定，退市情形应规定在交易所规则中。落实上述规定，按照退市改革安排，对《关于改革完善并严格实施上市公司退市制度的若干意见》予以废止。

一、退市背景——二十余年如一梦①

2020年最后一天，沪、深证券交易所退市新规②正式落地，被称为A股史上最严退市新规，2021年注定成为A股退市史上具有里程碑意义的一年。新规甫一落地，A股主动退市名册即添一员。2021年1月8日晚，*ST航通发布公告，拟以股东大会方式主动退市，撤回股票在上交所的交易，并在取得上交所终止上市批准后转而申请在全国中小企业股份转让系统转让。现有股东享有现金选择权，可选择由控股股东回购手中的股票，现金选择权价格为4.18元/股，溢价40%左右。

*ST航通作为2021年首例主动退市的公司，在市场上激起了不小的浪花。有人说这是央企的带头作用，为了给退市新规捧个场；也有人说它是良心企业，溢价40%的现金选择权是少有的；当然还有对它留有期待的投资者长吁短叹，怒其不争……那么*ST航通退市背后有着什么样的苦衷呢？它又是如何退市的呢？我们细细道来。

航天通信前身浙江纺织股份有限公司于1987年2月3日设立。1993年9月，公司在上交所上市，其后多次进行配股、送股及转股，第一大股东是中国航天科工集团，实控人是国资委。这样一家上市已达二十八年之久的老牌央企，却因为一次并购重组，在资本的海洋里意外触礁，短短一年就迅速沉没。

时间回溯到2014年，彼时，传统业务陷入困境的*ST航通遭遇了自2007年以后的归母净利润首次亏损，公司进入重大资产重组状态。其间，*ST航通以发行股份的方式收购了智慧海派，并签订了对赌协议。对赌期内，智慧海派"圆满"完成了盈利承诺，营收70.65亿元，净利润2.44亿元，带动了*ST航通的总营收和归母净利润，成为*ST航通的业绩救星。然而，2019年下半年，经证监会立案调查，智慧海派利润造假的真相浮出水面，2016年至2018年实际净利润分别为-4.47亿元、-7.33亿元和-21.77亿元，与此前的财报相比，共计虚增净利润36.01亿元。本以为吃了治病的良药，没想到是"催命的毒药"，作为母公司的*ST航通难逃被子公司牵累的下场。*ST航通的财报数据经追溯调整，公司2018年度、2017年度、2016年度连续三年业绩亏损，归母净利润分别为-14.70亿元、-5.120亿元、-11.15亿元。因公司净资产被追溯重述后为负值，且连续三个会计年度经审计的净利润被追溯重述后为负值，股票直接

① 参见《航天通信控股集团股份有限公司关于撤回公司股票在上海证券交易所交易的方案》，上海证券交易所官方网站，资料来源：http：//www.sse.com.cn/disclosure/announcement/listing/stock/c/c_20210311_80822723.shtml，2021年4月1日访问。

② 2020年12月31日，围绕新一轮退市制度改革，沪、深交易所正式发布新修订的《上海证券交易所股票上市规则》《深圳证券交易所股票上市规则》（以下简称《股票上市规则》）以及《上海证券交易所科创板股票上市规则》《深圳证券交易所创业板股票上市规则》等多项配套规则（以下合并简称退市新规）。

面临退市风险。根据《上海证券交易所股票上市规则（2019 年 4 月修订）》（以下简称《上交所上市规则》）的规定,[①] 若披露的 2020 年度财务会计报告存在不符合恢复上市条件的情形，将被上交所强制终止上市。

尽管＊ST 航通努力为子公司带来的巨额债务买单，但仍旧无力回天。＊ST 航通于 2020 年 4 月 30 日披露 2019 年度经审计的归属于上市公司股东的净利润继续为负，根据《上交所上市规则》的规定，公司股票于 2020 年 5 月 29 日起暂停上市。

此外，公司因涉嫌信息披露违法违规，已被中国证监会立案调查。中国证监会的调查工作仍在进程中。由于公司 2019 年度扣非前后净利润均为负，且被出具无法表示意见的审计报告，如中国证监会作出行政处罚，根据其认定事实，导致公司出现 2016—2018 年度连续三年净利润为负，公司将触及原《上市公司重大违法强制退市实施办法》规定的重大违法强制退市情形，公司股票将被终止上市。

2021 年 2 月 19 日，＊ST 航通正式向上交所提出终止上市申请，被迫终止 28 年的上市生涯。

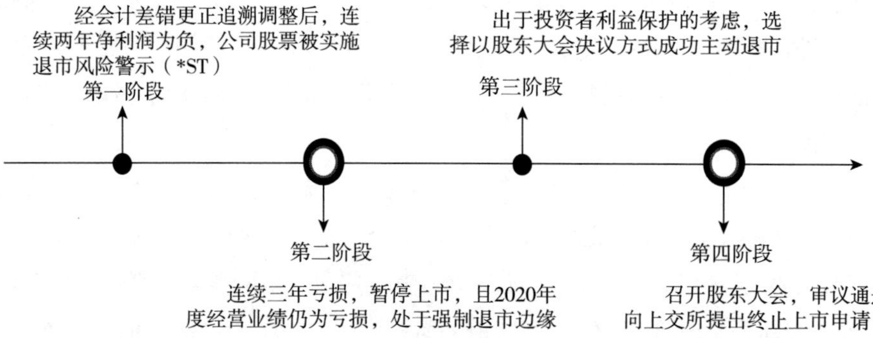

图 1　＊ST 航通主动退市阶段概括

（资料来源：作者整理）

二、 退市动因——巨舰只缘因利往

常言道，无利不起早，百事利当先，资本市场中的每一个行为背后总有其利益追求。前文一直提到，主动退市相对于强制退市在重新上市和退市安排上有优惠措施，不禁让人好奇这其中到底有怎样的差别才会让＊ST 航通在强制退市边缘紧赶着主动退市，＊ST 航通又会从中得到什么样的利好呢?

① 依据《关于发布〈上海证券交易所股票上市规则（2020 年 12 月修订）〉的通知》（上证发〔2020〕100 号）的规定，因航天通信股票已于 2020 年 5 月 29 日起暂停上市，故仍适用《上海证券交易所股票上市规则（2019 年 4 月修订）》及原配套业务规则实施恢复上市或终止上市相关程序。

（一）重新上市得便利

根据《上海证券交易所退市公司重新上市实施办法（2020年12月修订）》（以下简称《重新上市办法》）的规定，强制退市的上市公司在满足重新上市条件的前提下，还需要等待规定的间隔期结束后，才能向交易所申请重新上市，短则3个月或12个月，长则36个月乃至5个完整会计年度；而主动退市的上市公司符合交易所重新上市条件后，可随时向交易所申请重新上市。[①] 也就是说，上市公司主动退市后的重新上市会更快捷便利。*ST航通在其主动退市方案中表示，退市后公司在具备重新上市条件的前提下，将会积极争取重新上市，这也说明主动退市的重新上市优待条件对*ST航通选择主动退市有较大影响。

然而值得注意的是，*ST航通被强制退市可能存在两种情形，一种是单纯因触发财务指标而退市，另一种则是在此基础上因证监会作出的重大违法处罚决定而退市。我们需要讨论在两种情形下，*ST航通重新上市分别能获得怎样的便利。

1. 触发财务类指标而退市。2017年至2018年连续两年被追溯重述后经审计的净利润为负值，2019年度经审计的净利润继续为负值，若*ST航通2020年净利润、期末净资产继续为负，则将因触及财务类指标而被上交所终止上市，此时，符合《重新上市办法》第九条第二款第（四）项规定的情形，将受到12个月间隔期的限制，需要"自其股票进入全国中小企业股份转让系统等证券交易场所转让之日起满12个月"方可向上交所申请重新上市。但是根据《重新上市办法》第八条的规定[②]，还需要满足《上市规则》规定的条件，其中包括多项财务指标，对最

---

① 《重新上市办法》第九条：

主动退市公司可以随时向本所提出重新上市申请。

强制退市公司向本所申请重新上市的，其申请时间应当符合下列规定：

（一）因市场交易类指标强制退市的公司，自其股票进入全国中小企业股份转让系统等证券交易场所转让之日起满3个月；

（二）因欺诈发行被实施重大违法强制退市的公司，其股票被终止上市后，不得向本所申请重新上市；

（三）因欺诈发行之外的其他违法行为被实施重大违法强制退市的公司，除第四十六条规定的情形外，自其股票进入全国中小企业股份转让系统等证券交易场所转让之日起满5个完整会计年度；

（四）除上述第一项、第二项、第三项强制退市公司之外的其他强制退市公司，自其股票进入全国中小企业股份转让系统等证券交易场所转让之日起满12个月。

② 《重新上市办法》第八条：

本所上市公司的股票被终止上市后，其终止上市情形（不包括交易类终止上市情形）已消除，且同时符合《上市规则》规定的下列条件的，可以向本所申请重新上市：……

（四）最近3个会计年度净利润均为正数且累计超过人民币3000万元，净利润以扣除非经常性损益前后较低者为计算依据；

（五）最近3个会计年度经营活动产生的现金流量净额累计超过人民币5000万元；或者最近3个会计年度营业收入累计超过人民币3亿元；

（六）最近1个会计年度经审计的期末净资产为正值；

（七）最近3个会计年度的财务会计报告均被会计师事务所出具标准无保留意见的审计报告；……

近3个会计年度的净利润、现金流量净额、营业收入、审计报告和最近1个会计年度的净资产提出了要求，而 * ST 航通截至退市前数年来一直处于亏损状态，即使能够立刻找到起死回生的锦囊妙计，公司经营形势在此后一路走高，财务数据的好转也只能从2021年度开始，这意味着至少要等到退市后第四年才可以向上交所提出申请，在这种单纯因触及财务指标退市的情形下，我们所猜测的 * ST 航通主动退市规避了“12个月”的间隔期，实际上并没有多大意义，它并未真正获得重新上市的便利。

2. 重大违法强制退市。因涉嫌信息披露违法违规，* ST 航通已经被证监会立案调查，调查结果未给出，倘若最终被证监会处罚决定确认为重大信息披露违法，因重大违法强制退市，① 则属于《重新上市办法》第九条第二款第（三）项规定的情形，将受到“5个完整会计年度”的间隔期约束。而前文已经提到，* ST 航通主动退市时需要满足《上市规则》对最近3个会计年度的财务要求才可以申请重新上市，那么在这种情况下，规避了重大违法强制退市导致的“5个完整会计年度”的限制，最快可以将重新上市时间提早两年左右。

总的来看，结合 * ST 航通目前的财务现状，短期内上市几乎是不可能的事情，因此，这里所谓的缩短重新上市的时间，其实很难能被公司实际享受到。

（二）避免退市整理期

很多人说“避免了退市整理期”是主动退市制度优于强制退市制度的一个地方，这样的说法有失偏颇。

一方面，从立法上来说，退市整理期并不是强制退市的制度劣势，相反，退市整理期的立法本意是给予强制退市公司的股东们一个退出变现的机会，释放退市风险，并非对强制退市公司的惩罚措施。

另一方面，从对中小股东们来说，现金选择权的价格固然是比退市整理期间的市场价来得更高，避免退市整理期对于选择退出的中小股东而言无疑是有利的。但退市整理期间的股价暴跌实际上也是市场对其退市作出的反映，躲避退市整理期获得的平静只是暂时的，退入三板后该跌还是会跌——那么对于注定要进入三板的控股股东来说，早跌和晚跌又有什么区别呢？何必要大费周折筹谋主动退市呢？或许比较两种退市情形下，公司退入三板后的股价表现差异可以告诉我们答案。

① 《上交所上市规则》12.2.1条，本规则所称重大违法强制退市，包括下列情形：

（一）上市公司存在欺诈发行、重大信息披露违法或者其他严重损害证券市场秩序的重大违法行为，且严重影响上市地位，其股票应当被终止上市的情形；

（二）上市公司存在涉及国家安全、公共安全、生态安全、生产安全和公众健康安全等领域的违法行为，情节恶劣，严重损害国家利益、社会公共利益，或者严重影响上市地位，其股票应当被终止上市的情形。

表1 2014—2020年上市公司进入退市整理期与退入三板后股价变动情况

名称	退市日期	退市类型	退入三板后当日涨跌幅	退入三板一个月后涨跌幅	退入三板后首月均价涨跌幅
千山退（退市）	2020-09-16	强制退市	-94.75%	-91.86%	-92.82%
退市美都（退市）	2020-08-14	强制退市	-46.34%	-41.46%	-43.62%
乐视退（退市）	2020-07-21	强制退市	-87.50%	-81.58%	-83.68%
龙力退（退市）	2020-07-15	强制退市	-86.73%	-88.78%	-88.88%
退市锐电（退市）	2020-07-02	强制退市	-60.00%	-41.54%	-44.99%
退市华业（退市）	2020-02-05	强制退市	-50.00%	-59.30%	-57.49%
神城A退（退市）	2020-01-07	强制退市	-65.85%	-69.51%	-69.90%
退市大控（退市）	2019-12-12	强制退市	-60.94%	-54.69%	-57.02%
长生退（退市）	2019-11-27	强制退市	-47.02%	-44.37%	-42.87%
华信退（退市）	2019-11-01	强制退市	-55.74%	-49.18%	-55.36%
退市海润（退市）	2019-07-12	强制退市	-81.61%	-67.82%	-73.90%
众和退（退市）	2019-07-09	强制退市	-82.91%	-83.93%	-85.78%
*ST上普（退市）	2019-05-24	主动退市	-4.94%	-32.77%	-32.04%
中弘退（退市）	2018-12-28	强制退市	-68.92%	-63.51%	-64.70%
烯碳退（退市）	2018-07-18	强制退市	-87.86%	-87.67%	-87.05%
退市昆机（退市）	2018-07-13	强制退市	-76.09%	-80.12%	-78.61%
退市吉恩（退市）	2018-07-13	强制退市	-78.49%	-81.60%	-80.68%
欣泰退（退市）	2017-08-28	强制退市	-48.84%	-52.15%	-48.11%
新都退（退市）	2017-07-07	强制退市	-84.39%	-87.28%	-87.07%
退市博元（退市）	2016-05-13	强制退市	-34.81%	-64.58%	-52.66%
国恒退（退市）	2015-07-13	强制退市	-11.76%	-2.61%	-2.83%
*ST二重（退市）	2015-05-21	主动退市	5.11%	10.21%	7.91%
退市长油（退市）	2014-06-05	强制退市	-49.08%	-49.08%	—

资料来源：作者根据Wind数据计算所得。①

经笔者统计，自设置退市整理期以来，所有经退市整理期并退入三板的强制退市公司共21家，主动退市并退入三板的公司2家。先从退入三板当日的表现来看，前者退入三板后当日收盘价，相

① 表1中涨跌幅系与进入退市整理期前一交易日停牌价对比结果。

比于进入退市整理期前的股票价格，平均跌幅为59.11%，最高跌幅达到94.75%；反观主动退市的两家公司，没有经过退市整理期的暴跌，退入三板后当日，上普下跌不到5个百分点，二重股价反而小幅上涨约5个百分点。从退入三板首月的表现来看，经退市整理期退入三板的公司首月数据与当日数据变动很小，基本依旧维持在股价腰斩的状态；二重进一步小幅上涨，但上普却从下跌5%到下跌超过30%，尽管如此，仍然是前后半年内退入三板的公司中跌幅最小的。

因此，我们可以得出结论，退市整理期间中小股东的大批无序出逃可能给股价带来额外的负面效应，而没有经过退市整理期，以现金选择权形式退出的机制使得公司在退入三板时得以相对平稳的过渡，免于再次遭遇股价跳水。

综上所述，重新上市的便利其实并非＊ST航通的首要考虑因素，公司主动退市的主要原因确实如公告所言是为了避免退市整理期间股票大跌的损失，不管退市整理期设立的目的是什么，能平稳退出对公司和中小股东而言无疑都是有利的。

三、 退市过程——折戟沉沙铁未销

＊ST航通继1月8日晚间发布退市方案后，1月25日股东大会表决通过了主动终止上市的议案，2月19日正式向上交所递交退市申请，上交所于3月11日决定对＊ST航通股票予以终止上市，摘牌日期3月18日，前后不过两个月时间。反观其他还在苦苦挣扎的“戴帽”兄弟，＊ST航通的这一手退市真可谓是既顺利又体面，不仅规避了退市整理期的风险，还赢得了一些赞誉，保留了央企的颜面，我们不妨看看它是怎么做到的。

（一）退市方式的选择

退市是个公司战略性的决策，不是闷头一退就完事儿，做事得法走对道儿，才能事半功倍。根据《深交所股票上市规则》14.8.1条及《上交所股票上市规则》12.8.1条规定，上市公司主动退市的方式包括股东大会决议退市、股东大会决议转至其他交易所上市、因股东大会决议解散退市、新设合并或吸收合并、终止公司股票为目的的要约等。有学者将主动退市区分为主动撤回上市和私有化退市，[①] 二者区别在于主动撤回上市是上市公司的一项自主决策，公司在向交易所申请时其股权分布或股本总额等条件并未变动，而是申请经批准后再进行后续关于终止上市的交易安排；私有化退市则是通过一系列交易安排后发行人将不再满足上市法定条件后可向证券交易所申请退市，同时交易方式也较为复杂，如合并、收购、股票合并和资产出售等，法律规制所涉范畴也较为广泛。[②]

本案中，＊ST航通选择股东大会决议的方式主动退市。股东大会决议主动退市，是指上市

① 参见翟浩：《上市公司退市：理论分析和制度构建》，华东政法大学2012年博士学位论文，第1页。
② 参见翟浩：《美国上市公司主动退市立法评析》，载《公司法律评论》2015年第1期。

公司召开股东大会表决通过主动终止公司股票上市事项的议案后，向交易所申请后进行退市，属于主动撤回上市的范畴，并非受到外部交易影响而配套发生的适应性退市程序，而是以退市为首要目标及唯一效果的退市方式。我国沪、深交易所A股市场上市公司主动退市的现有案例大多为私有化退市，主动撤回上市的案例屈指可数。《退市意见》发布后的主动退市的第一家上市公司＊ST二重在要约收购进行退市失败之后就是选取这种方式实现了主动退市，此后，也只有＊ST上普是直接通过股东大会决议的方式撤回上市。本次＊ST航通没有沿用公司合并、要约收购等常用的私有化退市方式，大胆选择股东大会决议方式的撤回上市，是一步险棋，也是一步妙棋。

本案中，＊ST航通已经处于强制退市边缘，若主动退市失败，在2020年报披露后将被上交所强制退市，留给＊ST航通的时间并不充裕。相对于公司合并和要约收购方式，股东大会决议方式在本案中具有效率高和可控性强的优点。

所谓前车覆，后车戒，＊ST航通看了看自己的处境，欠了一屁股债还不清，马上就要被强制退市，与当时的老大哥＊ST二重这不如出一辙吗？眼看着退市新规已经落地，证监会的处罚悬在头顶，2020年报发布也拖不了多久，时间不等人，再不抓紧主动退市难道等着上交所赶人吗？于是，2021年1月8日晚，＊ST航通发布公告，拟以股东大会决议方式主动退市。

根据《退市意见》第二条①、第十八条②和《上交所上市规则》③ 的要求，＊ST航通首先需要对公司章程作出修订，主要变动在以下两点：一是对异议股东的退出机制作出了安排，“应同时在主动终止上市议案中明确异议股东保护机制。对于就主动终止上市议案投反对票的股东（以下简称‘异议股东’），应通过公司控股股东、实际控制人或其他第三方提供现金选择权（即指异议股东要求相关方以确定价格在规定时间期限内收购异议股东持有的公司股份的权利）的方式保护异议股东权利，对应的收购价格不低于公司董事会决议审议通过相关主动终止上市事项前三十个交易日公司股份的平均交易价格。”二是对以股东大会决议方式撤回上市或转板作了特别事项表决要求，“除须经出席会议的全体股东所持有效表决权2/3以上通过外，还须经出席会议的除下列股东以外的其他股东所持有效表决权2/3以上通过：（1）上市公司的董事、监事、高级管理人员；（2）单独或者合计持有上市公司5%以上股份的股东。”

---

① 《退市意见》第二条规定，上市公司拟决定其股票不再在交易所交易，或者转而申请在其他交易场所交易或者转让的，应当召开股东大会作出决议，须经出席会议的股东所持表决权的2/3以上通过，并须经出席会议的中小股东所持表决权的2/3以上通过。

② 《退市意见》第十八条规定，主动退市公司应当在其公司章程中对主动退市股东大会表决机制以及对决议持异议股东的回购请求权、现金选择权等作出专门安排。

③ 《上交所上市规则》12.8.2条规定：“股东大会决议事项，除须经出席会议的全体股东所持有效表决权的三分之二以上通过外，还须经出席会议的除下列股东以外的其他股东所持有效表决权的三分之二以上通过：（一）上市公司的董事、监事、高级管理人员；（二）单独或者合计持有上市公司5%以上股份的股东。”

以股东大会决议方式主动退市的核心在于主动终止上市议案，而章程中新增的异议股东保护机制与退市表决程序也是方案中的重中之重，直接关系到中小投资者利益保护的问题，我们将对此进行分析。

（二）现金选择权的安排

本次＊ST航通将以现金选择权的方式为异议股东提供退出途径，由控股股东航天科工向包括异议股东在内的除航天科工及所持公司股份为限售股的股东外的公司其他全体股东提供现金选择权，行权价格为4.18元/股。正如之前提到的，在股东大会决议模式下，现金选择权并不与退市赞成票绑定，仅起到辅助作用，但＊ST航通还真就把这一点辅助作用发挥到了极致，这话怎么说呢？且看下文分析。

前文多次提到了现金选择权，那我们就先来说说什么是现金选择权。现金选择权最早于2004年出现在我国资本市场中①，常运用于上市公司的并购交易。它不同于异议股东回购请求权，我国《公司法》对后者作了明确规定，具有法定性和强制性。而对于现金选择权，只有证监会、上交所和深交所出台的规范性文件对现金选择权申报程序作了简要规定，不具备法律强制性。根据《深圳证券交易上市公司现金选择权业务指引（2011年修订）》② 和《上海证券交易所上市公司自律监管规则适用指引第1号——重大资产重组》③，上市公司进行重大资产重组事项时，持股股东拥有现金选择权。2014年＊ST二重首次将现金选择权适用于股东大会决议主动退市中，此后＊ST上普也借鉴了该做法。

本次＊ST航通主动退市的一大亮点就是为中小股东提供了号称“溢价40%”的现金选择权，这无疑让＊ST航通收获了一波“良心退市企业”的点赞。虽然现金选择权与退市表决权的行使互相独立，但毫无疑问，高溢价的行权价格会反过来促使小股东们投出退市同意票。正如前文分析到的，＊ST航通已经面临强制退市，退市是大势所趋，重要提示的三条内容，句句直戳小股东的脆弱心理，他们隐约明白投出退市赞成票似乎已经符合所有人的利益。那么这个时候，对小股东来说，相对于落入老三板无法脱身的不安，凄凄惶惶等待重新上市，有现成高溢价的现金选择权，能够让他们在股价暴跌90%的重创之下回一点血，这就好比壁虎求生忍痛断尾，也

① 《上海市第一百货商店以吸收合并方式合并上海华联商厦股份有限公司》，巨潮网，http：//www.cninfo.com.cn/new/disclosure/detail? orgId = gssh0600631&announcementId = 13884800&announcementTime = 2004 - 04 - 08%2005：54，2021年3月7日访问。

② 《深圳证券交易所上市公司现金选择权业务指引》（2011年修订）第三条：本指引所称现金选择权，是指当上市公司拟实施资产重组、合并、分立等重大事项时，相关股东按照事先约定的价格在规定期限内将其所持有的上市公司股份出售给第三方或者上市公司的权利。

③ 《上海证券交易所上市公司自律监管规则适用指引第1号——重大资产重组》：本指引所称现金选择权，是指上市公司拟实施合并、收购、分立等重大事项时，该上市公司的股东按确定的价格在规定期限内将持有的上市公司股份出售给提供现金选择权的相关当事人（或其指定的第三方，以下简称现金选择权提供方）的权利。

不失为当下一个明智的选择。加上＊ST航通在公告中置顶加粗的重要提示，“若股东大会不能通过《关于以股东大会方式主动终止公司股票上市事项的议案》，本次股东大会的异议股东及其他股东将不能获得现金选择权”。明晃晃地提醒小股东，只有退市成功之后，才有现金可供“选择”。最终，本次＊ST航通现金选择权的有效申报数量为196975944股，占可行权股份数量的55.70%，与＊ST二重和＊ST上普相差不多。

表2　＊ST二重、＊ST上普、＊ST航通主动退市的现金选择权申报情况

单位：股、%

退市公司	可行权股份数量	有效申报数量	行权比例
＊ST二重	654360000	37389867	57.14
＊ST上普	65352079	33393679	51.10
＊ST航通	353616786	196975944	55.70

资料来源：作者根据Wind数据计算所得。

总体来说，本次现金选择权的安排有如下三点值得思考：

首先，本次现金选择权的行权股东不限于异议股东，[①] 相当于为全体中小股东提供了退出渠道，这无疑是值得肯定的。现金选择权行使股东的范围的扩张符合当下中小股东的利益期待，但是《退市意见》及交易所规则却并不要求公司主动退市时对全体中小股东作退出安排。那么是否应当在现行规则没有规定的情况下，要求上市公司主动退市时为全体中小股东提供现金选择权？

其次，现金选择权的行使主体不限于异议股东，还意味着退市表决权和现金选择权的分离，两者相互独立，现金选择权的行使不以反对退市为前提。高溢价的现金选择权会促使退市赞成票的投出，而仅仅对价格的不满却不会让中小股东反对退市。一方面，这样做能够促成退市决议的达成，让中小股东免于遭受退市整理期的损失，这是值得肯定的；另一方面，在现金选择权与退市表决权分离时，本该针对价格条款展开的激烈博弈被人为地弱化了，其实是不利于中小股东为自己争取更大的利益的，＊ST二重以同样的价格发起的两次退市得到的不同结果已经充分说明了这一点。那么问题来了，应当如何弥补缺失的博弈过程，或者说要如何兼顾退市效率与中小股东利益保护？

最后，本次现金选择权的提供主体是航天科工，也可以看出现金选择权与异议股东回购请求权在主体上存在区别，资金的提供方通常是上市公司之外的第三方，即公司的大股东，而异议股东回

---

① 《航天通信控股集团股份有限公司关于异议股东保护的专项说明》：“无论航天通信股东于2021年1月25日股东大会中对主动退市相关议案投赞成票、反对票或者弃权，除航天科工及所持公司股份为限售股的股东外的公司全体股东均享有现金选择权”，资料来源：http：//www.sse.com.cn/disclosure/listedinfo/announcement/c/2021－01－09/600677_20210109_4.pdf，2021年4月1日访问。

购请求权是公司出钱，但此时公司处于强制退市的边缘，没有多余资金回购，反观公司的大股东是国有企业，资金实力雄厚，这样的安排有利于缓解公司的资金压力，也能保障承诺价格的兑现。但是也存在一个问题：秉着“谁出钱谁说话”的原则，现金选择权的价格基本上由资金提供方即大股东一人说了算，小股东只有选择接受与不接受的权利：在＊ST 航通召开的网络沟通会上，有股东表示希望科工集团提高现金选择权价格，公司方面表示此次定价是在综合考虑法规要求、过往案例、保护投资者利益等方面因素后的决策结果。类似地，在＊ST 上普退市股东大会现场，也有小股东表示，提供现金选择的价格太低，“今天我们来肯定投赞成票，但关键是小股东亏损比较大，建议能不能再提高点价格?”这一呼吁得到了在场大部分中小股东的赞成，但公司方面表示，现金选择权是大股东提供的，如果中小股东觉得不合适，也会尊重各位股东的选择。看到这里，我们已经发现，现金选择权似乎为中小股东提供了一个及时止损的选择，但这又很容易成为一个别无选择的选择。那么在没有话语权的情况下，又该如何让定价更有利于小股东?

（三）表决权的行使

股东大会决议撤回上市有一道关键的门槛——股东大会“双三分之二”表决通过。而《公司法》第四十三条规定涉及公司合并、分立、解散等重大事项决议须经股东大会三分之二多数决通过，证监会《退市意见》及交易所上市规则中对于主动退市决议“双三分之二”通过的规定突破了公司法的规定，给股东大会决议附加了额外生效条件，其目的是扩大中小股东在公司主动退市时的表决权，也是一种对公司、大股东利益和投资者利益的平衡机制，防止大股东以资本优势绑架中小股东的意志。

表3　＊ST 二重、＊ST 上普、＊ST 航通主动退市的中小股东表决情况　　单位：%

退市公司	出席会议的中小股东通过率	中小股东会议出席率	全体中小股东的通过率
＊ST 二重	77.02	9.62	7.41
＊ST 上普	89.18	13.64	12.17
＊ST 航通	98.55	21.45	21.14

资料来源：作者根据 Wind 数据计算所得。

出人意料的是，＊ST 航通退市决议的通过无比顺利。从＊ST 航通股东大会对主动终止上市议案的表决情况来看，通过率达到了 99.3499%，其中，出席会议的中小投资者的表决情况为：同意 80167864 股，占出席会议中小投资者所持表决权的 98.5491%。[①] 粗粗一看，退市是众望所归，并没有出现中小投资者阻碍退市的局面。看似过分严格的“双三分之二”表决要求，就这

① 参见《航天通信 2021 年第一次临时股东大会决议公告》，资料来源：http：//www.aerocom.cn/n3694005/n3694146/c19584393/content.html，2021 年 4 月 1 日访问。

样轻松达成了。

然而，我们稍加观察就会发现这里的同意股和通过率都是以“出席”会议的中小股东为基数。根据 Wind 数据显示，截至 2020 年第三季度财报公布时，持股 5% 以下的中小股东共拥有约 379226585 股，出席会议的中小股东大约仅占其中的 21.45%，投赞成票的中小股东仅占全体中小股东的 21.14%；类似地，*ST 二重和 *ST 上普出席会议的中小股东分别占全体中小股东的 9.62% 和 13.64%，全体中小股东的通过率分别为 7.41% 和 12.17%——这意味着绝大多数的中小股东都没有行使表决权，为保护中小股东利益而设置的表决机制显然未能实现它的初衷。

此外，还值得注意的是，当年 *ST 二重要约收购成功的条件是收购完成时社会公众持股数量占 *ST 二重总股份的比例低于 10%，从当时的股本结构来看，其实际所能收购社会公众股占其已发行股份的 17.50%，但最后要约收购期限结束，社会股份仍占 12.59%，相当于只有 28.05% 的中小股东接受了要约，仍未达到退市要求。但根据表 3 我们得知，退市决议中全体中小股东的通过率仅为 7.41%，远远低于要约收购时的比例，却成功退市了，简直匪夷所思。那么，为避免股东大会决议方式退市沦为控股股东削弱中小股东决定权的工具，实现其保护中小股东的目的，是否需要将表决基数扩大至全部中小股东，并提高表决通过的比例？

四、 制度反思——沉舟侧畔千帆过

在我国退市制度日趋严格的当下，这种规避强制退市而出现的新型主动退市方式在未来可能会具有一定的适用性。在这种规避型主动退市中，现金选择权的安排为中小投资者提供了一个相对平稳的退出机制，在一定程度上是有利于投资者保护的，因此，为使其在未来能有普遍的适用性，本文从 *ST 航通在退市过程中表现出来的问题入手，对该制度提出完善建议。

（一）正向激励还是南辕北辙？——主动退市制度的再考量

主动退市中监管逻辑的争议一直存在，对于证监会为主动退市公司施加奖励的举措，引来许多批评。主要原因在于，在成熟的资本市场中，上市公司主动退市是一种自身利益驱使下的市场化行为，其目的有规避证券监管、降低上市成本、避免股价被低估等，这种退市行为本身可能对中小股东造成损害，因此，域外法律大多对上市公司主动退市设置严格的条件，对上市公司主动退市进行限制与监管，以此来保护投资者的利益，避免其因退市股票流通性及知情权等受到侵害。比如，美国作为全球公认的成熟资本市场，其主动退市法律制度经历了从“自由”到“管制”的发展脉络。在美国早期，美国证券交易委员会认为，“上市不是一项既定的权利，公司可以根据公司及其股票在投资团体中的重要性的改变而终止上市”。[①] 此后，为防止规避证券法律兼顾、损害投资者利益的情形出现，增加了股东多数同意作为退市条件。根据纽约证券交易

① 参见翟浩：《美国上市公司主动退市立法评析》，载《公司法律评论》2015 年第 1 期。

所第500条规则，只有在三分之二的股东投票赞成而不超过10%的股东投票反对后，才能被摘牌。[①] 依照《1934年证券交易法》第12（g）条的规定，即使申请了退市，只要股东人数在300人以上，仍然需要履行信息披露义务。[②] 1964年以后，法律规定上市公司主动退市必须要将股东持有人数减少到300人以下，这就产生了“私有化”退市行为。[③] 所以对美国上市公司而言，除非股东人数减少到300人以下，否则主动退市几乎是不可能的。而我国对主动退市施加奖励目的看起来是想借此提高退市率，与成熟资本市场靠近，但是归根结底，退市率只是反映资本市场是否成熟的其中一个外在表现，而不是决定市场成熟的内源因素，不恰当地鼓励施加退市奖励属于逻辑颠倒，既不治标也不治本。

但从实践角度来看，本文所讨论的这种政策引导下的主动退市行为，其主要目的是避免强制退市。允许此类公司享受主动退市的优惠待遇，笔者认为是没有问题的。在文章第二部分讨论到的公司主动退市可能享受到的优惠来看，重新上市的便利几乎相当于不存在，很难享受到，主要的好处还是在避免退市整理期上，而避免退市整理期的好处是切切实实落在中小股东身上的，不管退市整理期的立法本意是什么，不进入退市整理期的损失规避是真的，那为何要禁止公司在退市方式上所作的战略性选择呢?

反对意见会认为，让强制退市公司享受到主动退市的优惠政策，会导致更多的公司钻空子，但是事实上，主动退市从2014年实施以来，主动退市的公司依然寥寥无几，倘若还揪着这点儿小恩小惠喋喋不休，未免也太看不明白行情了。即使主动退市给的优惠力度再大，也越不过留在A股市场的吸引力大。

（二）现金选择权只是“选择权”？——现金选择权的主体与价格

在退市过程中我们对现金选择权提出了三个疑问：一是现金选择权的主体是否不应仅限于异议股东，二是现金选择权的价格如何确定，三是因与退市表决权分离导致的博弈缺失如何弥补。下文我们对此进行详细分析。

1. 行权主体。笔者认为，应当将现金选择权的行权主体扩大到除控股股东外的全体股东。《退市意见》之所以只要求为“异议股东”提供现金选择权，其中反映的就是主动退市制度在规避型主动退市制度中的适配性问题，因为这项制度设计时针对的是真正意义上的主动退市，并没有考虑到规避型主动退市公司的特殊之处——真正意义上的主动退市中，股东同意退市，是认可公司的战略决策，认为退市比继续在A股挂牌交易更符合公司经营发展的长期利益，因此，

---

① 2 NEW YORK STOCK EXCHANGE GUIDE, Rule 500（CCH）2500, at 4234（July 2001）.

② 15 U.S.C. §781（g）（1994）; see also Certification of Termination of Registration Under Section 12（g）, 17 C.F.R. §240.12g-4（2001）.

③ 翟浩：《美国上市公司主动退市立法评析》，载《公司法律评论》2015年第1期。

对于同意退市的股东，没有提供退出渠道的必要；规避型的主动退市中，公司正面临强制退市，退市结果几乎是注定的，此时，中小股东在对退市决议投票时，本质上已经不是在是否退市上作选择，而是在两种退市方式之间作选择，同意退市实际上是在强制退市和主动退市之间选择了主动退市这种退市方式，而不是在继续挂牌交易和退市之间作选择退市，在“退市方式”决议上，他们不是异议股东，但在“退市”决议上，他们仍然是异议股东。因此，倘若将现金选择权的行使范围局限于异议股东，不仅会损害投赞成票的中小股东的利益，也极有可能阻碍退市决议的通过。

而所谓的“适配性”问题，背后反映的还有现金选择权定位的改变，在真正的主动退市中，现金选择权的用意是为少数异议股东提供退出机制，但是在规避型主动退市中，形式上出现的异议股东仅仅是对“退市方式”有异议，实际上异议股东的范围不止于此，却又无法界定，基于保护投资者的原则，应当推定全员异议，根据其发挥的作用来看，与其说现金选择权是针对少数异议股东设置的退出机制，还不如说是一种为全体中小投资者设置的补偿机制。既然如此，退市对全体股东均造成了损失，只对异议股东进行补偿难免说不过去了。

2. 定价问题。在运用现金选择权这一工具的过程中，投资者利益保护的核心在于补偿价格的公平性，因此，了解现金选择权价格的形成机制尤为重要。

针对股东大会决议主动退市中现金选择权的价格确定的方法和程序，目前并无相关细则。即使是针对重大资产重组，也仅在证监会发布的《公开发行证券的公司信息披露内容与格式准则第26号——上市公司重大资产重组（2018年修订）》中笼统规定为异议股东提供的现金选择权应当披露现金选择权定价及定价原则、现金选择权提供方、被提供现金选择权的股东范围、与换股价格的差异及差异原因等事项，旨在通过更详尽的信息披露来保护中小投资者的利益。实践中对于现金选择权价格的确定尚无统一方式与评价标准，主要由董事会并控股股东自行决定。

表4　＊ST二重、＊ST上普、＊ST航通现金选择权价格对比

退市公司	现金选择权提供方	现金选择权价格（A股）	参考价	溢价比例
＊ST二重	中国机械工业集团有限公司	2.59元/股	停牌前30个交易日的每日加权平均价格的算术平均值2.35元/股	10.21%
			停牌前最后一个交易日的收盘价2.35元/股	10.21%
＊ST上普	普天股份	6.74元/股	停牌前30个交易日的每日加权平均价格的算术平均值6.73元/股	无溢价
			停牌前最后一个交易日的收盘价7.69元/股	-12.6%

续表

退市公司	现金选择权提供方	现金选择权价格（A股）	参考价	溢价比例
＊ST 航通	航天科工	4.18 元/股	停牌前 30 个交易日的每日加权平均价格的算术平均值 4.15 元/股	无溢价
			停牌前最后一个交易日的收盘价 3.01 元/股	38.87%

资料来源：作者根据 Wind 数据计算所得。

笔者对比了 2014 年退市制度改革后 A 股市场以股东大会决议方式主动退市仅有的三个案例——＊ST 二重、＊ST 上普、＊ST 航通三家主动退市企业的现金选择权的确定及溢价情况：＊ST二重给出的现金选择权价格沿用了初次要约收购中的收购价，定价方式为停牌前 20 个交易日的平均价格①，＊ST 上普和＊ST 航通给出的现金选择权价格均为停牌前 30 个交易日平均价格，二者的计算方式完全一致，且相较于历史最高点都跌去了 90% 左右，但彼时＊ST 上普退市时被指现金选择权的价格"不够合理""缺乏诚意""略有折价"，反观＊ST 航通，媒体纷纷报道"溢价 40%"，直赞其为"良心退市企业"——而市场扔出鸡蛋或鲜花的判断标准，仅仅是与停牌前最后一个交易日的收盘价进行对比。一方面是董事会对现金选择权相关信息的披露不能使公众充分了解其定价原因及价格水平，上述三家公司均宣称自己的价格对投资者有利好，并有选择性地挑选部分数据进行比对以显示自己的给出的价格超过了真实水平；另一方面足见市场对现金选择权的定价的评判缺少标准，过于片面。因此，为避免中小股东陷入控股股东"一言堂"的不利境地，应当结合公司实际，让中小股东通过与控股股东之间博弈去争取，但因两权分离而导致的利益博弈的缺失问题没有得到解决，因此，要使现金选择权从"别无选择"的相对选择，成为对中小股东而言利益最大化的最优选择，还需要结合表决权的问题一起考量。

（三）少数人的多数同意？——中小股东多数决的修正

1. 保护目的落空。中小股东多数决这一规定显然是中国证监会借鉴了美国 Rosenblatt v. Getty Oil Co. 案②中的 MOM（a majority of the minority shareholders）规则，在该案中，法院认为，主动退市私有化交易中的换股比例、价格等涉及利益冲突的关键性条款，必须由目标公司的独立小股东多数批准，否则将由控股股东证明该交易是"完全公平"的。该规则旨在解决主动退市

① ＊ST 二重为 2014 年退市制度改革后 A 股市场主动退市第一股，起初采取要约收购方式，收购价为 2.59 元/股，低于投资者预期，收购失败；后采取股东大会决议方式成功退市，提供的现金选择权价格仍为 2.59 元/股。

② Rosenblatt v. Getty Oil Co., 493 A.2d 929, 937 (Del. 1985).

中的控股股东与中小股东的利益冲突问题，矫正资本多数决下大股东以资本优势绑架中小股东意志的问题。但该制度用于规避型主动退市中，又出现了适配性的问题，导致利益保护错位——是否主动退市在这些面临强制退市的上市公司面前，真的不是一项需要中小股东与控股股东博弈的决定，他们的核心利益冲突并不在此处。在一般的并购交易，核心利益冲突在与价格或换股比例等条款上，这些条款又直接与退市的选项绑定，小股东要作的关键选择是接受或不接受该价格，退市只是附带的结果；而在规避型主动退市中，以股东大会决议方式撤回上市，上市公司的退市并不以接受现金选择权价格为前提，小股东要作的关键选择只是是否退市，但在强制退市的高压下，退市的结果几乎是板上钉钉，利益冲突也根本无从谈起。所以我们说，控股股东对现金选择权的安排，妙就妙在这里，能接受价格的人，自然投了赞成票，不满意的人，不行权就完事儿，也没有必要投反对票阻挠退市，非搞得自己走一遭退市整理期。在这样看似一团和气的表象下，缺失的是控股股东与中小股东激烈博弈的过程，小股东们连为自己争取权益的机会都没有，很可能都不曾察觉自己本该有这样的机会，他们只能被动选择接受或不接受现金选择权，无论接受或不接受都不会影响退市的结果。面对这些在强制退市前紧赶着主动退市的上市公司，证监会的这一记重拳着实是打在了棉花上。在以本案为典型的退市情形下，说一句"'双三分之二'保护了个寂寞"不为过。

2. 表决程序设置。那么，到底应当如何设置表决程序，才能落实对中小股东的保护目的，提高他们对利益争取的话语权和动力？最核心的就是要让更多的中小股东参与到表决过程中来，保障中小股东表决权的行使。

（1）不限制于"出席"股东。结合前文提到的主动退市相较于强制退市对公司本身和投资者的有利条件，在该种情形下申请主动退市符合公司和投资者的一致利益，投资者"控制""阻碍"退市的结果也就不会发生。因此，对于中小股东而言，总体上分为"支持"退市的和"不阻碍"退市的两大类。对于"支持"退市的，在本案出席会议的21.45%中占据了大多数，他们积极出席会议并投出退市赞成票；而那没有出席会议的另外八成左右的中小股东，他们对退市更多只是一个"不阻碍"的态度，缺乏动力或能力去行使自己的表决权。

笔者认为，表决通过率的计算对象不应限制于"出席会议的中小股东"，将"出席会议的中小股东"扩大到"全体中小股东"，这就意味着控股股东需要把对这事儿不上心、不来参加的中小股东也说动去投赞成票，相当于要把中小股东"不阻碍"退市的态度激励成"支持"退市，到这时候控股股东才能真正重视中小股东的意见，不敢忽视他们的利益需求，毕竟在这节骨眼上也只有财帛动人心。最直接地就会反映在现金选择权的价格上，因为只有控股股东给出的现金选择权足够吸引人才能利诱中小股东主动前来投退市赞成票，如果预期出席的中小股东不够多，甚至能够促使控股股东主动搭建沟通渠道与有表决权的中小股东取得联系。由此，便将缺失的博弈过程找补了回来。

（2）提高通过的比例。所谓的“双三分之二”、中小股东多数决，听着很唬人，其实也不过66.7%，过半多一点而已，叫作“多数决”实在有些寒碜了。比例越高，中小股东在其中的话语权就越大，其利益保护就更到位，对此可以参考域外主动退市中对股东大会表决程序的安排。例如《联交所上市规则》6.12条和6.13条规定了决议退市的投票机制，在香港上市公司主动退市时，需获得75%以上股东的多数通过，同时反对票不超过10%。基于上文对投资者态度的分类，反对票的比例在我国特殊的规避型主动退市中没有设置的必要，但赞成票的比例提高十分必要，可以参考香港联交所75%的规定进行重置。

3. 小结。将“出席会议的中小股东三分之二同意”扩大为“全体股东的四分之三同意”，是将“少数人的过半同意”修正为“所有人的多数同意”，充分保障了中小股东行使其表决权。但需要澄清的是，我们已经明确了，中小股东多数决本是为退市选项所准备的，其保护目的已经落空，本来也无须在这上头做文章，但我们发现，通过进一步在这项机制上设立更严格的条件，却能推动现金选择权的利益博弈，倒也有点曲线救国的意味。也有学者反对赋予中小股东公司退市决议中额外的表决权，认为会妨害公司的意思自治，降低退市效率，但无论如何，现阶段表决权与现金选择权的设置存在对中小股东保护不足的问题是毋庸置疑的，我们对此进行的改进不是一蹴而就的，而是要经历一个不断试错的过程，主动退市制度的演变过程中一直寻求的本来就是中小股东利益保护和证券市场交易自由之间的平衡。当然，对于股东大会决议程序的设计，既要强调中小股东保护，也要注意不能矫枉过正，香港的“数人头”规则①是很典型的反面例子。

五、 总结——不尽长江滚滚流

千古兴亡多少事？悠悠。不尽长江滚滚流。＊ST航通顺利退市了，还有多少“戴帽”兄弟在苦苦挣扎。退市新规配合着注册制的改革双管齐下，我国致力于打造“宽口进、宽口出”的资本市场良好生态机制，在这个关键的时点上，＊ST航通为规避强制退市而主动申请退市的做法，在未来将有普遍的适用性，值得我们思考和借鉴。

＊ST航通选择主动退市最主要还是为了避免退市整理期，重新上市的便利在公司目前的财

① 要求有至少过半数的出席会议并表决的股东赞成，即所谓的“人数验证”（head count）规则，俗称“数人头”。这一规则的本意是赋予持股不多的小股东们更大的话语权，鼓励其积极参与投票，就公司的未来命运发声。然而，规则适用时也出现了许多不合理甚至是扭曲滥用的现象。首先，它改变了公司特别是公众公司“一股一票”“资本多数决”的通例，提供了少数小股东“绑架”或要挟公司的可能；其次，为了促成或配合某交易，双方都可以利用分拆或转让股份的方式操纵投票结果；最后，由于香港实行证券间接持有制度，其中央结算机构（代理人）背后其实有许多权益持有者，但在计算“人头”时却仅作为一票赞成或反对，这使自然人小股东可能获得更大的优势。参见郭雳：《上市公司私有化交易的审查标准与利益平衡——主动退市的境外经验与启示》，载《证券法苑》2014年第3期。

务状况下很难实际享受到，这意味着中小股东将是本次主动退市中的主要获益者。在退市方式的选择上，＊ST 航通没有选择常用的吸收合并和要约收购，而是通过股东大会决议主动退市，其优势在于效率高、可控性强。但目前为止只有三家上市公司（＊ST 二重、＊ST 上普和＊ST航通）采用了这种退市方式，整个退市过程中也暴露出许多问题，多与现金选择权和表决程序相关，主要可以分为两大类：一类是该制度本身存在的问题，比如现金选择权价格如何确定、中小股东多数决设置的条件不够严格以及退市奖励制度逻辑的偏离；另一类是该制度在适用于规避型主动退市公司时出现的适配性问题，比如规则只要求向异议股东提供现金选择权、退市表决权与现金选择权相分离导致的利益博弈的缺失、中小股东多数决保护目的落空。这些问题贯穿在整个退市过程中，它们不是相互割裂的，而是一个关涉中小股东保护的完整闭环。

在规避型主动退市中，退市是大势所趋，主动退市相比于强制退市，符合所有股东的利益，此时我们为中小股东争取的，是如何在退市过程中尽可能地减少损失，从公司和控股股东处获得更多补偿。具体到本案所采用的股东大会决议的主动退市方式中，双方的利益冲突不在是否退市上，而在现金选择权上。

首先，由于退市是几乎注定的结果，同意退市的股东只是选择了“退市方式”，并非选择了“退市结果”，因此，现行规则仅要求向异议股东提供现金选择权并不合理，应当扩大至除控股股东外的全体股东。其次，由于现金选择权的提供主体是控股股东，为避免中小股东陷入控股股东一言堂的不利境地，应当结合公司实际，让中小股东通过与控股股东之间的博弈去争取，防止控股股东的随意定价损害中小股东的利益。最后，关于两权分离导致的对现金选择权博弈过程的缺失，应当结合表决程序的设置来讨论：一方面，要承认中小股东多数决保护的利益错位，该表决机制是通过股东大会决议主动退市的特殊门槛，其本意是解决退市中控股股东和中小股东之间的利益冲突，但是在我国的特殊市场背景下，目前以股东大会决议方式主动退市的公司均处于强制退市的边缘，主动退市符合所有股东的一致利益，该保护机制没有发挥应有的作用；另一方面，我们可以通过提高中小股东多数决的门槛来迫使控股股东更重视中小股东的利益诉求，具体而言，将“出席会议的中小股东”扩大到“全体中小股东”，同时将三分之二提高到四分之三，使得控股股东必须设置更高的补偿条件以吸引大部分本不愿参会的中小股东出席会议并投出赞成票。

没有所谓的最完美的制度，所有的规则都只是在不断的演变中寻求最利于当下的妥适安排。目前对上市公司主动退市的讨论大多集中在私有化退市中，鲜少有人专门针对股东大会决议方式进行研究，以股东大会决议方式主动退市的公司数得上来的也只有这三家。市场对这种退市方式并不熟悉，监管层面也缺乏配套的投资者保护机制，中小股东多数决的表决门槛也好，现金选择权的安排也好，都还需要进一步实践来完善。

拆解蚂蚁集团 SERs 激励计划

■ 朱林啸*

摘要：借蚂蚁集团向科创板申请首次公开发行股票的机会，我们得以揭开其集团内部施行的股份经济受益权（SERs）激励计划的神秘面纱。对蚂蚁集团而言，该激励计划属于现有监管框架下的创新方案，其特殊的授予标的以及运行方式实现了计划管理人和授予人、受益人和结算人的双重分离，可缓解兑付压力，并对蚂蚁集团的财务报表产生积极影响。然而，对于员工而言，该计划灵活的授予价格及单一的变现方式可能使员工无法获得期待利益，独特的运作模式可能使员工面临兑付不能的风险，且相关争议存在无法纳入劳动争议处理的风险。目前，应当在现有法律框架下分别从两个角度积极构造员工权益保障的路径：第一，应该适用隐名代理规则，认定杭州君瀚与员工签订授予协议构成隐名代理，可对蚂蚁集团发生代理归属效果，从而消解兑付不能风险；第二，认可股份经济受益权的劳动报酬属性，适用劳动争议处理，促进员工利益实现。

关键词：股份经济受益权　蚂蚁集团　劳动报酬　员工权益保障

导论：问题的提出

2014 年，蚂蚁科技集团股份有限公司（以下简称蚂蚁集团）之前身浙江阿里巴巴电子商务有限公司（以下简称浙江阿里）从其母公司阿里巴巴集团剥离，开始独立运营。此前，浙江阿里与阿里巴巴集团实行一致的限制性股票单位（Restrained Stock Unit，RSU）股权激励计划；独立运营之后，为继续实现激励员工目的，浙江阿里董事会和股东会批准了《浙江阿里巴巴电子商务有限公司 2013 股份经济受益权激励计划》，并在该计划中推出股份经济受益权（Share Economic Interest Rights，SERs）激励方案。

2020 年 7 月 20 日，伴随着蚂蚁集团宣布启动在上海证券交易所科创板和香港联合交易所有限公司主板寻求同步发行上市（A + H 上市）的消息，网传蚂蚁集团杭州总部大楼员工们爆发出一阵“财富自由”的欢呼。2020 年 10 月 27 日，一则“蚂蚁集团员工激励达到 1376.9 亿元，相

* 朱林啸，北京大学法学院 2020 级金融法方向法律硕士（法学）。

当于人均一套283m^2杭州房子”消息更是刷爆全网。①

然而，当我们翻开《蚂蚁科技集团股份有限公司首次公开发行股票并在科创板上市招股说明书》（以下简称《招股说明书》），可以发现问题并非如新闻媒体认为的“造富员工”那样简单。在SERs激励计划制度之下，仍然隐藏着诸多法律问题——比如，应当如何理解SERs激励计划的运作方式？蚂蚁集团为何要采用授予SERs的激励方式，其存在何种优势以及制度创新？此种“股份经济受益权”的法律属性为何？对于员工而言，“股份经济受益权”运行时存在哪些法律风险？若员工权益面临被侵犯风险，其又应当适用何种路径进行权益保护？

本文拟针对上述问题展开分析，以期对蚂蚁集团虚拟股份经济受益权问题进行全局式的描述与解构。

一、 蚂蚁集团SERs激励方案概述

（一）特殊的运作方式

根据蚂蚁集团《招股说明书》②《关于蚂蚁科技集团股份有限公司首次公开发行股票并在科创板上市申请文件审核问询函的回复》③（以下简称《首轮问询函回复》）以及《关于蚂蚁科技集团股份有限公司首次公开发行股票并在科创板上市申请文件第二轮审核问询函的回复》（以下简称《二轮问询函回复》），④ 蚂蚁集团SERs激励计划的大致运行步骤见表1。

表1 蚂蚁集团SERs激励计划运行步骤——根据《招股说明书》总结

步骤	具体步骤内容
①计划设立	蚂蚁集团董事会授权的核心管理人员担任计划管理人，决定股份经济受益权的授予对象、授予条件、授予日期、授予价格等重要事项

① 该新闻全文为：“据蚂蚁招股书信息显示，经济受益权激励计划项下的经济利益所对应发行人股份合计30.79亿股，其中授予员工及顾问的比例约为65%。如果以68.8元人民币的发行价计算，员工及顾问共计可获得约1376.9亿元人民币，截至2020年6月30日，公司共有员工16660人。如果以此计算，蚂蚁集团人均可摊到826.47万元人民币。”见《蚂蚁集团员工激励达到1376.9亿元 相当于人均一套283平杭州房子?》，资料来源：https://new.qq.com/omn/20201027/20201027A092WV00.html，2020年1月18日访问。

② 《蚂蚁科技集团股份有限公司首次公开发行股票并在科创板上市招股说明书》，资料来源：http://www.sse.com.cn/disclosure/listedinfo/bulletin/star/c/688688_20201027_2.pdf，2021年1月18日访问，以下注释为《招股说明书》。

③ 《关于蚂蚁科技集团股份有限公司首次公开发行股票并在科创板上市申请文件审核问询函的回复》，资料来源：http://static.sse.com.cn/stock/information/c/202009/405b192bf7184ff1b277cb822134ae21.pdf，2021年1月18日访问，以下注释为《首轮问询函回复》。

④ 《关于蚂蚁科技集团股份有限公司 首次公开发行股票并在科创板上市申请文件 第二轮审核问询函的回复》，资料来源：http://www.csrc.gov.cn/newsite/fxjgb/kcbzczl/kcbzcsqwj/202009/P020200923426307039697.pdf，2021年1月17日访问，以下注释为《二轮问询函回复》。

续表

步骤	具体步骤内容
②增发新股	蚂蚁集团向控股股东杭州君瀚股权投资合伙企业（有限合伙）（以下简称杭州君瀚）增发新股，杭州君瀚认购蚂蚁集团增发新股的价格为每股1元，用于股份经济受益权激励计划项下的激励安排①
③SERs授予	杭州君瀚担任经济受益权激励计划的授予人，负责与激励对象签署激励协议、授予股份经济受益权
④SERs归属	经济受益权通常应根据以下时间表归属： （1）就业绩奖励授予而言，在授予通知书载明的归属开始日的第一个至第四个周年日各归属25%； （2）就入职常规授予而言，50%应在授予通知书载明的首个归属日归属，首个归属日后的第一个和第二个周年日各归属25%； （3）就任何其他授予而言，归属进度将在与相关授予对象签订的具体授予协议中规定
⑤收益实现	一般情况下，授予对象可通过向杭州君瀚出售已归属的经济受益权实现经济收益；特殊情况下，授予对象可通过杭州君瀚回购其已归属的经济受益权实现经济收益

资料来源：作者整理。

相较于常规的股权式激励式手段而言，蚂蚁集团SERs激励计划存在以下明显特征。

第一，授予标的特殊——股份经济受益权（即SERs）。根据《招股说明书》可知，蚂蚁集团经济受益权激励计划下的授予标的为股份经济受益权。基于该股份经济受益权，蚂蚁集团员工等授予对象可获得一定金额的经济利益，该利益具有一定的薪酬性。此外，该经济受益权的授予不会使授予对象因此成为蚂蚁集团的股东或对蚂蚁集团的股份享有投票权、表决权等股东权利。② 因而其在适用的具体法律制度以及激励效果上均与一般股权式激励手段不同，对于此点特性的分析将在本文第二部分详细展开。

第二，双重分离模式——计划管理人和授予人分离、受益人和结算人分离。在蚂蚁集团股份经济受益权激励计划方案中，计划管理人为蚂蚁集团董事会授予的核心管理人员，而与员工签订激励协议以及授予经济受益权的主体为蚂蚁集团的股东杭州君瀚。在此种安排下，计划管理

① 在《招股说明书》中，蚂蚁集团仅披露其在2018年7月及2020年6月分别向杭州君瀚股权投资合伙企业（有限合伙）增发新股，用于经济受益权激励计划项下的激励安排。2018年前的增发情形并未进行披露，其中2018年7月杭州君瀚认购蚂蚁集团560000000股股份；2020年6月，杭州君瀚认购蚂蚁集团254380000股股份，详见《招股说明书》第1-1-283页。

② 见《招股说明书》第1-1-139页。

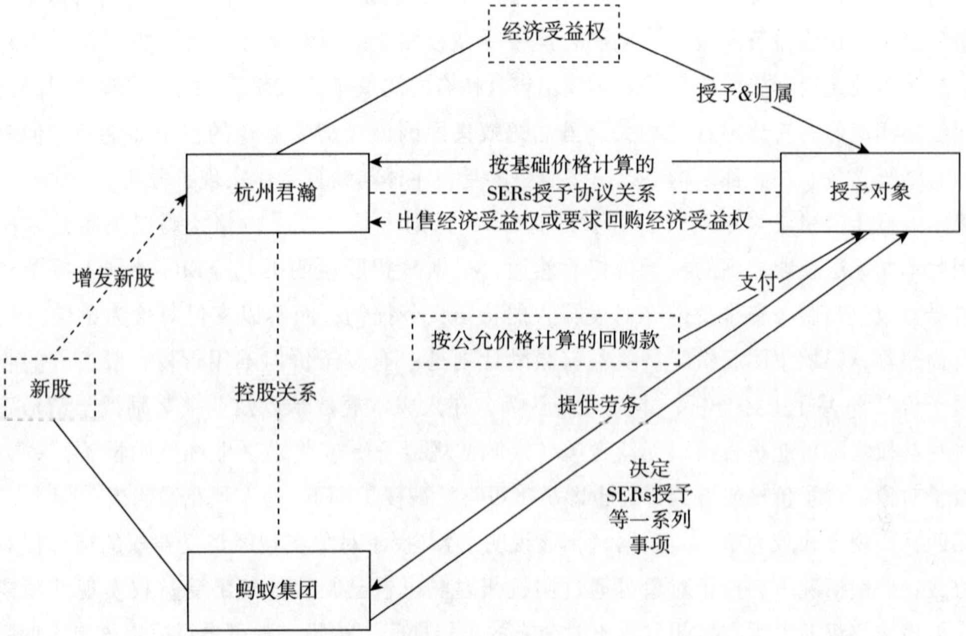

图1　经济受益权的运作方式一

（资料来源：作者整理）

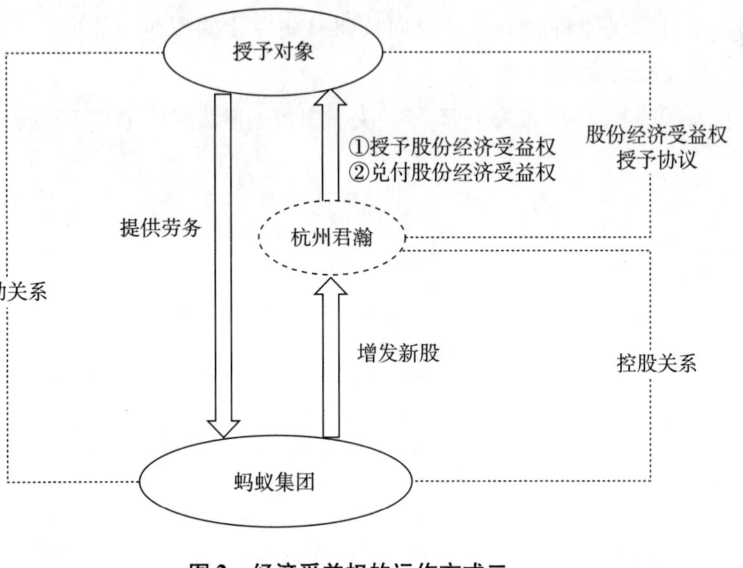

图2　经济受益权的运作方式二

（资料来源：作者整理）

人和授予人实现了分离。此外，在出售和回购情形下，杭州君瀚将用自有资金、对外筹集的资金或股份分红及转让收益等向授予对象履行经济受益权相关的付款义务，而《招股说明书》特别强调，授予对象无权利要求杭州君瀚必须出售其持有的蚂蚁集团股份。[①] 杭州君瀚兑付经济受益权与蚂蚁集团股份的转让不直接相关。虽然蚂蚁集团因该经济受益权的授予而受益，但其并不因此负有结算义务。在此种结构下，员工服务的受益主体与结算主体实现了分离。

第三，授予价格或为零对价。对于目前 SERs 计划下具体授予价格，蚂蚁集团并未向外披露，因此本文无法获取准确的授予价格。然而，根据《招股说明书》，SERs 计划下授予对象获得经济受益权仅与服务安排及遵守对发行人的特定义务挂钩，而不以支付对价为条件。[②] 此外，有网友描述称，蚂蚁集团股份经济受益权激励计划是“有授予价但不用行权，股权人的收益不包括授予价”。[③] 基于上述分析，本文推测认为，在入职常规授予以及业绩奖励授予情形下，股份经济受益权实际可能是直接以无偿赠送（入职常规授予）或奖励（业绩奖励授予）的方式派发给授予对象，授予价格或许为零，也即员工可直接被授予 SERs 而无须花钱购买。[④]

第四，变现方式较为单一。根据《招股说明书》，授予对象实现经济受益权的情形仅有以下两种方式：一般情况下，授予对象可通过向杭州君瀚出售已归属的经济受益权实现其预期经济收益，但该出售仅能发生在杭州君瀚不时公布的出售期间，杭州君瀚可自行决定该出售期间，且无义务定期公布。在特殊情况下，授予对象可通过杭州君瀚回购其已归属的经济受益权实现经济收益。[⑤] 与一般的激励股权转让仅受禁售期等期间限制不同，经济受益权之转让受到蚂蚁集团指定的计划管理人公布出售期间与否、是否满足变现条件等多重限制，且蚂蚁集团员工等股份经济受益权的授予对象仅能将经济受益权向杭州君瀚转让变现而不能向其他主体转让，因此，股份经济受益权明显缺乏流动性。[⑥]

实践中，在（2018）冀01民终4876号判决书中，一审法院认定“该股份为蚂蚁集团授予的

---

① 见《招股说明书》第1-1-141页。

② 见《招股说明书》第1-1-140页。

③ 见《支付宝发明了一种特别的股权激励方式吗？究竟是什么？有什么特别之处?》，载知乎，https://www.zhihu.com/question/23082185/answer/23555983，2021年1月18日访问。

④ 在蚂蚁集团员工的离婚案中，法院查明2013年6月26日，该员工被授予“集团-RSU”（限制性股份单位）1200股，授予价格0.00元（人民币），分四期归属，截至2014年4月1日，归属量为300股；2014年3月13日，该员工被授予“小微-SERs”（股份经济受益权）8900股，授予价格6.80元（人民币），分三期归属，目前已归属量为0。参见上海市闵行区人民法院（2013）闵民一（民）初字第18656号民事判决书。

⑤ 具体而言，还需要区分两种情形：（1）授予对象死亡时，授予人有义务回购该经济受益权；（2）在蚂蚁集团启动上市计划或授予对象离职时（且离职原因不属于导致股份经济受益权取消的情形），授予人可自行决定是否回购经济受益权。

⑥ 陆美林：《千亿“造富”盛宴B面：拆解蚂蚁上市背后的员工激励计划》，资料来源：https://xueqiu.com/6718098612/161263345，2021年5月11日访问。

股份经济受益权，员工在职期间不可折现，离职后按照内部职工公允价格折现支付给员工本人”,[①] 持同样理由的还有（2015）沪高民一（民）申字第398号判决书。[②]

（二）特殊的授予标的

在明确上述操作流程后，我们可能自然产生以下疑问：蚂蚁集团实行的“股份经济受益权”是什么？股份经济受益权在法律上对应的权利义务属性为何？在科创板上市申请文件审核首轮问询函中，上海证券交易所（以下简称上交所）也对蚂蚁集团推出的“股份经济受益权”的属性产生了质疑，并要求蚂蚁集团披露经济受益权在法律上对应的权利义务属性，并说明其是否是以股份为锚的经济奖励安排。[③] 对此，蚂蚁集团的答复为：经济利益金额整体上与蚂蚁集团价值挂钩，类似于“以股份为锚的经济奖励安排”。关键是，如何解读此种语境下的“以股份为锚经济奖励安排”实质？

1. 激励工具一般属性：薪酬性与激励性。翻开《招股说明书》，我们可以明显发现蚂蚁集团股份经济受益权激励计划具有明显的薪酬性与激励性。实际上，该种股份经济受益权（SERs）与阿里巴巴集团广泛采用的股权激励工具（Restricted Stock Unit，RSU）[④] 以及华为集团使用的股权激励工具（Time Unit Plan，TUP）[⑤] 均存在相似性，其运作逻辑来源于信托产品的设计，即投资者把资金委托给信托公司做股票交易，而股票交易取得的收益归投资者所有。[⑥] 实践中，有学者将其称为虚拟股权（Phantom Stocks）。[⑦]

2. 经济受益权激励之特殊属性：三无一有。实际上，蚂蚁集团吸取了上述RSU以及TUP激

① 石家庄市中级人民法院（2015）沪高民一（民）申字第398号民事判决书。

② 上海市高级人民法院（2015）沪高民一（民）申字第398号民事判决书。

③ 《首轮问询函回复》第8-26页。

④ Restricted Stock Unit，RSU，即受限制股份单位计划，其本质就是一种行权价很低（0.01港元）的股票期权。具体运作方式：阿里巴巴员工在获得一定份额的受限股份单位后，在入职满一年之后就可以行权，每一份的受限制股份单位每年发放25%，员工在4年内可以逐步获得。引用自应韵：《基于核心竞争力的高新技术企业股权激励研究——以阿里巴巴为例》，载《财会通讯》2016年第35期。

⑤ TUP，Time Unit Plan，即“时间单位计划”，也有人称之为“延期支付的业绩股票”，又称“延期支付计划”（Deferred Compensation Plan）。其具体运行方式为，华为公司将管理层的部分薪酬，特别是年度奖金、股权激励收入等，按当日公司股票市场价格折算成股票数量，存入公司为管理层人员单独设立的延迟支付账户。在既定的期限后或在该高级管理人员退休之后，再以公司股票形式或根据期满的股票价格以现金方式支付给激励对象，该机制被证明是一套比IPO更为有效的“融资渠道”和“全员激励手段”。见齐宝鑫、武亚军：《转型经济中民营企业成长的中长期激励机制研究——华为推行TUP的产权制度创新实践与理论启示》，载《复旦学报（社会科学版）》，2018年第3期，第160-163页。

⑥ 薛前强：《虚拟股的定性观察与规则探微——兼论虚拟股股东保护的碎片化修正》，载《南开法律评论》2015年第1期。

⑦ Sampson, D. Kyle, The Fiduciary Duties of Corporate Directors to ‘Phantom’ Stockholders, 62 The University of Chicago Law Review 1275, 1995, p. 1277.

励工具的优势，并在此基础上对自身的激励工具进行了优化——从蚂蚁集团《招股说明书》以及《首轮问询函回复》中，我们可以总结出该“股份经济受益权”具备“三无一有”的特征：其一，无偿性。从授予、归属及取消安排中可知，蚂蚁集团股份经济受益权可能直接以无偿赠送或奖励的方式派发给授予对象，而无须授予对象支付相应的金钱对价。其二，无流通性。该经济受益权具有专属性，授予对象仅能通过经济受益权的出售和回购实现经济收益，而不能自由转让，也不发生继承效力。其三，无股东权益。授予对象不因被授予经济受益权而成为蚂蚁集团的股东，或对蚂蚁集团股份享有利润分配权、投票权、表决权等股东权利。其四，有经济受益权。授予对象享有按照授予协议的约定而获取经济利益的权利。

（三）计划施行情况

《招股说明书》显示，SERs 激励计划中包含的（包括已授予及未授予的部分）SERs 对应蚂蚁集团股份 30.79 亿股①（1SERs = 5.33 股）；其中约 92% 已完成授予。为准备 A 股上市，蚂蚁集团在《招股说明书》中披露，杭州君瀚将取消截至 2020 年 9 月 30 日未归属的全部经济受益权（包括已授予未归属的经济受益权以及未授予的经济受益权），如图 3 所示。

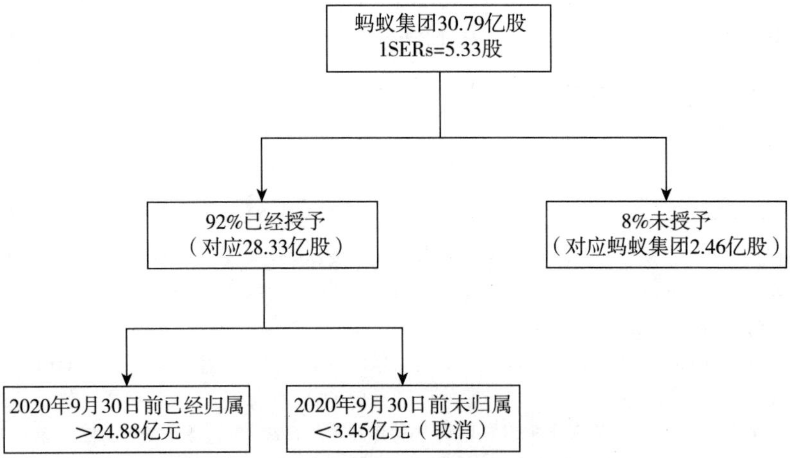

图 3 目前蚂蚁集团股份经济受益权实行情况

（资料来源：作者整理）

① 该数字计量截止时间为《招股说明书》签署之日；根据该数字，媒体报道中“经济受益权激励计划项下的经济利益所对应发行人股份合计 30.79 亿股，其中授予员工及顾问的比例约为 65%。如果以 68.8 元人民币的发行价计算，员工及顾问共计可获得约 1376.9 亿元人民币”显然计算失误，即并未理解经济受益权的运行逻辑以及实际运行情况，错误地将经济受益权激励计划项下的经济利益等同为员工归属的经济利益，参见《招股说明书》第 1－1－139 页。

二、SERs 激励计划对蚂蚁集团的制度优越性

（一）以公司治理为视角分析该激励计划优势

若以公司治理为视角，SERs 激励计划与其他股权式激励手段（如员工持股计划、股权激励计划等）相比，主要存在以下四点优势。

第一，就公司架构合规而言，施行 SERs 激励计划可以避免对公司控制权的稀释。根据《首次公开发行股票并上市管理办法》第十二条、第十三条，证监会对首次公开发行股票（Initial Public Offering，IPO）的企业要求为，股权结构清晰且实际控制人稳定。相比其他股权式激励方式，“股份经济受益权”激励计划下，授予对象不因被授予经济受益权而成为股东或享有利润分配权、投票权、表决权等任何股东权益。因此，该计划可保持蚂蚁集团现有股权结构，避免公司控制权被稀释或摊薄。

第二，就实现激励效果而言，向员工授予 SERs 可以实现公司对员工的深度捆绑。在蚂蚁集团的经济受益权激励计划中，包括蚂蚁集团员工在内的授予对象可以基于该经济受益权获得一定金额的经济利益。[①] 该金额整体与蚂蚁集团股份价值相对应，且分期归属、“逐步变现”，因此此种经济受益权的授予可以使授予对象深度分享公司股份的增值收益，从而实现发展利益的共享；可持续激励员工为公司利益努力工作，实现公司与员工利益的深度趋同，实现“财散人聚”。[②] 此外，由于 SERs 具有无偿性，可避免公司员工因缺乏购买资金而无法获取虚拟股，易被积蓄不多的年轻员工接受。[③]

第三，就缓解公司现金流压力而言，SERs 激励计划可实现报酬递延支付。实际上，根据《企业会计准则解释第 4 号》第七条第二款的要求，[④] 由于杭州君瀚为蚂蚁集团的控股股东，因此杭州君瀚授予蚂蚁集团员工的经济受益权属于集团内的股份支付安排，此种支付将作为以权益结算的股份支付进行会计处理。背后法理依据即该股份经济受益权具有报酬性，此时交易结构为蚂蚁集团向杭州君瀚增发新股用于激励安排，杭州君瀚向授予对象授予经济受益权。杭州君瀚向授予对象授予经济受益权时，虽然损失尚未实际现金化，但是该经济受益权对应的经济

---

① 韩玉玲：《分享经济的理念与员工持股计划》，载《经济管理》2007 年第 5 期。

② 倪云华：《蚂蚁的股权激励法则，马云是怎样实现“财散人聚”?》，资料来源：https://xueqiu.com/1713781416/154891108，2021 年 1 月 18 日访问。

③ 薛前强：《虚拟股的定性观察与规则探微——以虚拟股股东保护为中心》，载《证券法苑》2015 年第 1 期。

④《企业会计准则解释第 4 号》七（二）：企业集团（由母公司和其全部子公司构成）内发生的股份支付交易，应当按照以下规定进行会计处理：接受服务企业没有结算义务或授予本企业职工的是其本身权益工具的，应当将该股份支付交易作为权益结算的股份支付处理；接受服务企业具有结算义务且授予本企业职工的是企业集团内其他企业权益工具的，应当将该股份支付交易作为现金结算的股份支付处理。

收益作为报酬的等价物的地位已经确定。[①]

在此语境下，该种“股份经济受益权”计划下，蚂蚁集团通过向杭州君瀚增发新股用于激励安排，而杭州君瀚仅在触发支付条件（出售或回购条件满足）时付款，此时可避免一次性兑付所造成集团内现金流压力过大，缓解兑付风险。[②]

第四，就定价机制而言，该股份经济受益权定价机制灵活，由授予人确定。[③] SERs 计划项下，虽然并非由蚂蚁集团直接授予 SERs，但由于授予人系蚂蚁集团股东，因此蚂蚁集团须按照《企业会计准则第 11 号——股份支付》进行会计处理。[④] 然而，与一般的股权激励不同，SERs 激励计划下的标的不存在活跃市场，因此定价无法通过市场机制确定。对此，蚂蚁集团认为 SERs 经济效果类似期权，因此参照期权定价模型，采用相关估值技术对其公允价值进行计量，具体的估值方式由蚂蚁集团确定的管理人确定。目前，蚂蚁集团适用的估值参数包括激励工具的行权价格、激励工具的有效期、标的股份的现行价格、股价预计波动率、股份的预计股利、期权有效期内的无风险利率、离职率及行权倍数。[⑤] 在此背景下，“股份经济受益权”的价值与股票市场价并不直接对应，而是通过蚂蚁集团授权的计划管理人依据评估确认值确定。[⑥] 而股价预计波动率、离职率、行权倍数等参数均为与蚂蚁集团直接相关的参数，存在较大的灵活性，一旦蚂蚁集团遇到财务危机，管理人可能有调整估值参数的动机，此时员工可获得的经济收益的总金额可能会因此受到影响。

（二）以外部监管为视角解析计划的制度优势

如上文所述，SERs 激励计划下授予标的系“股份经济受益权”，其标的具有“无偿性”“无流通性”“无股东权益”“仅有获取经济利益权”这“三无一有”的特征，使得 SERs 激励计划与一般公司施行的股权式激励手段（如股票期权、限制性股票、员工持股计划等）均存在不同。具体如表 2 所示。

---

① 刘燕：《会计法》（第二版），北京大学出版社 2009 年版，第 274 页。

② 吴嵩彬：《高科技企业股权激励模式的比较及设计》，载《财经界》2013 年第 24 期。

③ 程榕：《虚拟股权激励研究——以华为公司为例》，载《会计师》2017 年第 5 期。

④ 具体会计处理时，蚂蚁集团须根据《企业会计准则第 11 号——股份支付》（下文简称《股份支付会计准则》）以及证监会〔2016〕第 8 号《IPO 企业股权激励工具关注的审计重点》，蚂蚁集团应当按照权责发生制，按照授予日该激励工具的公允价格进行费用化计量，并在等待期内确认该项费用，并计入发行人资本公积或负债，详见《招股说明书》1－1－152 页。实际上，蚂蚁集团于 2017 年、2018 年、2019 年及 2020 年 1—6 月因实施经济受益权激励计划分别确认了 31.29 亿元、34.75 亿元、42.50 亿元以及 20.76 亿元的费用，详见《招股说明书》1－1－283 页。

⑤ 《招股说明书》，第 1－1－372 页。

⑥ 根据《招股说明书》，股份经济受益权以蚂蚁集团股票价值、授予时的基础价格及归属后累计已宣派股利金额等因素综合计算，具体计算方式由蚂蚁集团授予权限的核心管理人员确定，详见《招股说明书》第 1－1－139 页。

表 2 蚂蚁集团“股份经济受益权”与股权激励的对比分析

内容名称	股权激励	蚂蚁集团“股份经济受益权”
授予标的	限制性股票或股票期权	股份经济受益权
授予对象	管理层与核心员工	自定
授予价格	市场决定	授予人决定（通过公式计算）
是否稀释股权	是	否
是否有所有权	是	否
是否具有流通性	是	否
受让方式	有偿受让	无偿受让（奖励、赠予）
持有要求	有	无

资料来源：作者整理。

在此语境中，股份经济受益权不适用于员工持股计划或股权激励的一系列监管制度。证监会《上市公司股权激励管理办法》《关于上市公司实施员工持股计划试点的指导意见》《关于试点创新企业实施员工持股计划和期权激励的指引》《上海证券交易所科创板股票上市规则》等规则构造了关于股权激励①、员工持股计划②等股权式激励手段的监管规则，对激励对象、激励股权、操作要求进行了详细规定。然而，证监会构造的股权式激励监管体系中并没有针对此种“虚拟股权”的监管政策；换言之，此种股份经济受益权仍然面临监管上的空白。由此，我们可得出蚂蚁集团股份经济受益权的第五点优势——若以外部监管为视角，施行“股份经济受益权”可以规避员工持股计划等领域相关监管规则。

三、 SERs激励计划中员工面临的权益侵害风险

根据上述分析可知，蚂蚁集团股份经济受益权激励计划属于监管框架下的创新方案，其特殊的授予标的及运作方式实现了计划管理人和授予人、受益人和结算人的双重分离，可保持蚂蚁集团的现有股权结构，避免对公司控制权的稀释；其单一的变现方式及灵活授予价格的设置可缓解兑付风险，并可对蚂蚁集团的财务报表产生积极影响，因而对于蚂蚁集团具有相当的制度优势。

① 根据证监会《上市公司股权激励管理办法》（2018 年修正），公司实行股权激励需在实施主体、激励对象、激励规模、股份来源、资金来源、授予价格、锁定期、有效期、实施程序和信息披露等方面均满足相应合规要求。

② 根据证监会《关于上市公司实施员工持股计划试点的指导意见》，员工持股计划在授予标的、授予对象、股份来源等方面均存在合规要求。

然而，对于参与该激励计划的蚂蚁集团员工而言，若根据发生的概率与严重性综合判断，对员工面临的权益侵害风险进行排序，员工在该激励计划运行过程中可能面临无法取得期待利益、兑付不能和不受劳动法保护等严重的权益侵害风险。

（一）SERs 对应的期待利益落空

1. 定价受控。《首轮问询函》中，上交所要求蚂蚁集团披露报告期各期股份相关公允价值确定方式和具体金额、对应的市盈率以分析其公允性。对此，蚂蚁集团将经济受益权中各期股份支付相关公允价值确定方式和具体金额等数据进行了披露。① 具体而言，蚂蚁集团认为“股份经济受益权”的经济效果类似期权，因此参照期权定价模型，采用相关估值技术对其公允价值进行计量，适用的估值参数包括激励工具的行权价格、激励工具的有效期、标的股份的现行价格、股价预计波动率、股份的预计股利、期权有效期内的无风险利率、离职率及行权倍数。② 而“激励工具的行权价格、有效期、股份的预计股利”等因素均为蚂蚁集团可通过内部决议影响的因素。③ 在此意义上，蚂蚁集团可通过对参数的影响与操纵，直接影响股份经济受益权的估值结果。

2. 转让受限。如第一部分所述，蚂蚁集团还通过限制转让，使得一般情况下员工行使相应经济受益权的唯一渠道是将该 SERs 出售给蚂蚁集团股东杭州君瀚，且其转让将受到蚂蚁集团指定的计划管理人公布出售期间、变现条件等限制。④ 此种单一的变现方式使得该种激励工具流动性严重受限，更加大了员工获得期待利益的难度。⑤

在此背景下，员工等授予对象是否可以获得期待利益，取决于蚂蚁集团对激励工具的参数如何设定以及对转让条件如何限定。如若集团内部出现财务危机，蚂蚁集团或将通过对激励工具的参数进行下调或限制出售的方式，使得蚂蚁集团员工无法及时获得期待利益。

（二）SERs 固有的兑付不能风险

实际上，对员工而言，看似光鲜亮丽的 SERs 激励计划背后隐藏的是固有的兑付不能风险，而此种兑付不能风险与该激励计划的运作逻辑和授予方式直接相关——如上文所述，蚂蚁集团 SERs 激励计划并非由蚂蚁集团直接授予，而是通过其控股股东杭州君瀚授予。根据国家企业信息公示系统查询显示，杭州君瀚企业类型为有限合伙企业，其本身的认缴出资为 106623.8 万元，

---

① 《首轮问询函》第 8-1-42 页。

② 《招股说明书》第 1-1-372 页。

③ 刘燕：《股票期权的法律与会计约束——伊利事件的启示》，载《北京大学学报（哲学社会科学版）》2008 年第 6 期。

④ 《招股说明书》第 1-1-141 页。

⑤ 蔡敏：《带你拆解蚂蚁金服，告诉你 SERs 到底是什么?》，资料来源：https：//mp. weixin. qq. com/s/9hD3jzK9honuQ4eKqXyH5A，2021 年 1 月 30 日访问。

实缴出资只有600万元，根据《合伙企业法》相关规定，一旦杭州君瀚发生债务危机，能够承担无限连带责任的只有其普通合伙人。

而根据企查查等网站信息显示①（目前国家企业信息公示系统隐去有限合伙信息），杭州君瀚的普通合伙人与执行事务合伙人为杭州云铂投资咨询有限公司（以下简称杭州云铂），而杭州云铂为有限责任公司，目前国家企业信用信息公示系统显示其注册资本仅为1010万元，其责任财产范围显然远小于蚂蚁集团授予的SERs激励计划中的兑付金额（如前文所述，SERs激励计划中包含的SERs对应蚂蚁集团股份30.79亿股）。对于蚂蚁集团的广大员工而言，此种设计将使得其股份经济受益权面临固有的兑付风险，而杭州君瀚的实际控制人则不需要在其认缴的出资额之外为经济受益权的兑付买单。②

（三）无法纳入劳动争议处理纠纷

一般而言，公司实行股权类激励计划时，股权类激励计划的实施目的是肯定激励对象对公司发展作出的贡献，使之共享发展成果，并进一步稳定劳动关系；而股权类激励计划方案主要由负责公司薪酬发放的人力资源部门代表公司制订并实施。③ 在此意义上，股权类激励授予协议双方身份一般为公司和雇员，如员工与公司之间因该激励计划相关事宜产生争议，或可适用劳动争议进行处理。④

然而，蚂蚁集团的股份经济受益权计划中规定的方式是由蚂蚁集团的控股股东杭州君瀚负责由激励对象签署激励协议并授予经济受益权，基于合同相对性规则的束缚，该协议并非对蚂蚁集团产生直接约束力，而仅约束杭州君瀚与授予对象。若蚂蚁集团员工因该激励计划的实施与蚂蚁集团发生纠纷，员工很难通过劳动争议解决的方式解决该纠纷。

实际上，在目前公开的裁判文书中，有法院明确认定该股权激励协议不属于劳动争议处理的范围。在"赵静诉被告阿里巴巴（中国）网络技术有限公司上海分公司劳动合同纠纷"，上海市长宁区人民法院明确认为员工要求支付股份经济受益权不属于劳动争议处理范围。⑤ 而在"祝君华诉蚂蚁金服（杭州）网络技术有限公司劳动争议"中，杭州市西湖区人民法院认为股份经济受益权的授予与兑现等事项并未出现在蚂蚁金服与员工的劳动合同中，而是案外人杭州君瀚

---

① 参见企查查网站，资料来源：https：//www.qcc.com/csusong/88c02a332b8111e418b46ccac4d7ad40.html，2021年9月19日访问。

② 《千亿"造富"盛宴B面：拆解蚂蚁上市背后的员工激励计划》，资料来源：https：//xueqiu.com/6718098612/161263345，2021年5月11日访问。

③ 薛前强：《虚拟股的定性观察与规则探微——以虚拟股股东保护为中心》，载《证券法苑》2015年第1期。

④ 范围：《公司股票期权激励争议处理研究》，载《当代法学》2016年第2期。

⑤ 上海市长宁区人民法院（2016）沪0105民初9963号民事判决书。

与员工签署协议另行约定，故经济受益权的兑现不属于劳动争议处理的范围。①

本文认为，目前可公开查询到的法院的裁判中，直接粗暴地将股份经济受益权兑付纠纷排除出劳动争议的处理方式显然欠妥，系单纯地以形式上的合同确定法律关系，而并未考虑深层次的交易结构。此种安排，将使蚂蚁集团的股份经济受益权计划下的权利义务安排不适用于劳动争议处理方式，进而无法适用劳动争议处理中"一调一裁两审"制度②中"仲裁前置"③"仲裁中可申请先予执行"④"诉讼中举证责任倒置"⑤等规则，不利于员工权益保护。

四、 SERs激励计划项下员工权益保障路径构造

（一）适用隐名代理，消解兑付不能风险

如上文所述，蚂蚁集团的SERs激励计划运作逻辑即蚂蚁集团通过向杭州君瀚增发新股从而使杭州君瀚完成激励计划，杭州君瀚属于蚂蚁集团向员工进行激励的"通道"或"代理人"，性质类似"员工持股平台"。

从法律关系上来说，根据《民法典》第九百二十五条："受托人以自己的名义，在委托人的授权范围内与第三人订立的合同，第三人在订立合同时知道受托人与委托人之间的代理关系的，该合同直接约束委托人和第三人；但是，有确切证据证明该合同只约束受托人和第三人的除外。"该条款在学理上可被称为隐名代理规则，即受托人以自己名义与第三人订立合同，若满足代理权要素和代理公开要素，仍可发生代理归属效果。⑥若员工可举证蚂蚁集团与杭州君瀚在授权范围内与其订立合同，且自己在订立合同时明知蚂蚁集团为被代理人，此时该合同将产生代理归属效果。

根据蚂蚁集团在《招股说明书》中披露的内容，蚂蚁集团目前施行的股份经济受益权激励计划系依据《浙江蚂蚁小微金融服务集团有限公司2013股份经济受益权激励计划》，该计划明确规定，经济受益权激励计划由蚂蚁集团控股股东之一的杭州君瀚作为授予人，蚂蚁集团分别

---

① 杭州市中级人民法院（2019）浙01民终6205号民事判决书。

② 叶静漪主编：《和谐劳动关系法律建构若干重大问题研究》，北京大学出版社2018年版，第198页。

③ 《中华人民共和国劳动法》第七十九条规定："劳动争议发生后，当事人可以向本单位劳动争议调解委员会申请调解；调解不成，当事人一方要求仲裁的，可以向劳动争议仲裁委员会申请仲裁。当事人一方也可以直接向劳动争议仲裁委员会申请仲裁。对仲裁不服的，可以向人民法院提起诉讼。"

④ 《中华人民共和国劳动争议调解仲裁法》第四十四条："仲裁庭对追索劳动报酬、工伤医疗费、经济补偿或者赔偿金的案件，根据当事人的申请，可以裁决先予执行，移送人民法院执行。"

⑤ 《最高人民法院关于审理劳动争议案件适用法律若干问题的解释》第十三条："因用人单位作出的开除、除名、辞退、解除劳动合同、减少劳动报酬、计算劳动者工作年限等决定而发生的劳动争议，用人单位负举证责任。"目前，该规则因《民法典》生效而失效。

⑥ 参见胡东海：《〈合同法〉第402条（隐名代理）评注》，载《法学家》2019年第6期。

向杭州君瀚增发新股，用于经济受益权激励计划项下的激励安排。在此种意义下，员工显然可知晓此时杭州君瀚和自己订立的股份经济受益权激励合同实际上是杭州君瀚在蚂蚁集团的授权下订立的，此时该合同应当直接约束蚂蚁集团与员工，员工可直接向蚂蚁集团主张股份经济受益权的兑付，从而消解兑付不能的风险。

（二）纳入劳动争议，促进员工利益实现

1. SERs 相关纠纷纳入劳动争议处理有利于员工利益实现。如上文所述，根据《劳动争议调解仲裁法》第二条第五项规定，中华人民共和国境内的用人单位与劳动者发生的因劳动报酬、工伤医疗费、经济补偿或者赔偿金等发生的争议适用本法。此时，若将员工与蚂蚁集团直接涉及 SERs 兑付的纠纷纳入劳动争议，将适用劳动争议处理中“一调一裁两审”制度中“仲裁前置”“仲裁中可申请先予执行”“诉讼中举证责任倒置”等规则，显然更有利于劳动者权益的维护。

更为重要的是，将纠纷纳入劳动争议处理将更有利于员工利益的实现。一方面，就案件处理过程而言，劳动争议多采取多元化纠纷解决方式，有利于员工等授予对象在与蚂蚁集团的谈判和协商过程中更好地争取自身权益；另一方面，就案件处理结果而言，根据人力资源和社会保障部的统计数据，劳动争议处理过程中，用人单位胜诉的比例远远小于劳动者胜诉的比例，即裁判者在对劳动争议案件的处理过程中更多地支持了劳动者的诉求。[1] 在此语境下，若员工与蚂蚁集团之间的相关纠纷被纳入劳动争议，员工等授予对象权益实现的概率将大大增加。

2. SERs 明显具有劳动报酬属性，相关纠纷应当纳入劳动争议处理。如上文所述，根据《中华人民共和国劳动争议调解仲裁法》第二条规定，追索劳动报酬纠纷案件属于劳动争议，将适用相关劳动争议解决程序进行处理。实际上，本文认为蚂蚁集团授予的“股份经济受益权”可作为员工收入的体现，由于经济受益权的定价低于市价（或说为零对价），此时股份经济受益权中已经含有奖金、工资的折算，属于薪酬的一部分。[2] 此点也可通过蚂蚁集团对外发布的招聘信息体现（见图 4）。

有学者提出应当依据以下两项标准——激励是否具有体现劳动对价性的绩效条件和体现劳动关系从属性特征的履职要求，来对判断股权激励收益是否属于劳动报酬，若同时具备，相应纷争应属于劳动争议，在具体的案情判断中应对导致激励权益不能实现的调岗、解雇、辞职等劳动关系状况的发生原因进行综合考量，以使被激励者的相关权益能够得到公正有效的实现。[3]

---

① 叶静漪主编：《和谐劳动关系法律建构若干重大问题研究》，北京大学出版社 2018 年版，第 192 页。

② 白芸：《证券发行中员工持股计划的豁免与监管》，载《金融法苑》2020 年第 3 期。

③ 刘晓倩、吴圣奎：《股权激励收益是否具有劳动报酬属性之法律认定：基于 149 个劳动关系相关股权激励判例的类案分析》，载《中国人力资源开发》2020 年第 9 期。

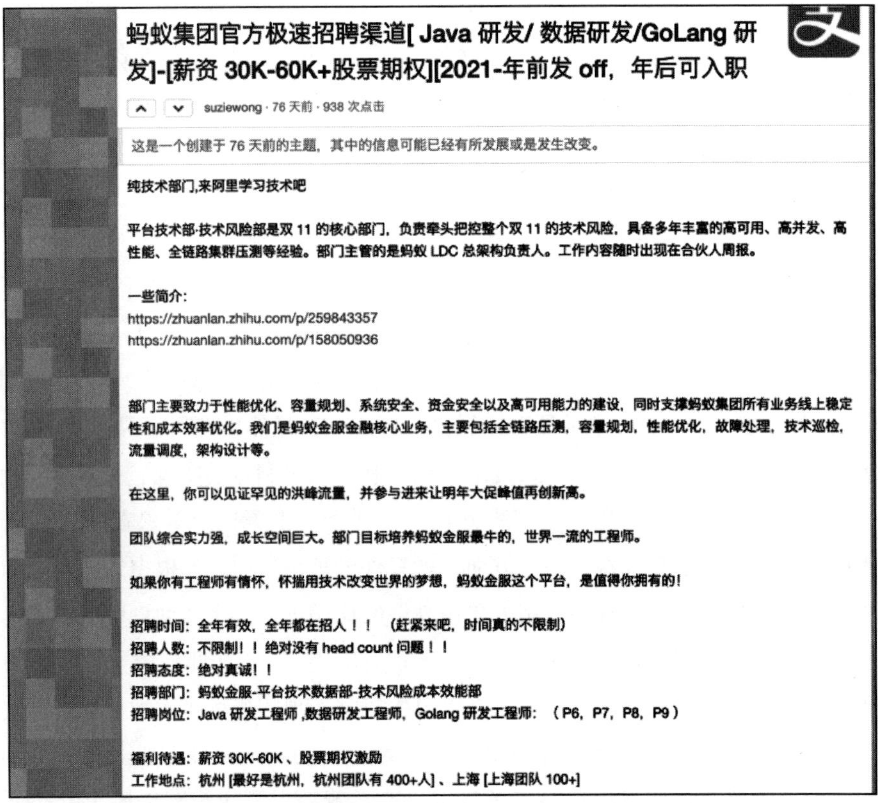

蚂蚁集团官方极速招聘渠道[Java 研发/ 数据研发/GoLang 研发]-[薪资 30K-60K+股票期权][2021-年前发 off，年后可入职

suziewong · 76 天前 · 938 次点击

这是一个创建于 76 天前的主题，其中的信息可能已经有所发展或是发生改变。

纯技术部门,来阿里学习技术吧

平台技术部·技术风险部是双 11 的核心部门，负责牵头把控整个双 11 的技术风险，具备多年丰富的高可用、高并发、高性能、全链路集群压测等经验。部门主管的是蚂蚁 LDC 总架构负责人。工作内容随时出现在合伙人周报。

一些简介：
https://zhuanlan.zhihu.com/p/259843357
https://zhuanlan.zhihu.com/p/158050936

部门主要致力于性能优化、容量规划、系统安全、资金安全以及高可用能力的建设，同时支撑蚂蚁集团所有业务线上稳定性和成本效率优化。我们是蚂蚁金服金融核心业务，主要包括全链路压测，容量规划，性能优化，故障处理，技术巡检，流量调度，架构设计等。

在这里，你可以见证罕见的洪峰流量，并参与进来让明年大促峰值再创新高。

团队综合实力强，成长空间巨大。部门目标培养蚂蚁金服最牛的，世界一流的工程师。

如果你有工程师有情怀，怀揣用技术改变世界的梦想，蚂蚁金服这个平台，是值得你拥有的！

招聘时间：全年有效，全年都在招人！！（赶紧来吧，时间真的不限制）
招聘人数：不限制！！绝对没有 head count 问题！！
招聘态度：绝对真诚！！
招聘部门：蚂蚁金服-平台技术数据部-技术风险成本效能部
招聘岗位：Java 研发工程师 ,数据研发工程师，Golang 研发工程师：（P6，P7，P8，P9）

福利待遇：薪资 30K-60K 、股票期权激励
工作地点：杭州 [最好是杭州，杭州团队有 400+人] 、上海 [上海团队 100+]

图 4　蚂蚁集团员工在网络上发布的招聘信息①

从以上构成要件来看，SERs 激励显然具有体现劳动对价性的绩效条件和体现劳动关系从属性特征：首先，蚂蚁集团《招股说明书》披露经济受益权激励计划的授予对象包括“管理人认可的蚂蚁集团、阿里巴巴集团、其各自的子公司以及前述主体直接或间接持有 20% 以上表决权的关联实体的员工、董事、顾问或管理人确定的其他人士”，从关系来看，授予对象均为与蚂蚁集团具有劳动从属关系的员工；其次，蚂蚁集团披露授予对象获得经济受益权与服务安排及遵守对发行人的特定义务挂钩，此时应当可以认为该激励具有体现劳动对价性的绩效条件。

实践中，已有判例将此种经济收益认定为基于劳动者身份而给予的一种特殊劳动报酬。如“李刚与上海致尚服饰有限公司追索劳动报酬纠纷案”中，法院认为该案中用人单位承诺给予员工以现金价值为衡量的名义股份激励，员工向单位主张的是虚拟股权所对应的现金价值奖励，实质上是单位基于该员工作为劳动者的身份而给予的一种特殊劳动报酬，属于劳动争议案件处

① 参见 V2EX 网站：《蚂蚁集团官方极速招聘渠道》，资料来源：https：//www. v2ex. com/t/747400，2021 年 4 月 9 日访问。

理范围。[①] 可以说法官在判决中拨开其形式的掩盖，直接根据权利的实质来判断其属性。与上述案件相类似，蚂蚁集团的“股份经济受益权”激励计划，实质也是蚂蚁集团在参照货币性职工薪酬的基础上以可变现金对价向职工购买“劳动”。此时股份经济受益权作为一项报酬形式，与其他报酬形式相比仅有“延期支付”的特点，其余并无不同，实质仍然为员工的劳动报酬一部分。[②]

实践中，值得注意的是深圳市中级人民法院在“周艳辉、阿里巴巴（中国）网络技术有限公司深圳分公司劳动合同纠纷”中肯认了员工向公司主张股份经济受益权的争议属于劳动争议。[③]

结语：互联网公司实施股权类激励的红线何在

目前，互联网公司股权激励计划大行其道，各大公司实行股权激励似乎成为其运行的标配。可以肯认的是，蚂蚁集团施行的股份经济受益权激励计划属于一种金融创新，其“股份经济受益权”具有“无偿性”“无流通性”“无股东权益”“有经济利益获取权”“三无一有”的特点，使其兼顾公司架构合规、公司财务影响可调节与员工利益深度捆绑的优势，并成功规避了股权激励和员工持股计划的监管制度。然而，由于蚂蚁集团可通过调整参数对股份经济受益权的定价进行影响，员工等授予对象可能存在无法获得期待利益的风险。此外，特殊的运作方式将使蚂蚁集团不直接承担 SERs 的偿付责任，而蚂蚁集团的股权架构使蚂蚁集团的实际控制人无须在杭州云铂的认缴出资额之外为经济受益权的兑付买单，此种设计将使得员工可能面临 SERs 兑付不能的风险。

对此本文提出两个可行的员工权益保障进路，以期对处于弱势的员工加强权益保护。首先，法院等司法机关应当在处理纠纷时适用隐名代理的规则，认定经济受益权授予协议应当产生代理归属的效果，员工可直接向蚂蚁集团主张股份经济受益权的兑付。其次，在处理此类纠纷时，法院等司法机关应当肯定此类股份经济受益权的劳动报酬属性，将追索此类劳动报酬纠纷案件认定为劳动争议，从而适用劳动争议处理的规则。

未来，有关监管部门应当积极立法，将实践中形式多样的股权类激励工具纳入监管框架，并对关系到劳动者切身利益的关键问题的处理方式进行规定，如此才能确保诸多施行激励计划的互联网公司在享受制度带来公司发展红利的情况下不过分损害员工利益，从而更好地平衡公司和劳动者权益。

---

① 上海市浦东新区人民法院（2017）沪 0115 民初 69945 号民事判决书。

② 刘燕：《会计法》（第二版），北京大学出版社 2009 年版，第 274 页。

③ 深圳市中级人民法院在（2019）粤 03 民终 3267 号民事判决书。

内地与香港证券执法管辖权问题探析

■ 李秋霞*

摘要：随着内地与香港资本市场双向开放的进一步扩大，特别是沪深港通相继推出、存托凭证试点先行，跨区域证券违法行为也渐趋增多。这类不法行为可能同时违反两地证券法律，两地证券监管机构均有权采取执法行动，进而引起执法管辖权竞合。如缺乏必要的管辖协调机制，可能出现竞争性执法或执法真空等问题。本文将阐述内地与香港证券执法管辖权的属性与边界，分析管辖权竞合的表现与影响，并借鉴境外相关经验，探讨两地证券执法管辖权问题的解决路径。

关键词：行政管辖权　区际管辖竞合　跨境证券违法　执法合作

近年来，内地和香港资本市场双向开放进一步扩大，互联互通程度不断深化。特别是，随着2014年、2016年沪港通、深港通相继启动，2018年存托凭证试点推出，两地资本市场之间的联系日益紧密，发行人、投资者、金融产品及服务等金融要素的跨境流动愈加频繁。与此同时，跨区域违法违规行为也呈现日渐增多的趋势，如通过沪港通实施跨境操纵和内幕交易、中介机构违规提供跨境中介服务等。由于相关违法主体、行为和结果等要件分处两地，中国证监会与香港证监会基于各自证券法律规则，可能均有权对该特定违法行为启动行政调查并作出后续处罚，即同时享有执法管辖权。随着新修订的《中华人民共和国证券法》（2020年3月1日实施，以下简称新《证券法》）正式施行，内地证券监管域外管辖权得以明确，上述执法管辖竞合的情况将愈加普遍。对于跨境证券违法行为，中国证监会与香港证监会在何情形下享有执法管辖权？执法管辖权发生竞合时可能会产生何种影响或问题？如何协调解决这些问题？这都值得进一步研究和探讨。

一、从沪港通项下首例跨境市场操纵案说起

2017年3月，唐某因控制本人及他人在香港券商开立的证券账户，通过沪股通操纵内地

* 李秋霞，任职于中国证监会稽查总队。

"小商品城"股票价格，受到中国证监会行政处罚。这是沪港通项下首例跨境市场操纵案，对该案的处理引起了市场和社会的高度关注。当事人在行政处罚听证会上辩称，本案违法行为发生地在香港，中国证监会没有管辖权。对此，中国证监会在行政处罚决定书中回应，唐某通过股票交易系统对在上海证券交易所上市交易的股票实施操纵行为，证监会对该违法行为有合法的管辖权。① 事实上，由于唐某下单交易地点在香港，依据香港证券法律，香港证监会对其操纵行为同样拥有管辖权。中国证监会与香港证监会依法有权对唐某的市场操纵行为予以管辖，这本质上是区际证券执法管辖权竞合的问题。上述问题的出现，主要涉及三方面因素。

一是平行法域下的证券法律冲突。在"一国两制"下，香港作为特别行政区享有立法权、行政权、独立的司法权和终审权，并成为与内地相互平行的独立法域。一方面，香港保留了原有普通法传统，除非与《中华人民共和国香港特别行政区基本法》（以下简称《基本法》）相抵触或香港立法机关作出修改，原有普通法、衡平法和习惯法继续有效。② 另一方面，香港有权自行制定法律，全国性法律除了《基本法》附件三所列法律（主要与国防外交相关），均不在香港适用。③ 在证券监管领域，内地《证券法》不适用于香港，香港有专门针对本地证券市场监管的《证券及期货条例》（*the Securities and Futures Ordinance*，SFO），并且沿用判例法的相关规则原则。内地与香港证券法律分别确立了各自的适用范围和管辖原则，且两者之间存在竞合与交叉，这是实践中出现区际证券执法管辖竞合的前提条件。

二是资本市场双向开放下的金融要素跨境流动。近年来，内地与香港资本市场双向开放的广度和深度不断拓展。发行上市环节，1993 年 H 股推出后，内地注册企业陆续赴香港上市开展境外融资，特别是 2017 年 H 股全流通试点启动，内资股也可以进入香港股票市场。交易环节，在原有 B 股、QFII 和 RQFII 基础上，沪港通、深港通相继启动，两地投资者可以在本地交易所直接交易对方市场挂牌股票，真正实现了两地股票市场互联互通。中介服务环节，越来越多的证券中介机构开始跨区域设立子公司，充分发挥两地持牌优势提供跨境中介服务。发行人、投资者、产品和服务等金融要素的跨境流动进一步加强，意味着相应的投融资行为不再局限于单一市场，那么与此相关的不当行为就可能出现因构成要件割裂而同时触犯两地证券法律的情况。

三是市场运行规则与监管安排差异下的跨境违法动机。尽管国际范围内的证券交易体制与监管标准逐步趋同，但由于历史发展及社会文化等原因，内地与香港无论在证券发行交易机制，还是在具体监管规则上都存在一定差异。例如关于主板上市的盈利条件，内地要求拟上市公司具备持续经营能力，而香港则对累计盈利有要求；又如交易监察体制，内地实行看穿式交易监

① 参见中国证监会行政处罚决定书（〔2017〕21 号）。

② 参见《中华人民共和国香港特别行政区基本法》（以下注释为《基本法》）第八条。

③ 参见《基本法》第十八条。

管，而香港受限于多级存管账户体系而无法直接穿透最终的交易主体。不法主体滥用这种差异化安排，实施跨区域证券违法行为，以实现监管套利。这类跨境违法行为对两地市场秩序、投资者利益都会造成损害，并为两地证券法律所禁止，由此可能引起两地证监会的执法管辖竞合。

二、 内地与香港证券执法管辖权的属性与边界

（一）属性探究

中国证监会作为国务院直属事业单位，属于行政机关，执行《证券法》等证券期货监管法律，有权对证券违法案件开展行政调查，并经内部行政处罚委员会审理后直接对违法行为人作出行政处罚。但对于涉及刑事犯罪的案件，中国证监会没有刑事检控权，必须移送公安机关处理。而香港证监会则是依据 SFO 设立的、独立于特区政府的法定机构，尽管不属于行政机关，但其根据 SFO 的授权对香港证券期货市场实施监管，本质上也是在行使执行区域性法律、管理区域资本市场及相关活动的行政职能。在证券违法案件的处理上，香港证监会的执法手段相对多样，可结合案件类型、违法程度等因素选择纪律处分、提交市场失当行为审裁处（Market Misconduct Tribunal，MMT）审理或直接提起司法诉讼。[①] 如案件涉及在香港证监会注册执业的中介机构或从业人员违规，则香港证监会有权直接作出罚款、暂停或注销牌照等纪律处分；如涉嫌内幕交易、操纵证券价格等市场失当行为，则香港证监会可在 MMT 启动研讯程序，MMT 经审理后对违法行为人作出没收违法所得、禁止证券交易、禁止担任上市公司高管等处罚；如案件构成 SFO 规定的可循简易程序定罪的证券犯罪，则香港证监会有权直接向地区裁判法院提起刑事诉讼。[②] 此外，如涉及投资者权益受损及赔偿的，香港证监会还可以向高等法院原讼法庭提起民事诉讼，申请赔偿令或追究上市公司高管违反信托义务的民事责任。[③]

由此可见，内地和香港证监会都是承担行政监管职能的机构，其对证券违法案件的调查和处罚属于行政执法权。即便是独立于香港证监会之外的 MMT，其对证券违法案件的研讯和审判也属于行政程序，[④] 与内地行政处罚程序的区别在于审理部门是独立于证监会之外的专门机构。香港证监会对证券违法案件开展调查，并将案件提交 MMT 审理，整体而言也是在行使证券监管的行政执法权。因此，两地证监会在证券领域的执法管辖竞合应为行政管辖权的竞合。尽管香港证监会行使刑事检控权以及后续香港法院对相关民事或刑事案件进行审判，属于司法管辖权的

---

① MMT 是香港审理证券违法案件的专门法庭，其审理范围仅限于 SFO 第 245 条规定的六种市场失当行为，包括内幕交易、虚假交易、操控价格、披露关于受禁交易的资料、披露虚假或具误导性的资料以诱使他人交易、操纵证券市场。

② 参见《证券及期货条例》（以下注释为 SFO）第 303 条、第 388 条。

③ 参见 SFO 第 213 条、第 214 条。

④ 参见 Luk Ka Cheung v. The Market Misconduct Tribunal and The Financial Secretary（HCAL 49/2008）。

范畴，但由于中国证监会不具有直接诉权，两地证监会的证券执法并不存在司法管辖层面的竞合。

（二）边界厘定

1. 中国证监会执法管辖范围。根据2014年修正的《证券法》（以下简称2014年《证券法》）第二条，旧法采取属地原则，仅适用于在境内发行和交易的股票、公司债券等证券品种及相关投融资活动。[①] 而新《证券法》第二条则扩大了适用的证券品种范围，将新三板上市交易的股权、存托凭证等纳入调整，同时新增了域外管辖原则，明确在同时满足"扰乱境内市场秩序"和"损害境内投资者合法利益"两项条件下，境外证券的发行和交易同样受新法约束。[②] 这一调整正是为了适应当前资本市场国际化带来的新形势、新业态，在境外资本大举流入的同时，境内投资者可以通过更多渠道参与境外证券产品的投资，但由于信息不对称等原因可能会遭遇欺诈或利益受损，急需法律给予必要保护。境外不少国家和地区的证券法律早已立足于当地投资者保护和市场秩序维护确立了域外管辖权。但考虑到域外管辖可能牵涉国际或区际管辖权竞合问题，适用时应严格谨慎，加之从立法目的出发，境内证券的发行交易与本地市场发展、投资者保护之间的联系更为直接和紧密，因此新《证券法》的效力范围宜以域内管辖为原则，域外管辖为例外。

据此，中国证监会有权调查处罚的案件范围一般为与境内证券发行和交易相关的违法违规活动，包括以境内证券为标的的内幕交易、操纵市场和信息披露违法违规等。但是，如以境外证券为标的的违法活动对内地资本市场秩序、投资者利益造成消极影响时，中国证监会也有权进行查处。

2. 香港证监会执法管辖范围。虽然SFO未单列适用范围条款，但结合普通法有关法律效力的原则及SFO关于证券违法行为的具体规定，可以基本厘清香港证监会的执法管辖范围。

法律"无域外效力推定"是普通法上的一项基本原则，即除非有明确规定，法律仅适用于在其制定国或地区进行的活动或发生的违法行为。正如里德大法官曾在Treacy v. DPP案判决中写道："当国会在适用于英格兰的法律中创设违法行为罚则时，它从未想过要将相关规定适用于在英格兰以外的国家发生的行为，这一推定长期以来得到了广泛认同……立法者深知这一推定，因此如立法者有意将某一法律或该法律中的部分规定适用于在英格兰以外的地方发生的行为，那么这一立法意图必须在法律中予以明确。"[③] 依据这一原则，SFO规制的证券违法行为原则上

---

① 参见2014年《证券法》第二条。

② 参见新《证券法》第二条。

③ Treacy v. DPP [1971] AC 537 at 551F－H，转引自Securities and Futures Commission v. Young Bik Fung and Others (HCMP 2575/2010)。

限于与香港证券发行交易相关的、影响香港证券市场的行为，但有明确规定可予域外管辖的除外。SFO相关例外规定主要见于操纵市场和证券欺诈。

(1) 操纵市场。SFO第二百七十五条、第二百七十八条规定，在香港或香港以外的地方操纵香港股票，或在香港操纵境外市场交易的股票，均构成操纵证券价格或证券市场，香港证监会有权对相关案件进行调查。[①] SFO明确将操纵境外股票的行为纳入规制范围，主要是为了防止不法分子逃避监管，滥用香港开放式交易体系操纵国际市场，从而避免香港成为违法犯罪基地，维护香港国际金融中心地位。

(2) 证券欺诈。SFO第三百条规定“任何人不得在涉及证券、期货合约或杠杆式外汇交易的交易中：(a) 意图欺诈或诈骗而直接或间接使用任何手段、计划或计谋；(b) 直接或间接从事任何具欺诈或欺骗性质或会产生欺诈或欺骗效果的作为、做法或业务”。该条规制的重点是与证券交易直接或间接相关的欺诈行为，并未将涉案“证券”的范围限定在香港市场发行交易的证券。

在2016年香港高等法院审理的一起案件中，香港渣打银行法律部员工在经办项目时获悉香港渣打银行将收购台湾上市公司新竹银行，随后违反保密义务向其男友泄露了该内幕信息，后者在收购事项公告前低价买入大量新竹银行股票并因此获利，法院认定该名法律部员工泄露内幕信息、协助其男友滥用内幕信息买入新竹银行股票的行为违反了对渣打银行的信义义务，其后续接受香港渣打银行收购要约也构成对渣打银行的欺诈，继而触犯SFO第300条。[②] 尽管主审法官在判决中指出，香港有权机构基于欺诈行为发生在香港对案件实施管辖，不属于域外管辖，但从实际效果看，该判例为香港证监会查处涉及境外证券的内幕交易行为提供了法律武器。

三、 内地与香港证券执法管辖权竞合的表现与影响

(一) 具体表现

从相关证券法律规定及案例看，两地证监会的执法管辖竞合主要表现在证券发行上市、交易及中介服务三个层面。

1. 两地上市公司信息披露违法。两地上市公司包括A+H股上市公司以及在内地发行存托凭证的香港上市公司。前者指既在沪深证券交易所上市，又在港交所上市的公司，目前已有123家内地注册公司实现A+H股上市；[③] 后者指在香港上市的公司，以其香港上市股票为基础证券

① 参见SFO第275条、第278条。

② 参见Securities and Futures Commission v，Young Bik Fung and Others (CACV 33/2016)。

③ 参见网易财经网统计数据，资料来源：http：//quotes. money. 163. com/old/# query = ah&DataType = realtimeAH&sort = AH. A_PERCENT&order = desc&count = 25&page = 0，2020年12月10日访问。

在内地发行存托凭证（以下简称存托凭证发行人）。

内地《证券法》《上市公司信息披露管理办法》《存托凭证发行与交易管理办法》（以下简称《存托凭证办法》）以及SFO、《香港联合交易所有限公司证券上市规则》（以下简称《港交所证券上市规则》）等监管规定均针对本地上市公司、存托凭证发行人在发行上市及后续挂牌交易阶段的信息披露作出要求。一方面，两地信息披露要求基本趋同，披露形式上均涵盖年报、半年报等定期报告和重大事件临时报告，披露内容主要涉及与发行人财务经营状况密切相关的信息；另一方面，根据《港交所证券上市规则》有关海外发行人的特别规定，A+H股发行人必须在香港同步披露其在A股市场公告的任何资料，[①] 而新《证券法》也明确了境内外同步披露要求。[②] 这意味着两地上市公司必须同时遵守内地和香港的信息披露法律规范。

对于未按规定披露信息、披露的信息存在虚假记载、误导性陈述或重大遗漏等信息披露违法行为，内地《证券法》规定了行政罚款责任。[③] SFO则将信息披露违法行为分为未按规定披露内幕信息、向证监会提供虚假或具误导性资料、披露虚假或具误导性资料以诱导公众投资者进行相关证券交易三类，针对第一类和第三类违法行为，授权香港证监会在MMT提起研讯程序，针对第二类违法行为则规定了刑事责任条款。[④] 两地上市公司如存在财务数据造假、未披露关联交易等问题，则可能同时违反内地《证券法》和SFO等法律有关信息披露的规定。对于A股市场及存托凭证信息披露违规部分，中国证监会经调查审理后可直接作出行政处罚；对于港股市场信息披露违规部分，香港证监会经调查后可移交MMT审理或提起刑事诉讼。

2. 利用跨境交易渠道内幕交易及操纵市场。由于两地证券账户体系与市场监察机制存在差异，不法分子通过开立或控制境外股票账户，实施跨境操纵、内幕交易等交易型违法行为，企图实现监管套利。在证券账户体系上，内地实行集中统一的证券账户管理制度，中国结算统一为投资者开立证券账户，并通过“一码通”识别和关联同一投资者在不同交易市场、针对不同交易品种开立的证券账户；香港则采用多级存管模式，投资者在券商等持牌机构开立证券账户后，持牌机构再以系统参与者名义在香港结算开立账户，且可能存在多层嵌套的情形，如投资者在A券商开立证券账户，A券商又在B券商开立证券账户，再通过B券商在香港交易所的席位下单交易。在股票市场监察机制上，内地实行看穿式监管，沪深交易所在日常监察过程中能够直接锁定股票账户名义持有人；香港则是非看穿式监管，无论是香港交易所还是香港证监会，通过其监察系统只能看到异常交易的经纪商，却无法直接识别经纪商背后的投资者。尽管2018年9月26

① 参见《港交所证券上市规则》第13.10B条。
② 参见新《证券法》第七十八条第三款。
③ 参见新《证券法》第一百九十七条。
④ 参见SFO第307条、第384条、第277条、第298条。

日港交所正式推出北向投资者识别码制度，要求交易所参与者为每个北向交易客户编派券商客户编码，并向交易所提供客户识别信息，但由于针对特定投资者的券商编码并非唯一，且在代理交易中往往无法穿透到最后的散户投资者，因此沪股通和深股通交易监察仍未实现完全看穿。[①]如违法行为人在多个香港经纪商开立证券账户或控制多个证券账户，再通过沪股通、深股通交易 A 股股票，那么交易所发现异常交易和锁定可疑账户的难度都会增加。也正是在这种规避监管的利益驱动下，跨境交易违法行为有所抬头。

互联互通机制下的跨境交易违法行为主要有两种：一是跨境内幕交易，即行为人获悉一地上市公司股票的内幕信息后，通过在另一地开立或控制的证券账户交易该上市公司股票；二是跨境操纵市场，即行为人通过在一地开立或控制的证券账户，以连续、对倒交易等方式，影响另一地证券交易价格或交易量。至今已出现一例利用沪深港通实施的跨境内幕交易和两例跨境市场操纵。在首例跨境内幕交易案中，沪市上市公司中远海控收购港股上市公司东方海外，桑某作为中远海控财务顾问瑞银证券的高管，利用职务便利获悉前述内幕信息后将信息泄露给王某和陈某，后者利用本人开立及实际控制的他人港股通账户提前买入“东方海外”股票。该案并未进入行政处罚程序，而是直接移送刑事处理，2019 年 6 月 21 日，上海市第一中级人民院认定桑某构成内幕交易、泄露内幕信息罪，王某和陈某构成内幕交易罪。[②] 而跨境市场操纵案例除了前述唐某操纵“小商品城”案外，2015 年 12 月至 2016 年 7 月，内地私募基金公司从业人员，集中资管产品筹集资金，在香港开立沪股通证券账户，配合内地 A 股账户操纵“菲达环保”等 3 只沪市股票，也受到中国证监会行政处罚。[③]

根据资金流向，跨境内幕交易和市场操纵呈现两类情形：一是在内地开立港股通账户，实施与港股交易相关的违法行为；二是在香港开立沪股通或深股通账户，实施与 A 股交易相关的违法行为。就第一种情形，新《证券法》实施前，由于缺乏域外管辖的法律授权，通过港股通实施的以港股为标的的内幕交易和操纵行为并不在中国证监会执法管辖范围内。新《证券法》实施后，中国证监会能否对这类违法行为实施管辖，取决于相关行为是否对内地市场秩序和投资

---

① “香港交易所更改推出沪深港通北向交易投资者识别码模式日期”，资料来源：https://sc. hkex. com. hk/TuniS/www. hkex. com. hk/News/News-Release/2018/180914news? sc_lang=zh-HK，2020 年 3 月 20 日访问；“香港交易所刊发沪深港通北向交易投资者识别码模式资料文件”，资料来源：https://www. hkex. com. hk/-/media/HKEX-Market/Mutual-Market/Stock-Connect/Reference-Materials/Northbound-Investor-ID-Model/NB-Investor-ID-Information-Paper-Chi. pdf? la=zh-HK，2020 年 3 月 20 日访问。

② “首例涉‘港股通’内幕交易案一审宣判”，资料来源：https://baijiahao. baidu. com/s? id=1636867679995102830&wfr=spider&for=pc，2020 年 4 月 10 日访问；“首例涉‘港股通’内幕交易案宣判：罚金 2.5 亿，最高实刑 9 年”，资料来源：https://baijiahao. baidu. com/s? id=1636949296156859429&wfr=spider&for=pc，2020 年 4 月 10 日访问。

③ 参见中国证监会行政处罚决定书（〔2019〕125 号）。

者利益造成不当影响。笔者认为，通过港股通实施内幕交易，对于通过港股通或在香港直接开户交易港股的内地投资者而言，本质上都是滥用信息优势，侵犯内地投资者的平等知情权，而通过港股通实施操纵，则是人为影响股票交易量、扭曲股票价格，对参与港股投资的内地投资者造成误导，两者均扰乱了跨境交易秩序，因此中国证监会有权对这类违法行为进行查处。就第二种情形而言，针对通过沪股通或深股通操纵 A 股的行为，由于 SFO 明确赋予了香港证监会在查处跨境操纵上的域外管辖权，只要操纵行为发生在香港，香港证监会就有权进行查处；针对相应的内幕交易行为，香港证监会也可以基于泄露或滥用内幕信息等欺诈行为发生在香港这一事实进行管辖。因此，在上述两种情形下都可能出现证券执法管辖权竞合。

需注意的是，首例跨境内幕交易案涉及港股，为何内地对此拥有刑事司法管辖权？笔者认为，上海一中院对该案有关内幕交易港股的认定值得推敲。依据《中华人民共和国刑法》（以下简称《刑法》）属地管辖原则，只要犯罪行为或结果处于我国境内即可适用《刑法》,① 但具体到内幕交易犯罪，其解释适用同时受制于证券法律框架。一方面，《刑法》明确规定“内幕信息”和“知情人员”须依照法律、行政法规确定,② 换言之内幕交易犯罪的核心要件须在《证券法》等规则体系内解释；另一方面，证券相关的行政违法和刑事犯罪应该是一体两面的，本质上就是针对特定违法行为，依据其违法情节、严重程度采取层进的惩戒手段，《刑法》和《证券法》在具体违法要件上的解释联动也符合法律体系性要求。因此，内幕交易犯罪的行为客体也应为境内证券，“东方海外”内幕交易相关违法事实不宜纳入内地司法审查范围。但随着新《证券法》的实施，日后类似案件也将纳入刑事司法管辖范畴。

3. 中介机构违规提供跨境证券中介服务。在任何市场，金融业均实行严格的市场准入制度，从事证券经营活动必须取得当地证券监管机构颁发的执业牌照。然而，有报道称，个别香港证券持牌机构借助互联网平台等方式，在内地招揽客户并为其提供港股经纪服务。③ 这些香港持牌机构有的在内地设立子公司，专门负责业务推广、办理港股开户线下见证以及提供港股下单网络通道；有的开发并上线港股交易网站，内地投资者可直接进入该平台买卖港股；有的甚至利用其取得内地证券牌照的母公司获取客户资源，间接为母公司客户提供港股经纪服务。理论上，这类中介服务行为既未取得中国证监会的批准，也不符合香港证监会持牌规范，可能违反两地证券

① 参见《刑法》第六条。

② 参见《刑法》第一百八十条。

③ 参见“香港证监会调查中小券商内地揽客”，资料来源：https：//finance. qq. com/a/20100409/000023. htm，2020 年 3 月 1 日访问；另参见“香港证监会放宽券商招揽内地客户规定”，资料来源：http：//money. 163. com/13/1118/01/9DU5MSJD00253B0H. html#from = keyscan，2020 年 3 月 1 日访问；另参见“香港券商打响抢客战‘零佣金’狂揽内地股民”，资料来源：http：//stock. 10jqka. com. cn/hks/20150608/c573381378. shtml，2020 年 3 月 1 日访问。

法律。

根据新《证券法》，未经批准非法经营证券业务的，由证券监管机构予以取缔，并处没收违法所得及行政罚款。① 香港持牌机构未经中国证监会批准为内地投资者提供港股经纪服务的行为，可能构成非法经营证券业务，中国证监会有权开展调查。并且，香港证监会《持牌人或注册人操守准则》第12.1条规定“持牌人或注册人应遵守、实施及维持适当的措施，以确保有关的法例、证监会所执行或发出的规则、规例及守则、其所属的或其参与的任何交易所或结算所的规则及适用于该持牌人或注册人的任何监管当局的规定获得遵守”。② 香港持牌机构在内地从事证券经纪业务必须符合内地的监管规范，其未经中国证监会批准招揽内地投资者的行为违反了上述持牌准则，香港证监会有权对该“失当行为”作出纪律处分。③

（二）利弊分析

在执法管辖权竞合的情况下，内地和香港证监会有权对特定跨境违法违规行为同时予以管辖，并采取相应的执法行动。这对有效打击跨境违法违规行为具有积极意义。一方面，两地证监会可以在法定授权下充分发挥各自优势，在调查过程中相互协作，实现信息联通和证据共享。在前述唐某跨境操纵案中，香港证监会对唐某同期操纵两只港股的行为启动立案调查，并对唐某居所进行了搜查，后将搜查中涉及唐某跨境操纵A股的证据材料提供给中国证监会，④ 这对中国证监会成功查处该案提供了有力支持。另一方面，两地证监会对违法行为人作出处罚，可以形成双重震慑，抑制跨境违法违规行为的生存空间。特别地，两地证监会在后续处罚权限、种类和方式上的差异，恰恰可以实现惩戒措施的互补。

然而，如缺乏必要的管辖协调机制，证券执法管辖权竞合可能会引发一定的问题。一是积极竞合下的竞争性执法问题。监管机构可能会为了争夺案件管辖权和抢先处罚，分别立案，各自调查。在跨境违法违规案件中，涉案人员和证据资料可能分处两地，任何一方在调查阶段都可能发现案件关键信息或突破口。如监管机构之间存在竞争性执法，且缺乏必要的信息交流和证据共享，这不仅会影响案件查处进度，还可能导致执法资源的浪费。此外，当案件进入后续处罚阶段，如两地监管机构对同一违法行为作出同类型处罚（没收违法所得、罚款等），则对当事人而言可能是实质性的一事二罚。二是消极监管下的执法真空问题。如监管机构均以自身不便管辖、对方拥有管辖权为由放弃管辖或相互推诿，就可能出现无人管辖、放任违法的现象。如此一来，跨境违法违规就真正成为监管洼地和不法分子的避风港，这对两地市场秩序和投资者权益都会

① 参见新《证券法》第二百零二条。

② 香港证监会《持牌人或注册人操守准则》第12.1条。

③ 参见SFO第193条、第194条。

④ 参见Tang Hanbo v. The Securities And Futures Commission (HCAL 229/2016)。

造成损害。

因此，两地证券监管机构之间有必要形成有效的证券执法管辖协调机制，在防止竞争性执法和执法真空问题的同时，最大限度地发挥各自执法优势，共同打击跨境违法违规行为。观察国际上协调证券执法管辖的做法，加拿大的经验值得研究借鉴。

四、 加拿大区际证券执法管辖协调的经验借鉴

（一）加拿大证券监管体系

加拿大未设立联邦层面的证券监管机构，也没有统一的证券法，证券监管工作由各省和地区具体落实。因此，加拿大有13家（10个省和3个地区）证券监管机构，各省和地区分别制定和执行适用于本辖区的证券法律和监管规则。

为了协调和促进加拿大证券监管体系的统一，各省和地区证券监管机构联合组建了加拿大证券管理局（Canada Securities Administrators，CSA）。CSA负责组织各辖区监管机构共同研究在证券监管中面临的共性问题，并推动制定在全国普遍适用的监管规则，但CSA为自愿性组织，其订立的规则制度对成员不具有强制约束力。

（二）区际证券执法管辖协调

由于加拿大各省和地区适用各自的证券法律，因此，当出现跨省区的证券违法案件时，多个辖区证券监管机构可能对相关案件都有执法管辖权。对此，加拿大采取以主监管机构管辖为主、平行调查或联合调查为辅的模式。

一是如违法行为涉及具体上市公司或持牌人，则通常由主监管机构进行调查并处罚。主监管机构一般根据上市公司总部所在地、持牌个人办公地、持牌机构主营地等确定，对上市公司及持牌人承担主要监管职责。因此，即使涉案上市公司可能对多个监管机构负有信息报送及披露义务，一旦发生涉及上市公司或持牌人的违法行为（如操纵上市公司股票等），往往由主监管机构开展相关执法调查。2004年，除安大略证监会外，其他省份和地区的监管机构均签署了《省/地区证券监管谅解备忘录》，其第5.6条规定，辖区监管机构收到违法行为举报时，应将举报及初步排查的文件移交主监管机构作进一步调查处理。但这并不完全排除其他监管机构的管辖，收到举报的监管机构出于保护公众利益需要，也可以自行启动调查。①

二是如案件未涉及具体上市公司或持牌人，或违法行为人、受害人分处多地，则可能启动平行调查或组织联合调查。对于涉及多地违法的案件，CSA下设专门的执法委员会定期讨论是否有

---

① 参见《省/地区证券监管谅解备忘录》（A Provincial/Territorial Memorandum of Understanding Regarding Securities Regulation），资料来源：https：//www. securities - administrators. ca/uploadedFiles/General/pdfs/2004_0930_mou_english. pdf，2020年3月14日访问。

必要就此类案件组织联合调查，案件涉及的监管机构有时会抽调各自执法人员共同调查并搜集证据材料。但在多数情况下，为了使案件调查更充分彻底，相关辖区监管机构会各自开展调查，并通过紧密有效的执法合作提高整体执法效能，节约执法资源。一方面，加强调查阶段的证据共享。如安大略证监会有权在调查令上增加加拿大其他监管机构的名字，并将由此强制取得的文件资料和证人证言直接提供给调查令上列明的其他监管机构。① 另一方面，建立行政处罚互认机制。目前，亚伯塔、新不伦瑞克、新斯科舍和魁北克四省已通过立法正式确立证券行政处罚自动互认机制，即加拿大证券监管机构对特定违法主体作出的行政处罚或施加的条件限制，在上述四省份自动生效。② 安大略则实行有限的处罚互认制度，对于加拿大其他证券监管机构作出的处罚决定，安大略证监会如认为违法行为人在原辖区的听证权已获得保障，而该个人已被境外监管机构认定违反相关证券法律，或已与境外监管机构达成和解，并且发出互认令是出于维护公共利益考虑，可以批准互认令。③ 通过这种行政处罚互认，一地证券监管机构可直接根据其他监管机构的调查结论对违法主体施以惩戒，达到共同震慑的效果。

五、 内地与香港证券执法管辖权问题的解决路径

在两地证券法律制度差异长期共存的情况下，内地与香港证监会对于跨区域证券违法行为的执法管辖竞合难以避免。为有效惩戒和震慑这类跨境违法行为，在压缩监管套利空间的同时避免重复执法，有必要探索协调两地证券执法管辖权的有效路径。立足于现有法律制度，结合两地证券执法现状和加拿大相关经验，在此提出几点思路建议。

（一）探索证券行政执法管辖权协调机制，依据适当原则确定主管辖方

可综合考虑违法行为人所在地、受害人所在地、违法行为发生地、违法结果发生地和主要证据所在地等因素，从方便管辖及有利于调查的原则出发对执法管辖权进行分配，确定由主管辖方负责跨区域案件的调查及处罚，主管辖方可通过跨境执法合作机制请求对方协助。尽管现行法律对行政执法管辖权的放弃和让渡未作明确规定，但鉴于国际刑事司法协助中已有“刑事诉讼移转”的先例，且内地与香港证券执法管辖权本质上是区际执法管辖竞合，在相关问题的处理上可考虑采取更为灵活的安排。

（二）在平行调查基础上相互配合，推动后续行政处罚相互承认与执行

如前文所述，根据既定原则或通过双方协商确定案件由一方管辖的方式可能尚不成熟，现阶段对于跨区域证券违法案件，双方仍须依照各自证券法律启动调查，但可以通过加强双方执

---

① Securities Act, R. S. O. 1990, c. s. 5, &11 (5) (b).

② 参见 CSA《2016 年执法年报》，资料来源：http://www.csasanctions.ca/，2020 年 3 月 14 日访问。

③ Securities Act, R. S. O. 1990, c. s. 5, &127 (10).

法合作优化整体执法效果。一是可考虑以一方为主、另一方配合的协作模式，根据主场原则等确立主导方，组织案件调查工作，另一方则主要提供协助和支持。二是实现及时充分的证据共享，如建立信息交换快速通道、相互派员现场查阅资料等。三是探究两地行政处罚互认与执行，特别是对于没收违法所得、罚款等财产罚，如违法行为人主要财产位于对方辖区内，则通过另一方代为冻结财产及执行罚没才能使处罚真正落地。

（三）建立联合调查机制，实现两地证券执法优势互补

两地证监会在执法权能上有所差别，例如在搜查权和调取通信记录方面，香港证监会更有优势。但行政执法权的行使需有明确的法律授权，中国证监会执法人员必须具备行政执法证件，香港证监会执法人员则必须为其雇员。现阶段可考虑从两地证监会抽调执法人员，就特定跨区域案件组建联合调查队伍，共同制订调查方案和计划，在现场调查过程中有限参与主场方的调查工作，如由主场方执法人员进行询问，另一方执法人员可旁听并提示补充问题。日后可进一步研究跨境执法的可行性，如经特别授权，联合调查队伍可以在主场方组织下共同执法。

卖空监管的法理逻辑与未来进路

——以游戏驿站（GME）事件为视角

■齐　萌　徐承志*

摘要：游戏驿站（GME）事件因机构投资者对于GME公司股票的重度卖空而起，多空博弈引发股票价格异常波动及投资者损失。这一事件反映出美国证监会（SEC）制定的SHO规则在执行中存在漏洞，导致针对GME股票的卖空头寸过高和风险积聚。就美国SHO规则与国际证监会组织（IOSCO）及欧盟SSR规则对比来看，卖空交易的监管逻思路整体较为趋同，既充分肯定了卖空交易对于市场的价值，并强调信息披露、约束裸卖空等，也存在监管强度上的差异。审视我国卖空交易制度，主管部门作出了集中授信加交易前端控制的强监管安排，可有效防止卖空头寸失控和交割失败，应予坚持。在此基础上，应考虑扩大卖空交易证券范围，激发市场活力；完善信息披露，维护交易公平，减少市场操纵；并可以考虑调整卖空价格限制方式，以及引入特定情景下的断路器规则，以维护证券市场稳定运行。

关键词：游戏驿站（GME）　卖空头寸　信息披露　风险控制

卖空交易，是投资者卖出并非自身所持有证券牟利的一种交易方式。② 如果卖空方预判某只证券价格会下跌，可先借入证券在高价位卖出，待证券价格下跌后再低价买进并还券，赚取价差。③ 国际证监会组织（IOSCO）认为，尽管各国对于卖空交易定义各不相同，但卖空具有两个

---

* 齐萌，上海政法学院国际法学院副教授；徐承志，上海财经大学法学院博士研究生。本文为国家社科基金2019年度项目《公司债券违约市场化处置机制研究》阶段性成果。

② 卖空包括以下流程：卖空方（投资者甲）判断某只证券S价格将要下降。甲与出借方乙签订借入证券合同，借入这只证券，借贷费用为C，获得使用相应证券的权利，并约定在一定期限后偿还证券。甲将从乙处借入的证券对外卖出给丙，获得对价A。卖出证券后，在其后的交割日甲将借入的证券交割给丙。后续，甲希望根据其预料的那样证券价格开始下降，然后以更低的价格B买回证券还给乙了结证券借贷。在整个交易中，投资者甲将获得A－B－C收益。理论上，价格下跌越多，A－B的差额越大，投资者甲获得的收益越大。

③ 投资者也可以通过期货/期权市场进行卖空交易，在标的证券价格下跌时以实物交割或者现金交割的方式获得收益。本文关注证券现货市场典型卖空交易，故期货/期权市场卖空交易模式不作详述。

共同特征：（1）证券出售；（2）卖方在出售时不拥有该证券。①

2021年初，游戏驿站（GME）事件因机构投资者对于纽交所上市公司GME股票的做空而起，引发散户的逼空，前后持续一个多月。事件过程中，GME公司股价从20多美元暴涨至466美元，后一路下跌到100多美元，② 引发了证券市场广泛关注。这一事件涉及社交媒体对于投资行为的影响、个人投资者聚集交易、做空交易带来风险敞口、证券经纪商限制交易合法性等诸多问题。本文则关注其中涉及的卖空交易监管，以GME事件为起点对于美国、欧盟等地卖空监管规则进行研究；并结合境外卖空监管的发展趋势，基于我国卖空交易业务实践，对于相关规则进行分析评述并提出完善建议。

一、 美国故事：GME事件中的卖空监管问题

（一）故事背景：SHO规则及其演进

美国对于卖空监管始于1938年。2005年1月，美国证监会（SEC）颁布SHO规则对于卖空进行系统规制。此后，SHO规则经历了数次修改，主要是减少规则适用的例外情形，加强交易控制和卖空价格限制。2008年国际金融危机发生后，SEC采取了临时性的204T条款，并在2009年确定为最终的204条款，旨在明确卖空交割失败后的补券安排，减少交割失败对于市场的冲击。2010年，SEC在SHO规则中又加入了201条款，主要限制交易价格，防止特殊情况下持续的市场操纵和滥用卖空造成证券价格进一步下降。③

经历前述修改之后，SHO规则主要包括以下内容：一是200规则，即标记要求。投资者向经纪商下单卖出时必须标明卖出申报是普通卖出申报（long），还是卖空申报（short），抑或是豁免申报（short exempt）。二是201规则，即断路器价格测试规则。当证券价格在当日跌幅超过10%时，触发断路器价格测试规则，当天以及第二个交易日所有卖空申报的价格将受到限制。交易平台必须确认卖空申报价格经过相关测试之后，即申报价格不低于最新成交价，才能执行撮合交易。三是203（b）规则，即“定位”（location）要求。投资者的经纪商在执行卖空申报及卖空交易时，需要有充分的理由明确后续交割环节，投资者可以借到相应证券进行交割。此处的

---

① IOSCO：Regulation of short selling，资料来源：https：//www. iosco. org/library/pubdocs/pdf/IOSCOPD292. pdf，2021年7月25日访问。

② Wind数据显示，GME股票最高成交价483美元，2月底成交价为100美元。

③ Key Points About Regulation SHO，资料来源：https：//www. sec. gov/investor/pubs/regsho. htm，2021年7月25日访问。

“定位”，就是要求在卖空交易之前明确证券的来源，抑制裸卖空滥用。[①] 卖空方需要在卖出前“定位”证券，也对曾出现大量交付失败的经纪自营商强加了附加的交割要求。[②] 四是204规则，即强制交割。参与证券集中交割的经纪商在投资者出现证券交割违约的情况下，必须在一定期限内买入或借入证券以向买方以及买方对应的经纪商进行交割，防止交割失败对于买方及其经纪商带来的风险传导。可见，美国监管当局对于卖空监管较为宽松，没有完全禁止裸卖空，而是加强证券“定位”要求和强制交割来防范裸卖空造成的交割失败风险，并强调卖空标识信息披露，以及通过断路器价格测试规则来应对特殊情况下的个券异动。

（二）故事启示：GME事件暴露的监管漏洞

美国SHO规则自2010年以来整体维持稳定状态。新冠肺炎疫情以来，美国股市经历了较大波动,[③] 曾有市场呼声要求重启2008年国际金融危机时期禁止卖空的临时性措施。SEC作为主管部门并未采取行动，并在官方渠道表达了对于卖空交易价值的认可。[④]

2021年1月11日，GME公司发布利好消息，引发市场追捧和股价上涨。尽管如此，部分华尔街机构投资者并不看好这个线下游戏产品经销商的估值，开始实施针对GME的卖空操作。截至2021年1月26日，卖空方的空头头寸高达55.1亿美元，是GME流通市值的140%，[⑤] 处于重度卖空（heavy short）的状态。在此背景下，一些对手方开始在社交媒体上号召投资者买入GME股票抬升股价对抗华尔街空头。在反华尔街情绪的影响下，众多散户抱团买入GME股票，把股价抬升到2021年初价格的20多倍，造成了卖空方的重大损失。[⑥] 后续，严重虚高的GME股价在

---

① 按照卖空方在卖出证券时是否真实持有证券为区分，卖空分为有交收保障的卖空和没有交收保障的卖空。前者是指卖空方已经借入证券然后再将证券出售，可以确保向买方足额及时交割证券。后者也称裸卖空，是指卖空投资者还未借入证券即在市场上挂单出售，待需要交割时从市场上借入证券进行交割。这一交易机制下，容许卖出并不在手的证券理论上卖出数量将不受限制，可能造成市场上卖出申报大增，造成市场抛售假象，引起证券价格滑坡风险。此外，如果卖空方在交割时不能获得证券，或者无法在规定的时间借入证券，就会出现交割失败（fail to deliver）的情况。

② ［美］弗兰克·F. 法博齐、史蒂文·V. 曼编著：《证券金融——融资融券与回购协议》，宋光辉、李楠、田金华译，机械工业出版社2014年版，第148页。

③ Wind数据显示，道琼斯指数从2020年2月21日的29214.67点下跌至3月27日的18213.65点，跌幅超过1万点。纳斯达克指数从2020年2月21日的9691.95点一路下跌至3月27日的6631.42点，跌幅超过3000点。

④ 2020年3月30日，SEC主席杰伊·克莱顿（Jay Clayton）在接受CNBC采访时明确表示，不应该禁止卖空，这是正常运作的市场所需要的，市场需要能够做空。资料来源：https://www.cnbc.com/2020/03/30/sec-chairman-jay-clayton-short-selling-should-not-be-banned.html，2021年7月25日访问。

⑤ 黄世忠、李诗、于骁然：《游戏驿站股票现象的解析与启示——基于行为金融的视角》，载《财会月刊》2021年第5期。

⑥ 上海交通大学上海高级金融学院、上海交通大学中国金融研究院课题组：《游戏驿站GAMESTOP（GME）事件核心问题分析与评价》，资料来源：http://www.cafr.cn/Contents/images/Research/20210209040846.pdf，2021年7月25日访问。

高位并未持续太久后开始暴跌，许多原先高价买入 GME 股票的散户也遭遇巨大损失。① 整个事件前后持续一个多月时间，GME 公司股价经历了大幅波动，给全市场留下了一个“散户大战华尔街”的美国故事，也暴露了美国卖空交易监管存在的问题。

1. 借券“定位”约束失效。GME 股票卖空比例达 140%，市场上卖出的数量比 GME 现有股份多出了 40%，有些股票并不存在但是却被通过交易系统卖出。② 这表明，SHO201 规则关于证券需要被借入或者“定位”方可被卖空的要求未能有效执行，导致没有落实证券来源的裸卖空情形出现，严重影响市场的正常交易秩序。在美国国会举行的针对 GME 事件的听证会中，议员 Andy Barr 也提到这一问题，询问如何确保卖空的证券确实被借入或者已经“确定来源”了。后续交割方面，根据彭博数据库统计，有超过 100 万股 GME 股票出现了交付失败，意味着买方没有收到证券。根据 SEC 的数据，2021 年初，GME 股票交割失败的数量有明显跳升。③ 造成这一结果的原因多种多样，有一种可能是卖空方无法在交割环节前借入证券造成的交割失败。

2. 卖空头寸风控失位。如前文所述，卖空方的卖空头寸过高是引发散户大举买入进行逼空的导火索之一。华尔街机构投资者出现个体理性下的集体非理性过度卖空，最终被散户捉住机会逼空。根据统计，2021 年 1 月，在 GME 卖空交易中空方损失约 200 亿美元，大多为机构损失，其中对冲基金 Point72 损失 7.5 亿美元；对冲基金 Citadel 损失约 20 亿美元；对冲基金 Melvin Capital 的损失则为至少 40 亿美元。④ 这暴露了对冲基金等卖空方对于全市场卖空头寸的风险控制不到位。SEC 等主管部门对于卖空交易的市场监测和约束也存在问题，没能通过行之有效的交易监测系统和交易执行系统对于卖空头寸进行监测控制，造成全市场针对 GME 的过度卖空，为后续的多空博弈和价格异动埋下了伏笔。

3. 监管干预失时。综观 SEC 等主管部门在 GME 事件中的反应，1 个多月时间里监管当局迟缓且无力。2021 年 1 月 27 日，在 GME 股票多空博弈如火如荼，股票大幅飙升以及全球广泛关注的基础上，SEC 才发表了非常含蓄的声明，称其正在密切监视、评估近期股票市场上所出现的极端波动，并表示将积极维持公平有序市场，保护投资者不被操纵。⑤ 第二天，SEC

---

① Wind 数据库显示，GME 股票价格从 1 月 27 日的 347.5 美元跌到了 2 月 19 日的 40.59 美元。

② 2021 年 2 月 18 日的国会听证会上，议员 Nydia Velazquez 提出相关质疑，资料来源：https：//prospect. org/power/gamestop – mess – exposes – the – naked – short – selling – scam/，2021 年 7 月 25 日访问。

③ Fails to Deliver Chart，资料来源：https：//sec. report/fails. php？ tc = 36467W109，2021 年 7 月 25 日访问。

④ 上海交通大学上海高级金融学院、上海交通大学中国金融研究院课题组：《游戏驿站 GAMESTOP（GME）事件核心问题分析与评价》，资料来源：http：//www. cafr. cn/Contents/images/Research/20210209040846. pdf，2021 年 7 月 25 日访问。

⑤ Joint Statement Regarding Ongoing Market Volatility，资料来源：https：//www. sec. gov/news/public – statement/joint – statement – ongoing – market – volatility – 2021 – 01 – 27，2021 年 7 月 25 日访问。

发出投资者警告，呼吁投资者保持理性、不要过度投资价格剧烈波动的证券。① 2月中下旬，多空博弈已经降温后，反倒是引起了美国国会的关注，开始组织听证会对整个事件进行调查。可见，SEC在整个事件中的反应显得疲软无力：仅仅发出了几次投资者警告，没有果断采取限制或者禁止交易的干预措施，放任了多空厮杀和市场波动，也遭受了卖空方及散户投资者的广泛诟病。②

综上所述，GME事件核心是卖空交易头寸控制问题。美国SHO券源“定位规则”的执行出现漏洞，卖空方风控不到位，监管机构监测和额度控制失位，多重因素导致了卖空头寸过大，引发散步逼空。这与SEC对于卖空交易较为宽松的监管态度直接相关。GME事件再次提醒全球投资者和监管当局，需要高度关注卖空中的交割保障约束，有效实施卖空头寸监测和额度控制，并提高监管当局的响应速度和干预力度。

二、放眼全球：2008年国际金融危机以来卖空监管趋势

对比来看，IOSCO和欧盟在2008年之后的卖空监管原则/规则与美国SHO规则体现出了一定的趋同性，即强调卖空交易的制度价值，突出信息披露的重要性，但比SHO规则表现出了更强的监管色彩，更有利于防止卖空交易的头寸失控和市场异动。

（一）IOSCO卖空监管原则

在香港证监会（SFC）的牵头下，英国、日本、法国等国证券监管机构③承担了IOSCO关于卖空监管的课题，并最终以IOSCO名义提出了卖空的监管的四个原则，代表了主要经济体证券监管当局对于卖空监管的相关共识。虽然IOSCO的卖空监管原则较为宽泛化，不能作为具体规则的直接援引适用，但为全球市场卖空监管提供了重要方向。其监管逻辑是，在明确的限制性约束和有效的执法之下，对于卖空交易市场情况进行监测把握，重视信息披露及透明度以维护市场有效和理性；并允许监管规则的适当例外情形，针对做市、对冲等行为予以监管豁免，体现灵活性和包容度。

四条原则具体如下：第一条原则强调，卖空应受到适当的控制。通过有效的规则来约束卖空行为是第一支柱，以减少或最小化可能影响金融市场有序，有效运作和稳定的潜在风险。就何为适当的控制，IOSCO也列举了卖空限制的一些方式，比如可卖空证券的范围控制、杠杆比例限

① Statement of Acting Chair Lee and Commissioners Peirce, Roisman, and Crenshaw Regarding Recent Market Volatility，资料来源：https://www.sec.gov/news/public-statement/joint-statement-market-volatility-2021-01-29，2021年7月25日访问。

② 徐超：《“逼空”背后是草根对华尔街的怒火》，载《新华国际》2021年2月1日第008版。

③ 参与的监管机构包括美国、英国、日本、德国、法国、中国香港等国家（地区）监管当局。

制、流程控制和交割限制。[1] 第二条原则规定，卖空方应向市场或市场主管部门及时提供信息报告。IOSCO 认为强化卖空报告是有效卖空监管的第二支柱。要实现第二条原则所设想的提高卖空透明度的水平，各国应考虑以某种形式向市场发布卖空信息。目前，卖空报告主要有卖空标记（flagging of short sales）和卖空报告（short positions reporting）两种模式，前者是指对于具体卖空交易进行标识，后者则强调对于卖空额度、卖空比例等多维度交易数据的披露或报告。[2] 第三条原则强调监管执法的重要性。有效的合规和执法系统是卖空监管制度的第三大支柱，监管机构应具有全面的检查、调查和执法权力。第四条原则提出，监管规则应允许某些类型交易的适用例外。此类活动可能包括善意对冲、做市和套利活动等。由于这些活动通常为市场带来流动性和风险对冲，应考虑在适当情况下为这些活动增加灵活性，豁免规则适用。

（二）欧盟 SSR 规则

欧盟通过《卖空及 CDS 监管规则》（*Regulation on short selling and certain aspect of credit default swaps*，SSR）构建了卖空监管的制度框架，其对卖空监管也强调信息披露和市场透明度，但相比于美国的监管框架更加强调卖空的交割保障以及卖空中止或者监管机构禁止卖空的干预权力。SSR 规则主要体现在以下几个方面。

一是信息披露即交易透明度。在 SSR 第一章总则条款之后，第二章就直接规定了净卖空头寸透明度要求。根据其安排，卖空头寸的信息披露包括报告监管部门和公开披露两种安排。就报告监管部门，第 5 条规定卖空方在净空头头寸达到报告门槛或者下降到该门槛以下时，应该向监管部门履行报告义务。该报告门槛的标准为净空头头寸达到某一股票发行在外股本金额的 0.2%。同时，为了实现对该头寸的动态监控，SSR 规定在该净空头头寸每往上增加 0.1% 时，也应向监管机关报告。就公开披露而言，SSR 第 6 条规定，卖空方在净空头头寸到公开门槛或者下降到该门槛以下时，应该将卖空头寸的详细信息向市场公开，公开门槛的标准为该净空头头寸到达某一股票发行在外股本金额的 0.5%。与报告门槛的要求一样，该净空头头寸每增加 0.1% 时，卖空方也应向市场披露相关头寸的详细信息。

二是禁止裸卖空和补券防范交割失败。SSR 第三章规定了卖空交易的券源要求以及无法交割之后的补券流程。第 12 条第 1 款规定，卖空股票需满足以下条件之一：卖空方已经借入股票，

① 一些司法管辖区（例如中国香港）只允许卖空符合某些合格条件的股票（范围限制）；在某些司法管辖区中，要求在将股票卖空之前预先借入股票，而其他司法管辖区（如美国）有“定位”要求（禁止裸卖空）。在加拿大、中国香港和日本的卖空活动受价格限制规则等交易管制的约束（交易规则）；在澳大利亚、加拿大、日本和中国香港等司法管辖区，将订单提交到交易所市场执行时，要求卖空的“标记”（信息披露）；在日本等司法管辖区，保证金要求也被用作控制卖空的工具（杠杆控制）；在大多数辖区中，对于在标准结算周期内未交付库存的交易，存在某种形式的强制买入或平仓要求，旨在弥补库存的交付失败（交收安排）。

② IOSCO：Regulation of short selling，2009，资料来源：https：//www.iosco.org/library/pubdocs/pdf/IOSCOPD292.pdf，2021 年 7 月 25 日访问。

或已作出替代性的、能够产生与借入股票相同法律效果的安排；卖空方已经签订了借入股票的协议，或者拥有一项绝对可执行的根据合同法或物权法所产生的请求权，该权利的行使将使得卖空方获得相关股票的所有权；卖空方和第三方之间达成一项定位相关股票的安排足以让卖空方产生到期能够获得相关股票的合理预期。可见，此处规则相较于借到证券才能卖空的要求稍有宽松，作出借入安排也可以卖空，无法完全避免交割失败的发生。为了防止交割失败的对手方风险传导，SSR 第 15 条规定了中央对手方自动买入证券防止交割失败，以及相应的对于卖空方交割失败的惩罚性措施。①

三是监管例外。SSR 第 4 章规定了第三国交易以及做市商例外。第 16 条规定，在多地上市情形下，主交易场所在第三国的股票卖空在很大程度上被豁免。第 18 条规定，做市商在做市活动中的卖空交易在一定程度上被豁免。

四是卖空监管，强调了股价快速下跌的断路器规则和异常情况的卖空禁止。SSR 第 5 章规定了监管部门对于卖空的监管权力，其中第 23 条规定，如果某一股票的价格和前一交易日的收盘价相比下降 10% 以上则监管机关应该考虑禁止或者限制该股票的当日以及第二日卖空交易。如果在下一个交易日收盘时，该股票的价格和第一个交易日的收盘价格相比，又进一步下降了 5% 以上，相关监管机关可以将该禁止或限制措施再延长不超过 2 个交易日。SSR 第 20 条也规定，当发生严重威胁金融体系稳定以及市场信心的不利事件时，监管机构可以禁止证券卖空交易，或者对证券卖空施加限制性的条件；对于和证券卖空具有相似经济效果的金融衍生品等金融创新交易，监管机构也可以采取禁止或者其他限制措施。

（三）趋势总结：趋同与差异

趋同方面，一是强调信息披露。吸取 2008 年国际金融危机中监管当局对于市场形势缺乏了解的教训②，防止市场无序和恐慌，主要经济体已日益关注金融交易的监测监控和信息披露，以发挥信息披露的市场揭示功能。③ 二是强化交割保障，原则上禁止裸卖空。IOSCO 原则、SSR 规则以及 SHO 规则均要求一定程度的交割保障，但对于交割保障要求不够彻底，并不强制要求借入证券方可卖空，而是要求“定位”到证券来源或者有借入证券的协议以及类似借入安排。这种折中路线并不能完全防止无券卖空情形的出现，可能会导致重复卖空头寸失控，并可能导致

① SSR 第 15 条明确，在成员国建立的为股票交易提供清算服务的中央对手方应该建立符合下列要求的机制：第一，如果卖空方在结算到期后的 4 个交易日内，仍然不能交付相应股票，为了保证结算活动的正常进行，清算所将自动启动补购程序；第二，如果购入该股票在客观上不可行，清算所将给予买方与交付日该股股价等同的金钱赔偿，因结算失败给买方带来的任何其他损失也应该同时以金钱方式赔偿；第三，导致交付失败的卖空方将向清算所偿还因上述两项产生的任何损失。

② 美国金融危机调查委员会著：《美国金融危机调查报告》，俞利军、丁志杰、刘宝成译，中信出版社 2012 年版，第 XXIII 页。

③ 罗黎平：《证券卖空交易信息披露及监管问题研究》，中国社会科学出版社 2017 年版，第 35 页。

交割失败风险。三是设置市场异动情况下的常规应对机制。这主要通过断路器规则或断路器价格测试规则来实现。前者是在证券价格大幅下跌后暂停卖空交易；后者是在证券价格大幅下跌限制卖空申报价格，要求申报价不低于最新成交价。两者思路类似，都属于市场异动情况下的常规稳定机制，在实施一定时间后予以解除适用。

差异方面，主要体现在监管强度和对于卖空禁令的态度上。欧盟市场并没有放弃在特殊情况下的卖空禁令措施。与美国 SHO 未规定卖空禁令的宽松态度不同，欧盟 SSR 规则明确规定了监管当局禁止卖空的权力。2020 年新冠肺炎疫情以来，全球市场经历了股市的较大波动，法国、意大利、比利时等欧盟国家的证券监管部门在第一季度实施了短暂的限定证券范围的卖空禁令①，体现出了比 SEC 更加强硬果敢的监管态度。

三、中国实践：我国卖空交易监管架构和风控安排

境外卖空规则在 2008 年国际金融危机之后经历了一系列改革调整，体现出一定的趋同性，也存在着监管强度上的差异性。回望我国，卖空交易在 2010 年才正式试点起步，因此充分吸收了危机之前境外卖空监管“宽松软”的经验教训，以交易安全为价值导向，构建了较为完善的监管格局和风险控制安排。

（一）卖空交易的发展历史和监管格局

在我国，卖空交易称为融券交易，是融资融券中的交易类型之一。融资交易即借入资金买入证券等待价格上涨后出售获利，融券交易即借入证券卖出获得资金，待证券价格下跌后低价买回证券还券获利。② 2006 年 6 月，证监会发布的《证券公司融资融券试点管理办法》规定，证券公司经证监会批准后可开展融资融券业务试点，向客户出借资金供其买入上市证券或者出借上市证券供其卖出。2008 年 6 月，国务院颁布的《证券公司监督管理条例》规定，融资融券为证券公司业务类型之一。2010 年 3 月，证监会正式推出证券公司融资融券业务试点。2011 年 10 月，证监会颁布施行《转融业务监督管理实行办法》，规定证券金融公司将自有或者依法筹集的资金和证券出借给证券公司，以供其办理融资融券业务，即转融通业务。2012 年 8 月和 2013 年 2 月，中国证券金融公司分别推出转融资、转融券业务，标志着我国融资融券业务投资者（证券公司、证金公司）业务链条模式正式开启。

目前，我国融资融券业务已形成了由证监会行政监管、证券交易所交易管理、证券金融公司监测监控、证券业协会自律管理相结合的监管体系。其中，证监会依据《证券法》授权制定融

---

① Sharon Nunn Adam Kulam, Short – Selling Restrictions During COVID – 19, Yale School of Management，资料来源：https：//som. yale. edu/blog/short – selling – restrictions – during – covid – 19，2021 年 7 月 25 日访问。

② 中国证券业协会编：《融资融券业务知识手册》，中国财政经济出版社 2010 年版，第 3 页。

资融券管理办法，审核、批准证券公司融资融券业务资格，稽查处理市场违法违规行为，统一监管融资融券业务活动。证券交易所制定融资融券交易细则设定融券证券范围，依托技术平台实行融资融券业务的前端控制，实时监控融资融券异常交易行为。证券金融公司对证券公司融资融券业务运行情况进行监控，监测分析全市场融资融券交易情况。证券业协会制定证券公司融资融券业务合同的必备条款和风险揭示书的标准格式，规范证券公司融资融券业务流程与投资者保护。

（二）以集中授信和交易前端控制为基础的风险控制安排

1. 集中授信模式以及信息披露。现阶段我国的融资融券业务采用了集中授信的业务模式，即仅由获得业务资质的证券公司对客户融资融券，并仅由证券金融公司向证券公司提供转融通服务，其他机构不得提供融资融券服务。① 这一模式下，在卖空交易中由获得资质的证券公司向投资者借出证券，在每个证券公司端口形成了卖空交易风险控制的第一道阀门；在转融通业务中，统一由证券金融公司向证券公司借出证券，在证券金融公司端口形成风险控制的第二道阀门。这两道风险控制阀门对于全市场卖空交易明细和交易总额进行严密统计和整体把握，可以有效地了解交易行情，控制全市场的卖空头寸风险。

相应地，信息披露方面形成以券商为基础的融资融券统计和披露安排。根据《证券公司融资融券业务管理办法（2015）》第四十六条规定，证券公司在每日收市后向证券交易所报告当日客户融资融券交易的有关信息。证券交易所对证券公司报送的信息进行汇总、统计，并在次一交易日开市前予以公告。具体要求方面，沪、深交易所《融资融券交易实施细则》第四章信息披露和报告中详细规定了证券公司的报送义务及交易所的信息披露安排。证券公司需向证券交易所报送当日各标的证券融券卖出量、融券偿还量和融券余量等数据。证券交易所在每个交易日开市前，根据证券公司报送数据，向市场公布前一交易日单只标的证券融资融券交易信息，包括融资买入额、融资余额、融券卖出量和融券余量等信息，以及前一交易日市场融资融券交易总量信息。

2. 交易前端控制禁止裸卖空。我国融券交易严格禁止裸卖空，要求必须落实交割保障。《证券公司融资融券业务管理办法》第三十八条规定，证券交易所接收到融券卖出指令时，会对证券公司融券专户是否有足额的相应证券供客户融券卖空进行前端检查，有足额证券才能达成交易，否则交易所交易系统认定为无效指令并予以拒绝。

可见，卖空方必须从证券公司处借入证券后方可予以卖出，是客观的先借到券再卖出，而非主观的卖出时可合理预期借到券。目前，我国证券交易系统已经实现了账户前端检查，没有对应证券的卖出申报将不予执行，从技术上完全拒绝了裸卖空行为的发生。这种模式下，不存在虚增

① 陈共炎主编：《融资融券投资者手册》，中国财政经济出版社2010年版，第41－42页。

证券数量的证券卖出，有利于防止卖空头寸失控，维护市场稳定，也从根本上解决了卖空交易后的交割失败问题。

3. 实施多维度交易约束。在集中授信和交易前端控制的基础上，监管规则对于卖空交易的券种范围、申报价格以及杠杆比例等也作出了相应的安排。

（1）限制可卖空券种（限制融券范围）。沪、深交易所融资融券交易实施细则对于卖空的证券标的作出了正面和负面要求。对于股票而言，就其上市时间、流通股本及市值、股东人数提出了要求，此外不得出现换手率或成交额过低、日均涨跌幅均值与基准指数涨跌幅均值偏离度过高、波动幅度过高等情况，筛选出整体规模较大、投资者人数较多且波动幅度较为平缓的股票作为卖空标的，控制单只证券的卖空风险。目前，沪市可以作为融券卖出标的的股票为800只，深市可以作为融券卖出的标的股票为1000只。两市进行卖空交易的股票占全部股票的41%，不到全市场股票数量的一半，可卖空券种受到约束控制。

（2）限制卖空申报价格。沪、深交易所融资融券交易实施细则对融券卖出的申报价格作出了规定，要求不得低于该证券的最新成交价；当天没有产生成交的，申报价格不得低于其前收盘价。低于上述价格的申报为无效申报。这一规定要求卖空订单不能形成新的低价，而只能跟随市场最新价格卖出或者高于最新价格卖出，可视为呵护市场的一种考虑。

（3）限制杠杆比例和单券卖空额度。《证券公司融资融券业务管理办法》限定了证券公司向单一客户或者单一证券的融资、融券的金额占其净资本的比例等风险控制指标，约束证券公司的业务敞口。沪、深交易所融资融券交易实施细则对于投资者卖空的杠杆倍数进行了限制，规定融券保证金比例不得低于50%。投资者最多使用两倍杠杆进行卖空交易，防止过度交易的头寸风险。此外，交易实施细则对于单券融资规模也进行了限制。单只股票的融券余量达到该股票上市可流通量的25%时，交易所可以在次一交易日暂停其融券卖出，并向市场公布。该股票的融券余量降低至20%以下时，恢复其融券卖出，并向市场公布。可见，围绕着出借方（证券公司）、借入方（投资者）和卖空标的（证券）三个维度构建了额度及杠杆比例控制措施，防范卖空交易对个券及全市场带来的冲击。

四、 未来进路： 我国卖空监管的完善建议

卖空交易被普遍认为有利于提高市场信息传递效率，增强价格发现机制，抑制证券价格的非理性波动，① 促进对高估证券的重新定价。② 我国证券业协会等官方机构也认可卖空交易的价值，认

① 李志生著：《融资融券——制度与市场效应》，北京大学出版社2020年版，第125页。

② IOSCO，Regulation of short selling，资料来源：https：//www. iosco. org/library/pubdocs/pdf/IOSCOPD292. pdf，2021年7月25日访问。

为卖空有助于降低证券市场的投机性与波动性，促进价格发现；并有助于增加金融市场的流动性。[①] 与认为卖空交易不道德的观点相反，一些卖空方把自己视为“骗局发现者”“证券市场巡逻队”,[②] 通过自己的投资分析和卖空交易来向市场揭示某些证券背后暗藏的风险和估值问题，提醒投资者作出合适的投资决策。因此，长期而言，通过调查研究，清除那些资质差的公司，有利于市场的健康发展。[③] 另外，卖空交易的风险主要体现在投资者损失风险和对于市场的冲击两个方面。对于投资者而言，卖空方的投资风险理论上是上不封顶的。如果证券价格没有如其预期的一样下跌，而是持续上涨，那么需要在市场上以上不封顶的高价买券偿还原来的证券借贷。[④] 极端情况下，当多头抱团推高证券价格时候，卖空方买回证券的成为可能是非常高的。[⑤] 对于全市场而言，卖空带来了市场混乱、市场操纵和交割中断三点潜在风险。[⑥] 卖空过多可能会造成证券价格快速下降，引发投资者的恐慌离场和市场混乱。正是由于卖空对于证券价格的影响力，也可能被利用进行市场操纵。就裸卖空而言，可能导致交割失败，进而造成交易链条的风险传导。

鉴于融券卖空造成市场失序主要是由于卖空的程度和速度会加快市场价格下滑,[⑦] 导致潜在的投资者恐慌性退出,[⑧] 因此需要高度重视头寸控制信息披露，对卖空规模进行实时监测和控制，防止过度卖空，并防范裸卖空带来的交割失败风险。美国 GME 事件中，功过是非也主要围绕卖空头寸、交割保障、监管干预等主题展开。在卖空监管方面，我国现有规则的风险控制已较为完善，因此无需“美国感冒中国吃药”，而是应该见贤思齐，见不贤自省，坚守安全运行的基石，又进行适当的打磨完善。

（一）坚守根基并卸下包袱：扩大融券卖空范围

我国卖空交易（融券业务）开始试点至今，以客户—证券公司—证券金融公司为业务链条的集中授信模式已较为成型，并一直作为市场组织的基础稳健运行至今。相比于分散授信模式，

① 中国证券业协会编：《融资融券业务知识手册》，中国财政经济出版社 2010 年版，第 6 页。

② 凯思林·F. 斯泰莱著：《卖空的艺术》，崔世春译，上海财经大学出版社 2019 年版，第 23 页。

③ 陈思进：《散户抱团能战胜机构吗?》，载《金融博览（财富）》2021 年第 3 期。

④ 以 GME 事件为例，GME 股价在 2021 年初以 26 美元左右的价格开始上涨，并在几周内飙升了 466 美元。假设一个卖空方认为 26 美元价格过高未来将下跌而进行卖空，在 26 美元的价格做空了 100 股，并期待该股票跌至 10 美元，赚取价差。卖空方后续需要付出每股 400 多美元的成本买回股票向出借方归还股票。

⑤ 上海交通大学上海高级金融学院、上海交通大学中国金融研究院课题组：《游戏驿站 GAMESTOP（GME）事件核心问题分析与评价》，2021 年 2 月，资料来源：http：//www. cafr. cn/Contents/images/Research/20210209040846. pdf，2021 年 7 月 25 日访问。

⑥ IOSCO，Regulation of short selling，2009，资料来源：https：//www. iosco. org/library/pubdocs/pdf/IOSCOPD292. pdf，2021 年 7 月 25 日访问。

⑦ 齐萌：《融资融券交易监管法律制度研究》，法律出版社 2013 年版，第 158 页。

⑧ IOSCO，Report on transparency of short selling，2003，资料来源：https：//www. iosco. org/library/pubdocs/pdf/IOSCOPD147. pdf，2021 年 7 月 25 日访问。

集中授信模式体现了监管者的安全观。① 虽然没有分散授信模式下市场主体活跃借券的便利，牺牲了一定的效率，但是集中授信模式下监管当局可以通过证券公司和证券金融公司两道安全阀门监测全市场交易数据，并控制整体卖空头寸。此外，证券市场中现券交易已经实现了交易前端控制，从根源上杜绝了卖空交易中无券挂单出售的可能性。进而，市场上不可能出现比现券更多的卖空申报，也不会在后续交割中出现交割失败。

在此基础下，融券券源扩容是业务改革的发展方向。② 我国融资业务与融券业务的发展一直处于严重失衡的状态，融资规模远远大于融券规模，③ 一个重要原因是可融券范围过窄。因此，可以考虑放开可卖空证券的范围限制，改白名单制度为黑名单制度，即原则上允许全部证券的卖空交易，仅证券价格异常波动等特殊情况下禁止卖空，便于投资者实施多空策略，发挥卖空交易价值。

目前，科创板已经进行了全板块证券均可以进行卖空交易的实践。根据科创板融资融券业务规则，所有科创板公司在上市首日即可作为融券标的。④ 从科创板融资融券业务数据来看，改革已初见成效，融资业务和融券业务发展相较全市场更为均衡。2019 年 7 月以来，融券余额占两融比重维持在 30% ~40%，融券卖出额占两融交易额比重在 20% ~30% 波动，⑤ 符合国际成熟市场的均值水平⑥，且市场运行较为稳定，没有因卖空交易在全券种的推广造成全板块或个股异动情况。鉴于集中授信和交易前端控制已经较好地把控住了整体风险，卸下包袱实现全市场券种可卖空应为可行的改革举措。

（二）完善信息披露：实施重大空头头寸披露及特定情况下的卖空标识制度

目前，我国已经形成了以证券公司信息报告为基础的头寸报告制度，并以汇总形式公开披露全市场的卖空额度、杠杆比例等信息，相当于落实了卖空头寸报告制度，但没有针对单个主体/单笔交易的信息披露安排。单个主体/单笔交易的信息披露可以使知情交易者通过卖空机制将坏消息释放出来，反映市场状态；而非知情交易者通过逐步学习提升投资水平⑦，因此可予考虑实施。

---

① 齐萌：《融资融券交易监管法律制度研究》，法律出版社 2013 年版，第 104 页。

② 2019 年 8 月，沪深证券交易所修订融资融券交易细则，将融券标的范围由 950 只扩充至 1600 只，提高标的中的中小板、创业板股票占比。

③ 张云亭：《融资融券与投资者行为》，中信出版社 2019 年版，第 323 页。

④ 2019 年 4 月 30 日，上海证券交易所、中国证券金融公司和中国证券登记结算公司联合发布《科创板转融通证券出借和转融券业务实施细则》，放宽了券源范围、证券出借规则等，并允许 9 家券商试点融券约定申报制度科创板优化出转融券业务细则，实现券源扩容、流程提效、费率市场化。

⑤ 天风证券研究报告：《融券业务规模有望显著提升，信用交易将提升市场活跃度！——两融业务的国际比较研究》，资料来源：http：//data. eastmoney. com/report/zw_industry. jshtml？ encodeUrl = P5F6iEulPcMkiPTC90lXgKJK1zVUvXwYtw4BljtHR6I = ，2021 年 9 月 23 日访问。

⑥ 华泰证券研究报告：《融券新生态，卡位新赛道证券行业新龙头系列七——融券业务深度研究》，资料来源：https：//m. hibor. com. cn/wap_detail. aspx？ id = 2ad6f155491f9846e0b114e80a051a79，2021 年 9 月 23 日访问。

⑦ 王攀娜：《卖空机制对分析师行为的影响研究》，经济管理出版社第 2019 年版，第 14 页。

单个主体的卖空信息披露方面，重大空头头寸信息报告制度规定，投资者对个别证券的卖空头寸达到最低门槛条件时，必须进行信息申报并披露。这一制度有利于维护市场的公开透明，特别是保障中小投资的知情权。交易信息披露可以帮助投资者更新自己对于标的证券内在价值的判断，作出正确的交易决策，防止一些投资者利用信息不对称的市场滥用，较少市场失灵①，从而促进市场公平，抑制重大空头利用卖空交易进行市场操控。当然，卖空方则希望卖空策略不被知晓，防止自己的私有信息丧失优势。② 过于严厉的信息披露要求可能会导致空头寻找不良信息的减少和市场流动性的减少，进而影响到卖空制度的生命力。因此，需要设定好空头头寸信息披露的阈值，在促进市场透明与促进投资者实施卖空策略方面达到平衡。欧盟 SSR 规则之下，即设置的双层信息披露安排，空头头寸达到相应量级后才向全市场披露。③

单笔交易的卖空信息披露方面，卖空交易标识制度要求将每个卖空交易申报标识出来。如前文所述，在 IOSCO 监管原则所提及，在美国市场也有所实践。但是，卖空标识可能对市场产生“噪声”，④ 引发过度解读（Problems of interpretation）⑤，甚至是市场恐慌。对比来看，欧盟 SSR 规则没有进行这一安排，反映出不同监管机构的担忧。鉴于此，建议把卖空标识作为特别冷却手段。即市场平稳状态下，卖空申报订单不予标识；市场过热状态下，如证券价格连续多日上涨，进行针对该证券的卖空申报标识，向市场告知卖空证券的明细交易情况，提醒投资者该证券已经逐渐被卖空，应考虑适时退出。⑥ 后续，可以在证券价格恢复平稳后再取消卖空标识制度。

（三）防范市场异动：改进卖空价格限制及交易停止安排

目前，我国实行的是限制卖空申报价格并搭配证券价格异常波动卖空禁止的交易风险控制措施，即要求卖空申报价格不能低于目前市场最新价格，防止打压证券价格；另外，如果证券价格出现异常波动则实施卖空禁令。

在卖空价格限制方面，证券交易平稳状态下是否有必要实施申报价格限制值得探讨。市场稳定时期或者是价格持续走高的情况下，需要发挥卖空的价格平稳作用，通过较低的卖空申报价格来引导证券价格下行是发挥卖空交易价值的应有之义。要求卖空价格不低于最新市场价格，相当于要求卖空申报产生一个维持甚至是促进价格上行的效果，显然与卖空交易的定位不符。

---

① IOSCO, Regulation of short selling，资料来源：https：//www. iosco. org/library/pubdocs/pdf/IOSCOPD292. pdf，2021 年 7 月 25 日访问。

② 罗黎平：《证券卖空交易信息披露及监管问题研究》，中国社会科学出版社 2017 年版，第 50 页。

③ SSR 第 6 条规定，卖空方在净空头头寸到公开门槛或者下降到该门槛以下时，应该将该头寸的详细信息向市场公开，公开门槛的标准为该净空头头寸达到某一股票发行在外股本金额的 0.5%。

④ 袁怀宇：《卖空机制与中国证券市场运行绩效研究》，经济科学出版社 2011 年版，第 61 页。

⑤ IOSCO, Report on Transparency of Short Selling，资料来源：https：//www. iosco. org/library/pubdocs/pdf/IOSCOPD147. pdf，2021 年 7 月 25 日访问。

⑥ 卧龙：《游戏驿站抱团大作战全解》，载《股市动态分析》2021 年第 3 期。

因此，建议在证券价格没有出现持续下跌的情况下不要限制卖空订单的价格，允许以低于市场价一定幅度内（10%）的价格申报；待证券价格达到一定下跌比例后进行卖空价格限制，实施类似于断路器价格测试规则的安排。

卖空交易停止方面，我国直接规定了监管机构在市场异常波动下可实施卖空禁令，但没有实质常规的触断机制。[①] 在启动卖空禁止之前，建议可先考虑断路器规则类似的中止卖空，并搭配明确的恢复交易安排。这一模式下，在中止机制启动的当个交易日以及下个交易日予以暂停卖空交易，在其后的第二个或第三个交易日恢复，投资者有一定的时间了解并消化市场负面信息，也有明确的恢复交易预期，对于市场连续交易的干扰较少。后续，如果采取了市场暂停恢复交易后仍然继续异动，则中止提醒已经无法达到稳定市场的效果，可由监管机构实施卖空禁令，形成多层次的交易停止安排。

五、结语

我国资本市场近年来以市场化、法治化、国际化为建设方向，强调建制度、不干预、零容忍。当前推行的重大改革注重尊重业务基本内涵、借鉴国际最佳实践、立足中国市场特色和发展阶段三大原则。[②] 这也应成为卖空监管的指导方向和未来进路。卖空交易具有独特的市场价值，也可能对于投资者和全市场造成潜在危害，需要在尊重业务逻辑的基础上实现制度建设的市场化、法治化。2008 年国际金融危机以来，IOSCO、SEC 等组织针对卖空监管进行了系统的反思和改革，形成了一定趋同性、差异性的监管制度，可以为我国卖空监管所借鉴参考。2021 年初的 GME 事件则实证检验了美国卖空监管制度的效果以及存在的问题，体现出了卖空监管中头寸控制、监管干预的重要性。

遵循卖空交易的业务逻辑，借鉴国际经验教训，最终的改革进路则需要落地到中国业务实践。我国目前卖空交易的集中授信模式加上交易前端控制，可以从根本上防止卖空头寸失控、裸卖空交个失败等欧美市场的“老大难”问题。但卖空交易整体活力不足，制度价值未能充分体现。因此，我国卖空监管的未来改革进路不仅要严格落实风险控制，也要松弛有度，在提高市场效率、激活制度价值方面着力，改进信息披露提升市场透明度，并可考虑为防止市场异动建立起更为充分合理的价格约束及卖空停止机制。

---

① 缪因知：《裸卖空、卖空型操纵与股指期货做空监管》，载《财经法学》2015 年第 6 期。

② 证监会主席易会满在 2020 年“5·15 全国投资者保护宣传日”活动表示，注册制改革必须坚持三个原则：尊重注册制的基本内涵，借鉴国际最佳实践，体现中国特色和发展阶段特征，资料来源：www.xinhuanet.com/2020-05/16/c_1125993086.htm，2021 年 7 月 25 日访问。

新 金 融

数字人民币发行流通法治保障研究

■刘　建*

摘要：数字人民币是人民币的数字化形态，其发行流通将在金融领域乃至社会领域产生重大影响，如不在法律制度上做好充分准备，可能将极大地影响其发行流通目标的顺利实现。因此，夯实数字人民币发行流通的法治基础既是“稳妥推进数字货币研发”的应有之义，也是当前及今后一段时期数字人民币研发需要重点开展的工作内容。本文以如何在法治框架下实现数字人民币战略为研究目标，对数字人民币发行流通必要支撑性法律制度进行系统分析，提出法律规范的完善建议。

关键词：数字人民币　发行　流通　法治保障

相较于其他主要国家（地区）中央银行（货币当局）数字货币的研发进程，我国数字人民币的研发工作始终走在世界前列。数字人民币已经在深圳、成都、雄安、苏州、上海、北京、长沙和西安等多地进行多场景应用试点，下一步试点还将继续扩大。① 种种迹象表明：我国数字人民币虽处于研发、测试阶段，何时正式推出虽无“具体时间表”，② 但有较大概率会在部分地区、场景下优先推出。

一般认为，作为数字化形态的人民币，数字人民币的发行流通有利于降低货币运行成本、提高支付安全、维护国家货币发行权和金融市场秩序、在大国货币竞争中抢占先机。③ 但作为全新事物，数字人民币的发行流通也会给以人民币现金为规范对象的现行相关法律规范带来重大挑战，其发行流通会带来很多法律问题。④ 因此，《中华人民共和国国民经济和社会发展第十四个

---

* 刘建，高级经济师，博士，西南政法大学公法研究中心、金融监管研究所研究员，硕士生导师。

① 中国人民银行数字货币人民币研发工作组：《中国数字人民币的研发进展白皮书》，2021 年 7 月版，第 20 页。

② 《数字人民币何时正式推出？央行：目前还无时间表》，资料来源：http://www.ce.cn/xwzx/gnsz/gdxw/202104/13/t20210413_36468958.shtml，2021 年 6 月 6 日访问。

③ 参见王信：《为何要研究发行央行数字货币》，载《财新周刊》2018 年第 9 期。

④ 参见刘少军：《“法定数字货币”流通的主要问题与立法完善》，载《新疆师范大学学报（哲学社会科学版）》2021 年第 4 期。

五年规划和2035年远景目标纲要》提出要“稳妥推进数字货币研发”，而“有序开展可控试点，健全法定数字货币法律框架”①，也正是“稳妥推进”的具体内容。

一、数字人民币的法律框架现状

（一）数字人民币尚处于非“法定”状态

尽管一般将一个国家或地区政府发行的数字货币称为法定数字货币以区别于民间有关主体发行的“数字货币”。② 但也有观点认为发行货币属于国家（地区）专属权力，除有权机构授权外，其他民间主体或机构不具有其发行的“货币”的法定权力，其发行的“货币”并不是真正意义上的官方货币。③ 因此，数字货币指代的就是法定货币的数字化形式，与实物货币一样，都是货币的表现形式。④ 但因数字货币是全新事物，主要国家（地区）生效的法律规范中，并没有规定数字货币是法定货币的数字化形式。如果需要发行流通数字货币，则需要在现有货币发行流通相关法律制度基础上，进行新的法律制度设计。根据国际清算银行的调查，诸多国家（地区）中央银行虽在研发数字货币，但在数字货币发行流通的法律制度上做好准备的并不多。⑤ 我国也不例外，虽然数字人民币已经在一定范围内进行测试，但在现有生效各类法律规范中，并没有规定人民币包含数字形态。数字人民币尚处于非“法定”状态，关于什么是数字人民币，其代表什么权益，尚无法律进行规范。

从现有信息来看，数字人民币与银行电子账户资金、非银支付账户余额在展现上具有一定相似性，都呈现为一定数额的电子信息。但其差别在于：银行电子账户资金或非银支付账户余额与所代表的货币是分离的，银行电子账户与非银支付余额显示的货币金额是对应银行账户或支付余额的电子信息，这些信息本身并不是货币；而数字人民币是信息与货币融为一体，作为携带全量信息的密码货币，本身代表货币，具备货币的价值尺度、交易媒介、价值贮藏等基本功能，与实物人民币一样是法定货币。⑥ 数字货币钱包中的数额表示使用人实际占有并可以控制的货币

---

① 易纲：《建设现代中央银行制度》，载《〈中共中央关于制定国民经济和社会发展第十四个五年规划和二〇三五年远景目标的建议〉辅导读本》，人民出版社2020年版，第284页。

② 参见彭绪庶：《数字货币创新：影响与应对》，中国社会科学出版社2020年版，第78页。

③ 参见姚前：《数字货币初探》，中国金融出版社2018年版，第8页。

④ 中国人民银行于2020年10月23日公布了《中华人民共和国中国人民银行法（修订草案征求意见稿）》，其中第十九条（人民币单位）规定人民币的单位为元，人民币辅币单位为角、分。人民币包括实物形式和数字形式。

⑤ BIS, Results of the third BIS survey on central bank digital currency，资料来源：https：//www. bis. org/publ/bppdf/bispap114. pdf，2021年10月10日访问。

⑥ 参见中国人民银行数字货币人民币研发工作组：《中国数字人民币的研发进展白皮书》，2021年7月版，第4页。

额度。而银行账户中的电子货币则是货币数额的信息展示，其账户数额信息仅表明对于特定银行，存款人享有相应数额的债权；数字人民币和非银支付账户资金的本质差别也是在于数字人民币是货币。非银行支付机构不是存款类金融机构，用户在支付机构开设的支付账户，其中显示的用户资金信息，并不是存款信息，该资金虽属于支付用户，但却是以支付机构备付金名义缴存于支付机构开立于人民银行或商业银行的备付金账户中。①

而从支付体验上，数字人民币也与银行账户支付、非银支付等电子支付工具类似，但数字人民币可在不依赖银行账户的前提下进行价值转移，并支持离线交易，具有“支付即结算”特性。② 而对于现有其他电子支付工具而言，支付与结算是两个环节，支付必须依赖银行账户，而且需处于在线状态方可。

上述数字人民币的特性与功能是人民银行对数字人民币的性能设计。③ 而数字人民币究竟为何物，是否完全等同于实物人民币，法律适用上是否完全一致，并不能简单依据“定义”就可以明确，还需要由法律进行确定。实物形态人民币通常被视为动产，是传统民事法律规范调整的基本范畴。我国现行有关动产的占有、转移的法律规则也同样适用于实物货币及其衍生的电子账户内资金。这些法律规则并未考虑到数字人民币这一新兴形态的货币，因此，是否能够直接适用于数字人民币还充满疑问。从刑法保护体系来看，打击涉数字人民币犯罪的法律规范也处于空白状态。打击涉数字人民币犯罪行为是数字人民币顺利发行流通的重要保障，而《刑法》伪造货币罪、洗钱罪以及相关涉财产犯罪等相关罪名并不能涵盖涉数字人民币相关犯罪。依照“罪刑法定”原则，极有可能出现涉数字人民币犯罪而无法有效打击的情况。

（二）搭建数字人民币的“法定”框架并未成为优先选项

上述法律空白问题国内相关研究者或多或少已经论及，部分研究呼吁修订《人民银行法》《人民币管理条例》等法律、法规，或者单独制定《数字货币条例》，填补数字人民币发行流通基础法律规范空白。④ 也有研究比较系统地提出了“解决数字货币发行和使用法律问题的基本思路”，就修改法律、法规，全国人民代表大会出台特别决定或新法等几种思路进行了比较。⑤ 中国人民银行公布的《人民银行法（修订草案征求意见稿）》中，也对此问题进行了回应，规定了

① 参见刘少军：《“法定数字货币”流通的主要问题与立法完善》，载《新疆师范大学学报（哲学社会科学版）》2021 年第 4 期。

② 参见中国人民银行数字货币人民币研发工作组：《中国数字人民币的研发进展白皮书》，2021 年 7 月版，第 7 页。

③ 中国人民银行数字货币人民币研发工作组：《中国数字人民币的研发进展白皮书》，2021 年 7 月版，第 9－10 页。

④ 参见刘少军：《“法定数字货币”流通的主要问题与立法完善》，载《新疆师范大学学报（哲学社会科学版）》2021 年第 4 期。

⑤ 参见刘向民：《央行发行数字货币的法律问题》，载《中国金融》2016 年第 17 期。

人民币包含数字形式。

但是综合来看，作为一项新兴事物，法律规范对其进行有效回应的前提是，对该事物本质及其对各类社会关系产生的认知已较为全面，可以通过法律规范对其发展设定体现“理性”与可实现性的规则。虽然数字人民币的法律依据不充分问题很明显，但是也并未对试点工作的“稳步推进”产生阻力性影响。因此，短期搭建数字人民币发行流通的法律框架，系统解决数字人民币的法定问题，相较于解决研发技术问题而言，并未成为有关方面的优先选项。

二、数字人民币研发总体呈现“技术先行，制度后行”特征

如前文所述，数字人民币测试已在多地多场景展开。截至2021年6月30日，数字人民币试点场景已超132万个，覆盖生活缴费、餐饮服务、交通出行、购物消费和政务服务等领域。开立个人钱包2087万余个、对公钱包351万余个，累计交易笔数7075万余笔、金额约345亿元。① 这些测试是在“研发”框架下进行的，总体呈现了“技术先行”的特征。即通过对法定数字货币相关理论和技术的不断探索、迭代、完善，形成了现有的数字人民币模式和业务框架。未来，也将根据测试结果，不断优化完善技术、业务和政策框架。② 虽然“技术先行”是数字人民币发行流通的必经阶段，也是确保稳妥的固有程序，但总体而言，如此大规模地公开如此广泛的测试场景，众多的用户与交易笔数、金额，事实上已经与数字人民币在局部的发行与流通无异。但梳理各地、多家银行测试公告，可以发现：其中并没有体现“数字人民币”测试是货币发行当局决定人民币在局部的发行、流通，更多体现为地方或商业银行的业务推广。③ 其中可能的原因在于，不管是将数字人民币视作“新版”人民币，还是全新的人民币类型，如果要发行、流通，依照《人民币管理条例》的规定，需要一系列的程序，不利于快速、便捷开展测试工作；过去纸币“换代”过程中，在人民银行发布新版人民币发行公告前，并不存在新一版纸币在一定公开场景或者区域先进行测试使用的问题，并无前例可以参考。但本文认为：基于“数字人民币

① 中国人民银行数字货币人民币研发工作组：《中国数字人民币的研发进展白皮书》，2021年7月版，第18页。

② 中国人民银行数字货币人民币研发工作组：《中国数字人民币的研发进展白皮书》，2021年7月版，第17页。

③ 比如北京市举办的“数字王府井 冰雪购物节”活动，“京彩奋斗者 数字嘉年华”活动，上述活动的文告中，均回避了数字人民币由哪一主体发行的问题，仅表示：“活动是数字人民币研发过程中的一次常规性测试，是落实北京‘两区’政策，稳妥推进法定数字货币试点应用的有益尝试，也是打造北京国际消费中心城市的创新实践，为北京冬奥会支付环境建设做好服务保障。”资料来源：http：//jrj. beijing. gov. cn/jrgzdt/202106/t20210601_2403629. html，2021年6月3日访问。

发行、流通管理机制与实物人民币一致”,[①] 在决策和测试中，数字人民币的研发工作应当主动置于法治框架下实施。

（一）研发测试应主动引入公众参与机制

数字人民币的发行流通是我国经济社会发展中的重大事件，大规模的测试属于发行流通准备的必要环节，现有研发测试参照了既往纸币“换代”的程序。我国纸币换代发行流通的一般程序为，由人民银行提出建议并组织设计，报国务院批准；确定新版人民币后，由人民银行指定相关企业按照一定的质量标准和印制计划印制；报国务院批准后，由人民银行发布发行公告，将新版人民币的发行时间、面额、图案、式样、规格、主色调和主要特征等予以公告；新版人民币由人民银行发行库调拨至各办理办理人民币存取款业务的金融机构，由这些机构向社会收兑停止流通的人民币，从而实现新款人民币在市场上的流通。[②] 由此可以看出，既往纸币换代程序主要还是体现为行政系统的内部决策，即国务院根据人民银行提出的建议进行决策，确定有关方案，由国务院发布决定，责成人民银行公告实施,[③] 其中并无社会公众参与决策的情况。但是数字人民币对社会的影响远甚于纸币“换代”，应当尽可能引入社会公众参与程序，听取各方意见，争取社会共识。依照《重大行政决策程序暂行条例》第三条的规定，行政机关决定对经济社会发展有重大影响、涉及重大公共利益或者社会公众切身利益的其他重大事项应当依照重大行政决策程序实施。但迄今为止，涉及数字人民币研发测试的决策的公众参与、专家论证、风险评估及合法性审查等程序尚未公开得见。

（二）研发测试信息应加大公开力度

2021 年 7 月，《中国数字人民币的研发进展白皮书》公布前，有关方面除表示“稳妥开展数字人民币试点测试”“稳妥推进数字人民币研发”外,[④] 并未主动公开有关具体研发信息。多数公众对数字人民币不了解，诸多相关事权部门也不了解数字人民币研发进程。有关掌握数字人民币研发信息人员的发言引发了各界对数字人民币研发进展的高度关注。一些犯罪分子与不法机构正是利用研发信息相对不透明，以参与“数字人民币”项目为名实施诈骗，不法炒作“数

① 中国人民银行数字货币人民币研发工作组：《中国数字人民币的研发进展白皮书》，2021 年 7 月版，第 4 页。

② 参见《中华人民共和国人民币管理条例》第七条至第二十二条规定。

③ 参见《国务院关于发行新的人民币和收回现行的人民币的命令》《国务院关于发行新版人民币的命令》《中华人民共和国国务院令第 268 号——决定发行第五套人民币》。

④ 中国政府网：《2021 年中国人民银行工作会议召开》，资料来源：http://www.gov.cn/xinwen/2021－01/06/content_5577522.htm，2021 年 5 月 30 日访问；《人民银行召开 2021 年货币金银和安全保卫工作电视会议》，资料来源：http://www.gov.cn/xinwen/2021－04/10/content_5598780.htm，2021 年 5 月 30 日访问。

字人民币”概念的情况也屡见不鲜，既给人民群众财产安全造成损失，也损害了政府公信力。①因此，为阐明我国数字人民币研发上的基本立场，听取社会公众对研发工作的意见和建议，加强与相关各方的沟通，推动建立面向数字经济时代、普遍惠及大众、通用创新开放的货币服务体系，中国人民银行数字人民币研发工作组发布了《中国数字人民币的研发进展白皮书》。白皮书就数字人民币的研发背景、定义和目标愿景、设计框架、可能影响与数字人民币体系的应对策略和工作进展等问题进行了阐述，白皮书的公布对各界了解我国数字人民币研发进展及下一步工作具有积极意义。

但是梳理白皮书可以发现，白皮书就公众集中关心的与现有电子支付使用体验比较、测试发现的问题、下一步具体工作安排等问题的阐述仍较简略。同时，也仍未引入常态化的研发信息公开机制。而依照《政府信息公开条例》，对涉及公众利益调整、需要公众广泛知晓或者需要公众参与决策的政府信息，行政机关应当主动公开。②

（三）研发测试的制度规范应公开、明确

如前文所述，数字人民币只能存储于数字钱包，数字钱包并不是现有银行账户服务的延伸，而是全新的金融服务形式。从测试来看，并不是所有商业银行、支付机构都能成为数字钱包的运营主体，也不是所有省市都在铺开测试。③ 确定哪些机构成为参与测试的主体，哪些省市作为测试参与地区其规则并不明确。

此外，现有人民币发行流通的管理制度没有涉及数字人民币，相关管理规范无法适用于数字人民币，数字人民币在测试中遵循的是何种管理规范也并不明确。

数字货币写进多地“十四五”规划纲要草案④，一些地方公布了推进数字人民币的规划⑤，部分地方在测试过程中，采取的方式是向使用者发放数字人民币“红包”，鼓励其到有关商户进行使用。有关红包的成本一般由商业银行、地方政府或有关机构承担，但目前并没有数字人民币“测试”成本负担及预算控制制度。与商业银行（机构）投入商业资金进行推广不同，地方政府

---

① 新浪网：《数字人民币又来了？莫慌！小心这些诈骗套路》，http：//finance. sina. com. cn/money/forex/forexroll/2021 - 03 - 29/doc - ikknscsk2993643. shtml，2021 年 6 月 3 日访问。

② 参见《政府信息公开条例》第十九条：“对涉及公众利益调整、需要公众广泛知晓或者需要公众参与决策的政府信息，行政机关应当主动公开。”

③ 截至 2021 年 6 月 10 日，共有工商银行、农业银行、中国银行、建设银行、交通银行、邮储银行、网商银行 7 家银行参与数字人民币测试。

④ 包兴安：《数字货币写进多地“十四五”规划纲要草案 专家建议扩大数字人民币试点范围》，载《证券日报》2021 年 1 月 26 日 A2 版。

⑤ 如深圳在《深圳市国民经济和社会发展第十四个五年规划和二〇三五年远景目标纲要》提出：开展数字货币研究与移动支付等创新应用，争取建设法定数字货币试验区，推动数字人民币国际合作和跨境使用，前瞻布局新一代金融基础设施。资料来源：http：//www. sz. gov. cn/cn/xxgk/zfxxgj/ghjh/content/post_8854038. html，2021 年 6 月 9 日访问。

推广数字人民币使用的是财政资金，在“过紧日子”背景下，这些公共资金的使用应当有确定的必要性及支出依据。

三、 夯实数字人民币发行流通法治保障基础的建议

党的十八届四中全会指出：要实现立法和改革决策相衔接，做到重大改革于法有据、立法主动适应改革和经济社会发展需要。① 数字人民币的法治保障机制如果不完善，可能引发公众排斥、损害市场竞争、破坏金融秩序等严重后果，因此必须将其置于法治框架下予以规范。

（一）完善我国数字人民币发行流通的决策程序

基于数字人民币的发行流通对社会发展、使用者所可能产生的影响，对现有社会经济生活、各方权利义务带来的变化远甚于纸币换代。因此，数字人民币的发行流通不宜简单照搬既往纸币“换代”的决策程序。要最低限度减轻对社会的影响，争取最大的社会共识，决策阶段上还需前移，即不必等到测试结束再根据测试情况来决策如何推出，而是在当前尽快就前期测试进行总结，就继续测试问题进行公开决策。有关部门宜尽快就此形成有关报告向中央全面深化改革委员会、全国人大常委会报告，有关信息特别是公众集中关注的信息及时社会公众进行公开，使各界及时了解数字人民币研发的最新情况，为将来推动数字人民币全面发行流通预留社会适应空间。同时应当搭建国家层面协调推进小组，将涉及数字人民币发行流通相关事权部门均纳入其中，做好国家层面的统筹规划与稳步推进试点工作。

（二）设计数字人民币测试参与及未来流通运营管理规则

如前文所述，测试阶段各机构、各地如何获取参与试点的资格，参与试点的管理规则应当公开、公平及透明。我国既往纸币发行流通过程中，并不单独涉及货币发行流通的运营问题，商业银行、非银行支付机构基于各自牌照许可事项范围向社会公众提供基于账户服务为基础的多样化金融服务，并从中获取一定商业收益，各类机构提供金融服务的机会较为均等，社会公众选择较为充分。而从目前来看，在数字人民币推出初期，极有可能只有部分机构才能成为数字钱包运营机构，后期会根据各机构技术支撑、机构服务能力和市场分布等情况实施准入管理。显然，先期提供数字钱包服务的机构易取得先发优势，包括可能取得较高的市场占有率、更能收集并满足用户需求等。因此，需要设计有利于充分实现公平竞争、满足社会公众多样化需求的准入制度，确保市场公平。

---

① 参见《中共中央关于全面推进依法治国若干重大问题的决定》：实现立法和改革决策相衔接，做到重大改革于法有据、立法主动适应改革和经济社会发展需要。实践证明行之有效的，要及时上升为法律。实践条件还不成熟、需要先行先试的，要按照法定程序作出授权。对不适应改革要求的法律法规，要及时修改和废止。资料来源：http：//cpc. people. com. cn/n/2014/1029/c64387 – 25927606. html，2021 年 5 月 25 日访问。

（三）构建兼容实物货币、数字人民币的货币发行流通管理及重大风险预防控机制

数字人民币的发行并不意味着实物货币被完全替代。可以预见的时间内，数字人民币和实物货币以及银行电子账户、非银支付会长期共存。因此，对于货币使用主体而言，实物货币与数字人民币，其他电子支付工具均可自主选择使用。而要满足用户资金安全、便捷的使用需求，就需要构建多层次的支付体系，使之能够充分兼容实物货币、数字人民币的发行流通管理机制，并赋予使用者充分的使用选择权。同时，数字人民币是新兴事物，有一定技术风险，需要尽快设计因其发行流通而引发各类风险的防控机制。

（四）设计有利于数字人民币国际化的外汇管理机制

数字人民币发行流通的一个重要目的是推动人民币国际化①，尽管也有观点认为数字人民币主要还是国内使用，而不是国际，“人民币支付系统的现代化、数字化对于提高人民币的地位，提高跨境使用有一定程度的帮助，但帮助不大”。② 多国积极布局法定数字货币国际化的战略，最重要的就是探索数字货币跨境交易的应用。如果数字人民币仅仅体现为国内支付方式的优化，其必要性与重要性可能将大幅降低。数字人民币由于其物理特性，具有境外直接使用的可能，如能成功应用于跨境资金转移，必将对以往跨境支付周期长、效率低的跨境体系带来冲击。但是这种可能要成为合法的现实，还需要基于境外使用国（地区）的认可以及双方数字货币的法律匹配。面对Libra等私人数字货币的冲击预期，基于金融监管对等原则和我国金融对外开放的趋势，要统筹设计与规划数字人民币国际化的路线图。同时，数字人民币跨境不论是采取直接结算，还是采取数字代币或换汇结算等间接流通方式，都需要我国在经常项目外汇管理限额、资本项目管理制度方面就数字人民币发行流通进行一定的调整，有关机制需要进行重新设计。

（五）统筹推进有关法律法规的“废”“改”“立”

不宜就涉及数字人民币的法律规范进行分散式与“补丁”式的“废”“改”“立”，既大量浪费立法资源，也会无限拉长数字人民币的立法周期，使数字人民币发行流通的相关规范长期处于修补状态，不利于数字人民币战略的顺利实施。建议全国人大、国务院统筹就数字人民币发行流通涉及的一揽子民事、行政、刑事法律法规进行清单化梳理与修订，如果短期无法实现，也应当结合法定数字货币发行流通所涉及的每一环节，尽快明确数字人民币的法律属性，明确发行机构、运营机构、其他合作机构在数字人民币发行流通体系中的权力（权利）与义务，将测试行为纳入法治框架。

---

① 参见王信：《为何要研究发行央行数字货币》，载《财新周刊》2018年第9期。

② 参见王鑫：《周小川澄清数字人民币误解：没想取代美元，与银行、第三方支付机构等都在一条船上》，界面新闻，https：//www. jiemian. com/article/6130694. html，2021年6月10日访问。

作为保险的网络互助：业务逻辑与监管应对

■何 颖 王 玮*

摘要：网络互助相较于商业保险而言，不再担任最后的风险承载者，而是由所有互助成员分摊损失，是以信息聚合、管理组织为核心业务的新型保险业务模式。网络互助业务依托互联网平台，利用大数据、区块链等技术手段，使商业保险客户之外的弱势群体获得一定的互助保障，有较强的普惠金融性质，对其的监管不能与商业保险较高的监管要求等量齐观。稳定的社群规模、有效的平台治理机制以及资金是网络互助业务稳健经营的关键所在。在包容审慎的金融监管理念下，网络互助的监管应尊重该类金融业态的自身规律，通过引入风险定价、计提责任保证金等防范逆向选择，资金独立存管、限制多层账户等提高账户独立性及透明度；增强自律机制、数据安全等促成平台有效治理。

关键词：网络互助　中介　包容审慎监管

一、 问题的提出

网络互助作为一个新兴金融产品，一经推出便引发社会高度关注，短短数月，便有数以万计的用户加入。以相互宝为例，目前公布数据显示其存量成员数约1亿，累计受助成员144844人，募集的互助金已有209.77亿元。① 在基本医保和商业保险之外，网络互助正在成为我国多层次医疗保障体系的重要补充。相较商业保险，网络互助的准入门槛和分摊费用较低，互助成员以那些无力购买商业保险、大病负担能力较低的中低收入群体为主，保障范围覆盖恶性肿瘤在内的100余种大病，为防止中低收入人群因病致贫和因病返贫作出了积极贡献。随着网络互助业务规模迅速扩张，其新型的交易架构和特有风险引起市场从业者、监管者的高度关注。2016年，保监会出台《关于开展以网络互助计划形式非法从事保险业务专项整治工作的通知》针对网络互助平台进行分类管理，对其

* 何颖，华东政法大学经济法学院副教授，法学博士；王玮，华东政法大学互联网金融法律研究中心硕士研究生。本文为司法部国家法治与法学理论研究项目——“地方金融监管权研究”（18SFB3041）的阶段性研究成果。

① 相互宝官网数据，资料来源：http：//xianghubao. alipay. com，2021年8月10日访问。与2019年同期数据相比，该受助成员数和互助金同比上涨约10倍。

中那些以保险之名行互助之实的平台进行从严整治。① 然而，对于那些向“公众明示互助计划与保险产品的区别”的互助平台应如何监管迄今仍然是悬而未决的问题。

自2021年以来，网络互助行业多家平台，包括美团互助、水滴互助、轻松互助、新浪互助和悟空互助等相继退出。大型互助平台中仅有蚂蚁旗下相互宝尚且留存。同时还有多家中小型平台持续运行，包括康爱公社等中等规模的互助平台，以及多家小型的互助机构。② 对此监管部门表示，一方面要看到网络互助的正面作用，另一方面也要看到其潜在的风险，“……如果打着互助旗号从事金融业、保险业，就偏离了互助的本质，需要纠正。所有的金融活动都必须要有证驾驶”。③ 下一步，银保监会还将对网络公司的互助业务予以进一步的关注，了解其运行的方式和风险情况，再根据情况采取相应的措施。

在此背景下，网络互助业务的监管落地成为十分紧迫的议题。

然而当前学界目前对网络互助业务的研究尚处于起步阶段。对于网络互助业务的法律定位及其特点、再中介化架构下特有风险和监管机制观点差异较大。关于法律定位及其特点，有研究认为网络互助业务可以定位为萨拉蒙所称的社会目的优先型金融，④ 有的则建言网络互助业务宜转型为纯公益组织，⑤ 有的则认为其性质是一种基于互联网平台运行的重疾互助计划。⑥ 目前的研究对网络互助业务的保险属性和法律性质未达成共识，鲜有就其风险再中介化的特质进行论述。并且，对网络互助业务再中介化架构所导致的特有风险，包括逆向选择风险等尚未有相应的研究成果。关于监管，现有研究多从微观层面把握监管的尺度，但系统性的监管框架论述不够充分。

本文拟从剖析传统商业保险的风险归集特征入手，探究网络互助业务的风险共担机制的特有结构，释明互助平台的法律地位。在梳理该类业务特殊的治理逻辑的基础上形成针对性的监管对策，以在包容创新与审慎监管之间寻求平衡，助力网络互助业务健康发展。

---

① 参见《关于开展以网络互助计划形式非法从事保险业务专项整治工作的通知》第三条第（一）项：“……基于排查所掌握的各网络互助平台基本情况，对平台进行分类：一是向公众明示互助计划与保险产品的区别，未诱导公众产生可获得风险保障刚性赔付预期的平台；二是违规使用保险术语，存在虚假、误导宣传或其他不规范行为，但未诱导公众产生刚性赔付预期的平台；三是诱导公众产生刚性赔付预期，或存在以保险费名义向社会公众收取资金并非法建立资金池等行为的平台。其中，第二、第三类网络互助平台为本次专项整治对象，第三类网络互助平台为重点整治对象。”

② 小型平台如众筹帮、夸克联盟、壁虎互助、e互助、康爱公社仍然继续运营，但是互助计划和会员规则有不同程度的优化，互助计划的优化主要体现在针对不同情形设置相应的互助金额上限，成员规则的优化则体现在互助申请审核机制、资金管理规则、隐私规则和监督机制等方面。

③ 王林：《银保监会再谈网络互助平台关停潮》，资料来源：https：//t. m. youth. cn/transfer/index/url/finance. youth. cn/finance_gdxw/202104/t20210417_12865052. htm，2021年7月28日访问。

④ 赵文聘：《社会目的优先型金融的理论逻辑和创新方向——以网络大病互助为例》，载《上海大学学报（社会科学版）》2020年第4期。

⑤ 胡祁：《网络互助平台运行模式及未来发展路径分析》，载《上海保险》2016年第5期。

⑥ 李伟群、沈志康：《“相互保”处罚决定落地后引发的深层思考》，载《上海金融》2019年第7期。

二、网络互助业务与平台的法律定位

（一）网络互助业务的法律性质：《保险法》之外的保险

网络互助业务自诞生伊始，关于其法律属性的争议就未曾停止，目前主要是围绕着网络互助业务是否属于保险业务展开。

但是，如前文所及《保险法》规定的是狭义的保险，仅限于商业保险并不包括其他一些保险类型。因此，不能以《保险法》作为网络互助业务是否具备保险属性的认定标准。

首先，网络互助不是商业保险，不属于现行《保险法》所调整的保险类型。网络互助业务没有基于保险精算进行风险定价和费率厘定，没有科学提取责任准备金，同时也没有受到政府部门的严格监管，在财务稳定性和赔偿给付能力方面没有充分保证。而这些正是《保险法》明确规定的商业保险构成要件。虽然互助计划与商业保险都是损失分摊机制的一种，但是，二者风险承担形式并不相同，权利义务关系也不相同。商业保险模式的价值之一在于“刚性保障”，投保人事先缴纳一定数额的保险费，在约定的保险期间内，若触发相应保险事件，必定可以依据保险合同请求支付约定数额的保险金。而网络互助系事后分摊损失，风险单位的不稳定会影响互助业务的偿付能力，无法给予成员同商业保险一样稳定的偿付预期。尽管相互保险由互助计划演化而来，但不论是相互保险公司还是股份保险公司，都具备法人资格和充足的偿付能力，投保人缴纳保费，把风险转嫁给保险公司承担，投保人与公司法人之间产生债权债务关系，这与互助计划里会员之间的互助关系是有本质区别的。[①] 据此，原保监会在风险提示中明确指出，网络互助并非商业保险，其与相互保险经营原理不同。[②]

其次，网络互助本质上仍然属于保险业务，同样具备保险的基本要素。[③] 保险从本质上看是一种分散危险、消化损失的经济制度。特定危险、多数人的互助共济，以及对危险造成损失进行补偿、独立请求权是构成保险的基本要素。其中，“多数人的互助共济”，既包括多数人的间接集合模式，主要表现为商业保险，也包括多数人的直接集合模式。[④] 网络互助即应属于后者，而这是网络互助区别于商业保险的关键所在。

虽然商业保险制度实现了更广范围内的“互助”，但是保险公司为了控制兑付风险，必须在“准入门槛”和“保费”之间寻求一个平衡，精算技术使得高风险或低收入的人群被商业保险排除在外。换个思路，若信息传递高效、资金划拨实时透明，继而在个体集合和协同基础上实现保

---

① 魏迎宁：《左手保障右手互助，网络互助计划价值几何?》，载《上海保险》2018 年第 12 期。

② 《关于开展以网络互助计划形式非法从事保险业务专项整治工作的通知》（保监发改〔2016〕241 号）。

③ 基本要素具体包括以特定的危险为对象、以多数人互助共济为基础、以对危险事故所致损失进行补偿为目的，赋予对被保险人独立的法律上请求权。

④ 参见李玉泉：《保险法》（第三版），法律出版社 2019 年 8 月版，第 7 – 10 页。岳彩申、盛学军：《金融法学》（第三版），中国人民大学出版社 2020 年 6 月版，第 52 页。

险的风险分散功能也是可行的，保险机构的存在并不是必需的。网络互助业务正是这样的一个尝试。

最后，网络互助业务具有较强的普惠性和公益性，是商业保险的有益补充。网络互助诞生于商业保险制度之后，以商业保险的“利基市场”为切入点，主要为低收入群体提供重疾风险“互助”，更多体现为一种“普惠”特征。

普惠金融与网络互助业务高度契合。普惠金融本质是金融公平，为所有人尤其是穷弱群体提供平等享有金融服务的机会。[①] 而网络互助业务的设计初衷也是为穷弱群体提供风险转移服务，以增强其大病负担能力。一方面，普惠金融要求金融机构尽可能地拓宽覆盖广度。囿于铺设线下实体机构的成本，商业保险未必能够实现。而网络互助则不然，借助高速发展的移动支付和互联网技术，可以轻易地打破空间上的壁垒，但凡能够接入互联网，就能成为互助团体的一员。另一方面，普惠金融要求金融机构针对弱势群体设计价格合理的金融产品以满足其需求。国家统计局 2019 年住户抽样调查数据显示，我国当前仍然有 40% 以上的人群，其平均月可支配收入在 1000 元左右，这也是我们社会中的低收入人群。[②] 目前市面上动辄 8000 元/年的商业保险对其而言无异于天价。而网络互助平台能有效增强互助群体尤其是城乡低收入群体、农村边远地区人口等金融弱势群体的支付能力，提供一个低成本的金融支持工具，具有一定程度的普惠性。[③] 网络互助业务目前的成员画像也印证了此点，根据《2020 年网络互助行业白皮书》的数据，近 80% 的网络互助成员年收入在 10 万元以下，72.1% 来自三线及以下城市、农村。缺乏相应的医疗保障也是成员的重要特征之一，12.93% 的成员自述没有社保，68.40% 的成员自述没有商业保险。由于缺乏医疗保障，加之收入微薄，60.63% 的成员表示 10 万元以内自担费用带来较大经济负担，其大病负担能力之弱可窥一斑。而参与网络互助计划给 76.83% 的成员带来“保障和安全感的提升”，53.12% 的参与调查成员给家人购买了网络互助。[④] 从某种程度上讲，网络互助业务可有效防止因病致贫、因病返贫，成为健康保障体系的有益补充力量，显著减少患病家庭经济负担；是商业保险的有效补充，覆盖中等及较低收入居民，让这些大病弱势人群多一份保障；有助于我国健康保障领域数字化转型升级。[⑤]

---

① 彭纯：《发展普惠金融是银行的重大使命》，载《中国金融》2018 年第 16 期。

② 《国家统计局回应“有 6 亿人每月收入仅 1000 元”》，资料来源：http：//sn. people. com. cn/n2/2020/0615/c190199 - 34088850. html，2021 年 8 月 6 日访问。

③ 赵文聘：《风险及规制：网络大病互助的集成治理》，载《社会建设》2019 年第 4 期。

④ 蚂蚁金服：《网络互助行业白皮书（2020 年）》，资料来源：https：//antcloud - cnhz02 - athomeweb - 01. oss - cn - hzfinance. aliyuncs. com/attachment/2020 - 06 - 13/3f900e1a - d421 - 49ba - a635 - bb9792a0179f. pdf，2021 年 8 月 1 日访问。

⑤ 李致鸿：《全国政协委员孙洁：建议将网络互助纳入银保监会监管框架内》，资料来源：http：//bank. hexun. com/2021 - 02 - 27/203097067. html，2021 年 8 月 1 日访问。

2021年6月，国家医保局发布了《医疗保障法（征求意见稿）》，其中第二十二条明确规定，“国家鼓励社会慈善捐赠支持医疗保障事业发展。统筹调动慈善医疗救助力量，支持医疗互助有序发展。慈善医疗救助款项筹集及使用按国家有关规定执行。”这是医疗互助首次进入立法，为网络互助业务合法性提供了确切的依据。

（二）网络互助平台：新型保险中介的角色定位

当代，金融脱媒成为我国金融市场发展的大势所趋。尤其是新技术运用、金融工具和金融产品创新，以及新型金融服务部门的出现，成为推动“金融脱媒”的重要影响因素。

金融脱媒是一个金融去中介化的过程，表现为资金供给方与需求方绕开金融中介，不通过传统金融中介进行直接投资、借贷等金融活动。以银行业为例：由于支付宝等第三方支付平台借助互联网、大数据技术等提供方便快捷的支付结算服务，一方面，对商业银行支付结算业务手续费等收入形成冲击；另一方面，这些平台凭借技术和客户优势，通过推出余额宝等新型投资产品，以及作为基金等理财产品的代理销售渠道，分流了商业银行的大量资金来源，这些投资理财产品的高流动性与更高的收益率使“存款搬家”终成定局。

在保险领域，新兴的网络互助区别于传统商业保险业务的根本特点在于去中介化的业务模式。

根据《保险法》第二条的规定，在商业保险业务中，投保人根据合同约定，向保险人支付保险费，保险人对于合同约定的可能发生的事故因其发生所造成的财产损失承担赔偿保险金责任，或者当被保险人死亡、伤残、疾病或者达到合同约定的年龄、期限等条件时承担给付保险金责任。可见，商业保险的本质是将分散的风险集中到保险公司，再由保险公司作为中介进行统一的赔付。在这样的业务逻辑之下，保险公司处在业务的中心地位，担当着信用中介的职能。商业保险制度通过精算科学将原本离散的传统小集体互助计划重组为各类细分的“风险池”，保险公司作为风险互换“信用中介”，通过外部监管和内部的精算机制实现陌生人之间的相互信任。

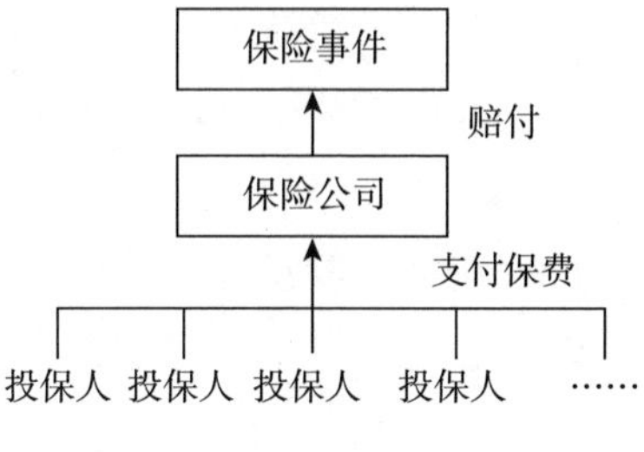

图1　商业保险运营模式

（资料来源：作者整理）

网络互助作为一种风险分摊与补偿模式，脱离保险公司作为赔偿中心。互助平台不再是最后的风险承载者。损失是由所有互助成员分摊，风险承载方式发生巨大变革。在网络互助业务的风险共担机制中，每个成员都是一个节点，拥有对等的权限。某一节点触发互助事件后，具体赔付信息不再完全交由中心节点（保险公司）进行后续处理，而是将该信息传输至所有节点进行验证，所有节点达成共识后进行损失分摊。任何个别协作节点未经全网共识确认形成的互助赔付信息的更改或者记录，不会被接受。由此，网络互助平台通过搭建点对点技术基础设施和分布式共识机制，实现了去中介化架构的网络互助业务的风险共担机制。

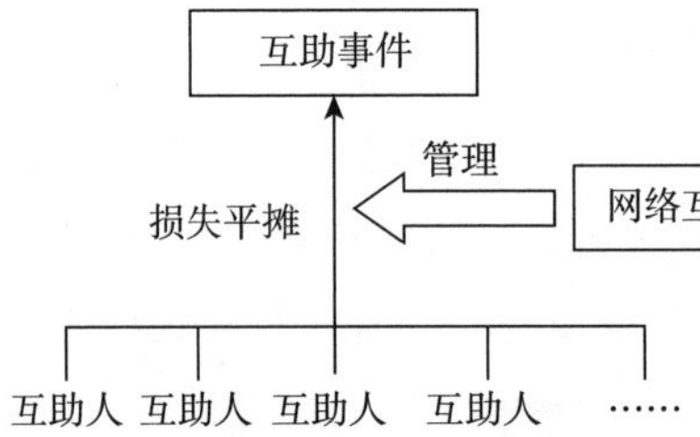

图2 网络互助运营模式

（资料来源：作者整理）

网络互助业务在脱离以保险公司为核心承担风险机制的去中介化过程中，也发生着看似相反甚至矛盾的再中介化趋势：网络互助平台作为信息服务提供者及互助业务的管理者，演变成为一类新型中介，在数字环境中发挥着全新的功能。

网络互助平台是再中介化的典型代表之一。所谓再中介化，并不是简单地消灭市场参与者的环节，而是重构市场中介，引入新型的中间人，包括替换掉不可扩展的低效率的中间代理人，补以线上的、通常为自动化的工具，以及可以为平台双方参与者提供新的优质产品与服务的系统。传统的中间人依赖手动工作，而平台中间人依赖算法和社区反馈，这两者升级起来既快速又高效。另外，他们不断收集数据，并以此令系统更为智能，这也是传统的中间人无法做到的。①网络互助便是如此，由线下核保转变为线上智能核保，运用大数据和算法等高新科技判断是否存在欺诈风险，同时通过区块链技术和社区反馈来追踪互助资金的运用情况，极大地提升了运行效率。

网络互助业务具有平台经济的一般特征即以互联网平台作为组织中心，以信息利用作为核心控制手段、以个体直接交易作为表现形式。② 互联网平台的基本功能是通过互联网技术连接产

① ［美］杰奥夫雷·G. 帕克、［美］马歇尔 W. 范·埃尔斯泰恩、［美］桑基特·保罗·邱达利：《平台革命》，志鹏译，机械工业出版社2017年版，第71页。

② 赵鹏：《平台、信息和个体：共享经济的特征及其法律意涵》，载《环球法律评论》2018年第4期。

品或服务的供给侧和需求侧、协调交易活动，平台自身并不直接提供产品或服务，而是扮演信息汇聚和交易组织的角色。[①] 包括通过互联网设施聚合供给侧和需求侧的信息，便利供应方获得客户和交易机会、需求方搜寻产品和服务，并为供需双方提供交流渠道、通过技术和交易规则安排确保交易安全、为交易搭建了基于互联网和线下（例如配送）的基础设施等便利交易进行的服务。[②] 在网络互助业务中，平台自身并不承担偿付责任，而是扮演信息聚合和管理组织的角色，通过线上的、自动化的管理机制，以及可以为平台双方参与者提供新的优质产品与服务的系统，以降低交易费用，实现风险分摊的协作机制，这都是传统商业保险不具备的优势。经过功能再造的网络互助平台，其法律性质也随之发生转变，需要重新审视并加以定位。

三、 网络互助业务的治理逻辑

综上可知，网络互助是与商业保险相区别的一种保险业务类型，是对商业保险和社会保障体制的普惠性创新和补充。网络互助业务在去中介化的同时也进行了再中介化，互助平台充当信息中介和管理者角色，促成了互助者之间的直接资金支持。

对于这样的一种新型业态与组织形式，必然形成其特有的治理逻辑。首先，网络互助业务突破了商业保险机构兑付风险的业务局限，改为互助成员分摊损失，因此确保互助社群的稳定规模尤为关键，互助成员的逆向选择积累到一定程度必然导致互助平台难以为继。其次，网络互助成员不仅是受益者，也是损失的分摊者，是网络互助交易的直接利害关系人，应当也必须参与平台治理，这也是平台有效治理的重心所在。最后，网络互助业务主流的前付费模式所带来的资金累积形成资金池外观，衍生众多资金安全风险，如何选择合理安全的资金管理模式是平台治理的当务之急。以下逐一进行论述。

（一）互助业务审慎经营的关键：防范互助社群逆向选择

网络互助业务的逆向选择风险反映的是一个互助成员“劣币驱逐良币”的过程。现阶段网络互助核保条件过于宽松，高风险人群大量涌入，分摊费用也随之上涨，导致低风险成员流失，不利于平台持续经营。微观审慎监管着眼于对单个金融主体安全和稳健的关注，而防范逆向选择关乎互助社群稳健运行，若不能克服逆向选择，互助金无法覆盖赔付成本和其他成本，低风险成员被持续上涨的高昂费用排挤出互助社群，互助社群大幅萎缩，互助业务无法开展下去。因此，互助业务审慎经营的关键在于防范互助社群逆向选择。逆向选择风险具体表现为以下几点。首先，平台主要通过年龄和健康承诺对成员予以筛选。年龄方面，大部分平台限制在59周岁以

① 商务部《第三方电子商务交易平台服务规范》将第三方电子商务交易平台定义为“在电子商务活动中为交易双方或多方提供交易撮合及相关服务的信息网络系统总和”。

② 赵鹏：《平台、信息和个体：共享经济的特征及其法律意涵》，载《环球法律评论》2018年第4期。

下。健康承诺方面，相较重疾险，网络互助平台的准入门槛更为宽松，例如重疾险会对甲状腺囊肿、肝囊肿等疾病有所限制，而相互宝没有要求。其次，相较重疾险，平台运营方缺乏严格的核保程序，无法有效防范带病投保现象。最后，网络互助平台采取的是损失分摊的定价模式。虽然该模式规定会员的分摊金额上限，但是未充分考虑到会员之间的风险差异状况，不能做到个体层面的差异化定价。参与者的自身风险状况与参与成本关联程度较低，高风险者的加入实际提高了低风险者的参与成本。伴随高风险者的陆续加入，倘若低风险者发现参与成本上升，他们会退出平台，产生逆向选择效应。低风险会员的陆续退出会进一步提升现存成员的分摊数额，使平台陷入恶性循环，会员规模持续缩减，一旦该不良趋势无法逆转，平台丧失运作根基，退出市场只是时间问题。

总之，由于审核宽松，网络互助平台吸引了大量的非健康用户，随着分摊金额的快速上涨，健康用户很可能会退出互助平台，最终形成“逆向选择”。参与人群大幅下降、赔付案件数量上升，将引起互助基金偿付能力不足，进而影响平台持续经营。2021 年 1 月 15 日，美团互助宣布关停。逆向选择风险不断增加是它关停的主要原因之一。①

在宏观层面，网络互助业务的逆向选择风险也有引发系统性风险的可能性。互联网高速交互、信息撮合的特质，使平台所积累的海量用户可以轻松将一笔高额治疗费经由“人人伸出一只手”的形式进行分摊。但如果发生互助基金偿付不能，多节点、高密度的风险分摊模式同样可能加剧风险传染，引发系统性风险。网络互助业务作为普惠金融的代表，参与者众多，组成的互助网络在化解个体风险方面卓有成效。然而在市场发生动荡的情况下，网络节点上的每一个行动者都有可能成为风险的传递者。节点越多，密度越大，风险传染的面就越大，蔓延的速度就越快。② 这些风险信息快速传递给成员，一旦成员开始大规模退出，平台就会面临流动性风险。如果这种流动性风险在金融体系内传染，整个金融体系就会面临流动性压力，风险积聚的速度大大提高。③

（二）平台治理机制诉求：确保成员有效参与治理

网络互助业务平台在既有的法律体系下缺乏准确定位，对于“治理主体及其法律关系如何界定？平台在治理中的角色定位为何？成员是否需要参与平台治理？成员如何有效参与平台治理？”等问题尚缺乏规则回应，从而使互助业务蕴含较大的治理风险。此处以相互宝为例，对再中介化架构的网络互助业务的治理结构进行剖析。

---

① 周頔、胡志挺：《银保监会谈美团关停互助业务：逆向选择风险不断增加等是主因》，资料来源：https：//finance. sina. com. cn/money/insurance/bxdt/2021 - 01 - 22/doc - ikftpnny0592125. shtml，2021 年 8 月 1 日访问。

② 许多奇：《互联网金融风险的社会特性与监管创新》，载《法学研究》2018 年第 5 期。

③ 许多奇：《互联网金融风险的社会特性与监管创新》，载《法学研究》2018 年第 5 期。

网络互助业务的治理主体主要包括平台经营者和互助成员。其中，根据对平台事务参与积极性和专业程度的不同，互助成员又分为普通成员和活跃成员，[①] 普通成员对平台治理的参与度较低，而活跃成员以陪审团或监督委员会等形式参与平台治理，代表全体成员参与互助规则的制定和修改、评定互助申请的正当性和执行监督。而互助平台的日常运营、制订和修改互助计划的最终决定权、互助申请的执行和定时信息披露则归属平台所有。在互助计划中，平台并不承担相应的偿付责任。成员实际上是与其他成员约定平摊彼此损失。平台与成员之间实际构成委托代理关系，由平台代理其他成员对罹患重疾成员的损失予以偿付。

平台运营方在治理中的角色定位应当是连接者、匹配者、市场机制的设计者和互助成员代理人。平台借助互联网技术搭建平台，设计具有合理价格的互助计划吸引有风险转移需求的中低收入群体，为他们提供交互的平台，匹配具有相同疾病风险的群体，成立互助社群以共担风险。此外，为了维护互助社群的正常运营，平台也是其他互助成员的代理人，负责诸如偿付、互助申请执行等事务，为避免平台滥用代理权利，需要定期披露信息以供成员监督。

成员应当参与平台治理。首先，平台并不承担最终的偿付责任，而是将其分散到每个成员身上。因而，平台治理成效的直接利害关系者是成员，而非平台经营者。若将成员完全排斥在平台治理过程之外，则成员无从纠偏平台经营者的错误决策，无法保障自身利益。有人可能提出异议，认为成员参与平台治理并不是唯一的有效路径。若平台经营不善，在一个充分竞争的市场，成员可以选择其他经营良好的网络互助平台。但是，这个假设忽略了网络互助业务的特殊性。为控制风险和防止带病参与互助业务，网络互助业务一般会仿照保险设置3个月的等待期，在等待期内确诊疾病的，成员资格自动终止。因此，网络互助业务并不是一个具备充分流动性的市场，成员的退出成本较高。此外，若成员不能参与平台治理，很难获悉平台运营具体信息，及时退出互助平台的难度更是可想而知。因此，成员有必要参与平台治理。

在完成成员参与治理正当性的论证后，需要讨论成员如何有效参与治理。成员参与平台治理的途径具体可分为参与互助规则的制定和修改、评定互助申请的正当性和执行监督三个方面，下面将逐一展开分析。根据《相互宝重症疾病互助计划条款》《相互宝成员规则》和《相互宝陪审团规则》，互助规则的制定者是蚂蚁会员（北京）网络技术服务有限公司（以下简称蚂蚁会员），若成员存在异议可在共议家园板块提出建议，蚂蚁会员邀请专家定期评估建议，制订优化方案并征集意见，经公告15天后生效执行。此外，当成员数量少于324万人时，蚂蚁会员可主动终止或调整计划。互助规则的制定权和修改权属于平台，成员仅有修改建议权，权利配置并不合理。如相互宝于2019年12月16日发布了《相互宝保障及规则优化正式公告》，宣布调整理赔

① 根据各个平台的现行规则，活跃成员一般要求加入互助计划满一个月以上，其间积极参与案情研讨，并通过相应的资格考察。

规则，自2020年起保障范围将移出轻度甲状腺癌和轻度前列腺癌。虽然相互宝宣称此举目的在于节约互助金，以帮助更多治疗期和康复期费用高的重症成员，但是无疑会严重影响原成员的利益。涉及利害关系的组织事务需要作出决定之际，即使出于善意或者公心的目的，相互之间存在抵牾之处，需要进行适当的权衡和调整的，不应当由单方决定，而应当根据议事规则由组织成员进行民主决策，这样有助于修正利害主体褊狭的初始性偏好，以免损害组织成员利益。[①] 而相互宝目前的规则修订程序方面存在缺位，亟待补正。

其次，根据相互宝的规则，蚂蚁会员将经调查评估机构审核通过的案件在平台予以公示，成员无异议即通过申请。若存在异议，提请陪审团审议。陪审团由参与时间持续30天以上的互助成员经系统随机挑选组成。陪审团根据材料在24小时内作出表决，达到有效票数，且支持申请的票数占投票总数一半以上，赔审结论为“支持申请人请求”。具体流程见图3。

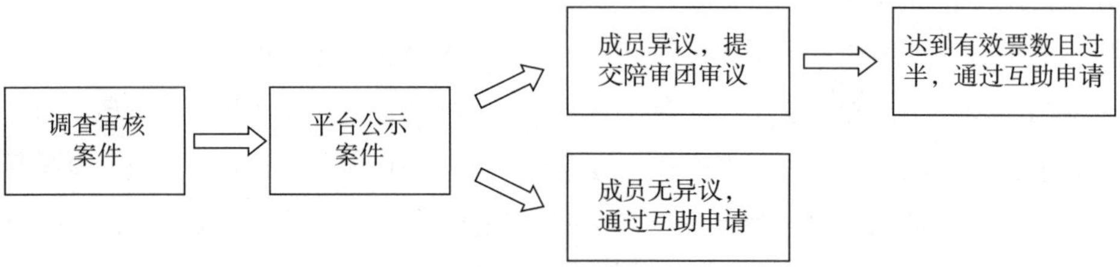

图3　网络互助业务陪审团运作流程

（资料来源：作者整理）

认定互助申请正当性权利交由成员行使，是互助平台治理架构的魅力所在，每个成员都能通过投票参与到治理事务当中，组织机构运作更为民主透明。但是，基于人的有限理性，成员参与组织治理的能力是有限的。即便决策过程可以简化，在操作层面达成群体共识的过高成本会削弱组织的行动能力。投票机制要求成员必须持续关注和参与组织的活动，收集必要信息并作出明智的决策是一个耗时又复杂的过程，可能阻碍大部分人进一步参与。由此产生的疑问是，再中介化组织的运作效率是否能与大多数传统科层组织相同或相近。民主过程引发的社会摩擦，最终是否会阻碍组织的社会和经济效益。[②] 2021年5月发生的黎刚拒赔案也是一个例证。在3月8日凌晨5点，黎刚女儿因误信传言为其父退出互助计划，51分钟后，又重新为其加入。黎刚于次日因冠心病住院，达到赔付标准，并于次日不幸离世。但是由于其中途短暂退出，不符合等待

① ［美］亨利·罗伯特：《罗伯特议事规则》，袁天鹏、孙涤译，格致出版社2015年版，第7页。

② ［法］普里马韦拉·德·菲利皮、［美］亚伦·赖特：《监管区块链：代码之治》，卫东亮译，中信出版社2019年版，第149页。

期要求，理赔申请被拒绝。其妻申请陪审团重审，最终陪审团拒绝了理赔申诉。[①] 该决策未必是完全明智的，虽然拒绝赔付理由有互助规则支撑和经济效益的考量，但是仅仅由于中途短暂退出而无法获取赔付不合情理，为互助计划的社会声誉蒙上一层阴霾，不利于网络互助业务的稳健发展。

最后，根据相互宝的规则，互助计划的执行权归蚂蚁会员所有，完成打款后将于区块链存证，成员可在公示分摊板块查看存证证书、互助名单和互助调查情况，受助成员可在爱心足迹板块发布最新动态。根据相互宝的现行规则，目前成员只能通过蚂蚁会员所公示信息进行监督，若公示信息不实，监督无从谈起。以 2020 年 10 月第二期互助成员张某明为例，笔者无从查证其接受互助的具体信息，也未找到该成员发布在爱心足迹的最新动态。虽然区块链会记录每期互助计划的执行情况，但是并不能查询到具体成员与该区块链节点之间的关系，可信程度存疑。

此外，在治理过程中，平台需要收集管理和分析利用互助人员的风险信息，可能存在对成员个人信息保护方面的不足。网络互助业务所涉及的信息基本均为互助成员的健康医疗数据，与个人隐私联系更为紧密，利用价值更高。根据《个人信息安全规范》和《中华人民共和国数据安全法》，健康医疗数据属于个人敏感信息。个人敏感信息与个人一般信息的区别在于损害风险不同，也是对敏感信息施加特别保护的原因所在。[②] 健康医疗数据的保护攸关国家安全。不法分子可能通过分析成员疾病信息，推知其他家族成员、社群乃至民族基因组上的疾病信息，为生物武器制造提供可乘之机。[③] 个体层面，信息保护也具有重要意义。除了饱受不良医药和保险推销骚扰之苦外，健康医疗数据主体面临被敲诈勒索的威胁。

以相互宝为例检视网络互助业务数据收集规则，存在诸多不足。在间接获取方面存在获取的信息超过授权同意范围的风险，数据主体对其间接收集的数据范围并不知情，缺乏有效的预警和监督机制。此外，并没有就个人敏感信息进行区别对待，设置特别的告知同意规则。在数据利用方面，虽然相互宝在其合同中规定了成员对后续数据更正和删除的权利，但是笔者并未检索到相应的具体规范，如平台审核和更正的具体时限。此外，网络互助业务的个人信息利用规则有特别之处。提出互助申请的用户需要将诊疗信息和身份信息予以公布，以接受监督，该过程不可避免地造成个人敏感信息扩散和传播。虽然相互宝在成员规则中规定成员的保密义务，但是流于形式。首先，非成员（支付宝会员）也可访问相互宝板块直接获取敏感信息。相互宝没有设置必要的限制措施，也没有规定非成员的保密义务。其次，在陪审案件结束后，相应信息继续

---

① 《51 分钟，损失 10 万元》，资料来源：https：//www.163.com/dy/article/GFDQTEQ20519E14O.html，2021 年 8 月 7 日访问。

② 谢琳、王漩：《我国个人敏感信息的内涵与外延》，载《电子知识产权》2020 年第 9 期。

③ 刘士国、熊静文：《健康医疗大数据中隐私利益的群体维度》，载《法学论坛》2019 年第 3 期。

展示6个月。即便是为增进成员对互助规则的认知，6个月的正当性证成缺乏有力支撑。最后，成员的保密义务缺少相应的责任配置，威慑力较低。相互宝第一例陪审案件中成员的诊疗信息等敏感信息被公布在社交媒体引发热议，舆论压力迫使成员在5小时后撤回申请，此后未见相互宝追究泄露信息成员的责任，成员实际遵守状况可想而知。

（三）资金管理模式选择：防范资金安全风险

我国网络互助业务的资金管理模式，具体可分为“事前预存 + 事后分摊”和“事前无须预存 + 事后分摊”。两者的根本区别在于是否产生资金池。前者由用户事先缴纳互助金至指定账户中，形成资金池，目前市场主流均采取此种模式，资金池规模不容小觑。以e互助为例，截至2020年第四季度，托管账户余额约6000万元。[①] 后者则无需成员事先预存，成员触发互助事件后由平台通过成员关联的第三方支付平台直接划拨分摊费用，目前仅有相互宝采取该种模式。

虽然下文将详述“事先预存模式”的种种弊病，但是“事先预付模式”仍然是主流。“事后分摊模式”需要依托资历雄厚的第三方支付机构，与成员的银行账户进行深度绑定，保障账户里有充足的现金以备偿付。目前，除相互宝外，鲜有网络互助平台可以具备该种条件。

就“事先预存模式”而言，成员缴纳的互助资金集中存管于以互助平台的名义开立的银行账户，平台再为成员开立个人账户以反映后者资金流动情况。在名义上该笔资金归属平台，成员与互助资金之间的联系被切断，所有权的观念难以为继，形成资金池的外观。保管合同下成员与善意第三人之间的冲突更为突出。由于互助资金的交付仅体现于个人账户的增减记录，反映出的资金流动方式是纵向，而非横向，而且银行与互助平台多采用净额结算模式，使得成员与善意第三人之间的直接联系被切断，成员之间、成员与第三人之间不存在直接的交易关系。若互助平台挪用互助资金与第三方交易，即便法律赋予成员可追及的财产权，成员也难以追踪资金具体流向。[②]

此种模式下的资金池与商业保险的资金池仍存在诸多差别，根据《保险法》，保费作为保金的对价，当然构成保险人的收入，除非解除合同，否则投保人不可享有退还保费的请求权。而在网络互助业务中，成员随时可向平台发出退还账户余额的指令，换言之，成员对账户金额享有控制权。成员退出计划时也享有返还完整保证金的请求权。在解除保险合同的情形下，考虑到保险的履行时限等诸多因素，退还的保费余额数目、能否顺利退还保费仍未可知，而成员退出互助计划，返还全部保证金和扣除必要费用的互助金额则较为顺利。[③]

---

① 《e互助平台第六届会员监督委员会第四次会议纪要》，资料来源：https：//wx. ehuzhu. com/ehuzhu2/info/content. html？ id =05dead9393624615980424a2c6d56a2c&memberId =397eb11a08bb4903a5b5f29044b42325&companyRecomandId =zxwz&srcOpenid =oQCM0t7tMvXvUQaj4qTu8BV9Kzlo&shareType =message，2021年8月1日访问。

② 楼建波：《金融商法的逻辑》，中国法制出版社2017年版，第116页。

③ 金雪儿：《网络互助的性质定位与监管对策——以e互助为例》，载《法律与新金融》2016年第4期。

前付费模式带来的资金累积会衍生众多风险，当中最容易触发的便是非法集资。有的平台假以互助之名行非法集资之实，对成员承诺大额奖励激励其发展下线，待资金到账便卷钱跑路的案例更是屡见不鲜。此外，有的平台将互助金与平台自身资金相混淆，没有独立的资金托管，互助资金的运用流程不够透明，平台管理人员监守自盗。

四、网络互助业务包容审慎监管应对分析

（一）网络互助业务的包容审慎监管逻辑

以逆向选择风险为例，传统的审慎监管是对资本不足风险的防范，着眼于金融机构的资本充足率、资产质量、流动性水平和盈利水平等指标（微观审慎监管），关注逆周期管理、系统重要性金融机构监管（宏观审慎监管），但这些对于网络互助业务很难适用。[①] 网络互助业务作为信息中介，本身并不承担偿付责任，呈现出一种保险脱媒的业态，使风险与平台自身资本脱钩，并不会以资本不足的状态出现。简言之，网络互助业务的逆向选择治理逻辑就是如何保证互助社群健康稳定的运行，避免社群骤缩。这同平台自身资本无关，同损失分摊实质公平、信息真实和运行有效有关。

基于以往的实践经验，我国对于网络互助业务这种金融创新产品的监管总是失之偏颇，起初将之作为新生事物，侧重于其互联网属性或者说不同于传统金融的特殊性，监管失之于宽松放任；一旦风险集中释放，出现诸如 P2P 平台大量“跑路”等危机事件后，监管态度又陡然一变，试图将此类创新产品全面纳入既有监管框架，采取与传统金融机构完全一致的监管规则，过高的准入门槛和合规成本成为初创企业的不可承受之重，乃至重蹈“一放就乱、一管就死”的覆辙。此种监管政策并未真正抓住金融创新产品的风险点，也欠缺一以贯之的监管理念和原则，起初有欠审慎，之后则不够包容。[②]

鉴于现有监管政策的不足，有必要针对网络互助业务，提出相匹配的监管理念——包容审慎监管。为什么说包容审慎监管与再中介化架构下网络互助业务治理逻辑相匹配？

何谓包容审慎监管？该监管理念最早由李克强总理提出，他认为，包容允许新事物发展并纠正出现的问题。审慎监管，就是禁止招摇撞骗的同时划出安全底线。[③] 此点在《优化营商环境条例》中再次得以强调。学界也对包容审慎监管进行了解读，包容审慎监管要求政府认真对待新

---

① 许多奇：《互联网金融风险的社会特性与监管创新》，载《法学研究》2018 年第 5 期。

② 廖凡：《论金融科技的包容审慎监管》，载《中外法学》2019 年第 3 期。

③ 《李克强详解为何对新业态实施“包容审慎”监管?》，资料来源：中国政府网 http://www.gov.cn/xinwen/2018-09/12/content_5321209.htm?_zbs_baidu_bk，2021 年 8 月 7 日访问。

经济、新业态和新模式，既包容又理性谨慎，鼓励市场创新，但不是削弱监管，[①] 该理念正与再中介化架构的网络互助业务相契合。包容审慎监管在审慎监管的基础上发展而来，在创新领域适当降低严格程度，给予更多包容与成长的空间，综合考量被监管行为的外部性，谨慎选择监管的方式和强度，从而实现监管效率的提升。[②] 包容审慎监管并不一味地强调包容，而是在风险覆盖周延的同时强调监管的包容性和适应性。监管模式由监管方单一治理转为利益相关方共同治理。质言之，包容审慎监管要在创新与规范、效率与安全、操作弹性与制度刚性之间寻求平衡，实现金融新业态的可持续发展。[③]

监管者对网络互助业务需要采取与商业保险不尽相同、力度更轻的监管方法。惟其如此，网络互助业务才有可能对商业保险形成补充乃至部分替代。换言之，在不作为保险业务监管与作为保险业务同等监管这两极之间，应当有一个中间地带，即作为保险业务监管但灵活适度；监管方法应当能够平衡技术行业、金融机构和监管者的诉求，并与其在消费者保护与市场稳定方面的义务成正比。网络互助业务的创新本质呼唤监管包容，而其风险特性则需要审慎应对。[④] 因此，监管者要把握好包容和审慎的平衡，不枉不纵，以风险为导向，施以差异化的监管要求。

（二）引入风险定价与责任保证金应对逆向选择

网络互助业务的风险承载方式发生巨大变革。传统的审慎监管旨在保障金融机构的清偿能力，对网络互助业务并不完全适用，需要根据包容审慎的监管理念调整监管对策，包容审慎监管强调要回归本原，在鼓励创新和风险周延之间寻求恰当的平衡。监管机关不应将其与商业保险等量齐观，只考察平台自身资本能力，而应当考量其风险定价机制、信息真实透明程度，充分尊重其业务运行机制。

1. 引入风险定价机制。为稳定社群运行，运营方有必要引入风险定价机制。目前网络互助业务基本采取损失平摊的定价机制，在同等定价下，具有高期望损失的高风险成员与低期望损失的低风险成员相比，前者参与动机强于后者，产生逆向选择的可能性。引入风险定价机制则可以有效克服此点。基于理性人假设，个人的活动会持续至自身的边际成本等于边际利润。只要决策者支付所有与其行为相关的成本并获得所有的利润，行为外部性最低。因此，如果对高风险成员收取更高的价格，可以激励高风险成员提高防范能力、减少风险成本，也能有效克服逆向选择。健康状况、年龄、生活习惯的差异使得实际风险不同，导致期望索赔成本的不一致，平台可以通过健康信息识别成员的期望索赔成本，进行风险分类，制定不同的价格，调整成员支付价

---

① 谢新水：《包容审慎：第四次工业革命背景下新经济业态的行政监管策略》，载《西北大学学报》（哲学社会科学版）2019 年第 3 期。

② 刘太刚：《从审慎监管到包容审慎监管的学理探析》，载《理论探索》2019 年第 2 期。

③ 廖凡：《论金融科技的包容审慎监管》，载《中外法学》2019 年第 3 期。

④ 廖凡：《论金融科技的包容审慎监管》，载《中外法学》2019 年第 3 期。

格，降低交叉补贴。[①]

2. 计提责任保证金。网络互助业务多节点、高密度的特质加剧风险传染。当今互助平台成员数以亿计，一旦出现社群规模骤减，即便像相互宝有蚂蚁金服作为依托，也是难以承受之重。新生互助平台一旦面临偿付不能，谁来兜底是个严峻的挑战。计提责任保证金可以发挥一定作用。为在意外到来时有充足的资金储备，大多数金融机构往往会建立相应的风险保障制度，譬如银行会通过保证金存款和存款保险制度防范存款人风险。保证金存款的功能在于保障银行在面对挤兑风险或巨额资金需求时的偿还能力。[②] 与保证金存款功能相同，存款保险制度也是为了预防挤兑风险而提前建立的资金集合。对成员而言，责任保证金有助于防范偿付不能，保障成员核心利益。对平台而言，此举有利于防止未来可能发生的社群规模骤缩及由此导致的行业恐慌。[③] 笔者建言，为更好地践行包容审慎监管理念，可以依照社群规模和互助金额规定相应的责任保证金计提标准。计提标准不宜过高，如果其被构建成与存款保险相类似的制度，可能会使成员缺乏选择优良网络互助平台的动机，从而导致平台经营者风险管理意识淡薄的负面效果，引发道德风险。因此，需要形成不同风险级别对应不同计提标准的正向激励。

（三）自律为主、监管为辅，促成平台有效治理

组织的治理架构往往内嵌于其运作机制。风险承载机制的变化使得网络互助业务的治理结构弱化中心机构的控制性，强化决策执行的公开透明和成员共同参与的民主特质。然而，在互助规则制定和修改、申请执行方面，缺乏有效的监督机制，容易陷入内部人控制的泥沼。因此，为保证网络互助业务可持续经营，监管机关有必要介入，有效防范治理风险。

治理架构的转变急需新的监管对策，转变方向应当是以行业协会等自律性监管机构的自律监管为主、行政监管为辅的监管模式，这也是包容审慎监管所倡导的利益相关方共同治理。就网络互助业务的风险再中介化、技术创新性等特征而言，行业自律组织相较监管机构更富有专业技术优势，监管手段更为灵活，可以通过行业指导、信用评价体系、行业准则和制度公约等制度，持续推进内部治理优化和行业规范化。目前，网络互助平台的治理架构各具特色，如相互宝的陪审团制度，也正在通过市场竞争检验其实际成效，监管部门强行干涉，不利于差异化竞争，也不利于鼓励创新。行业自律监管的“自”的意义性也是一种“再中介化”的治理逻辑，能极大降低中心化监管的治理成本以及抵御“捕获”风险侵蚀。[④] 因此，行政监管应适度让位于行业自律监管，这也是制度创新的客观需求。

---

① ［美］哈林顿、尼斯豪：《风险管理与保险》，陈秉正、王珺、周伏平译，清华大学出版社2001年版，第96－100页。

② 杨东：《P2P网贷风险保障金制度研究》，载《广东社会科学》2016年第6期。

③ 姚志勇、夏凡：《最优存款保险设计——国际经验与理论分析》，载《金融研究》2012年第7期。

④ 石超：《区块链技术的信任制造及其应用的治理逻辑》，载《东方法学》2020年第1期。

首先，监管机构可联手行业协会探索制定网络互助业务治理准则示范文本，推进互助平台治理机构的规范化发展。网络互助业务目前尚处于野蛮生长的阶段，各平台治理结构差异较大，不易为同业者所借鉴，监管机构可以组织专家和从业者制定一个相对安全稳定的治理框架，使同业者可互相参照而共同受益，优化治理结构。其次，为避免网络互助业务落入内部人控制的巢臼，监管机构可制定权利分配性规则的强制性规范。在互助规则制定和修改方面，保障成员参与决策的权利。成员加入互助平台时，信赖的是当前互助规则所带来的保障预期。互助规则的修改权归属平台，而平台并不是风险的最后承担者，与成员利益偏好不一致，容易激励其作出不利于成员利益的决策，而成员囿于谈判能力，只能在接受修改后有损权益的规则和退出平台之间作出抉择，双方的权利义务配置显著失衡。因而，监管机构有必要保障成员参与决策的权利，从而纠偏平台的错误决策。

此外，网络互助业务的风险管理建立在收集处理成员信息的基础上，这既需要合理的数据共享规则为前提，也需要周延的数据安全保护为基石。因此，如何权衡数据主体和平台之间的权益平衡，构建更为合理的数据安全保护制度成为监管机构的当务之急。目前网络互助业务的数据存储仍然集中在中心化服务器，黑客只需找到数据孤岛的进入途径，便可盗走所有数据。平台可采取分布式存储架构，将控制数据的权限归还到成员手中，由个体自行维护敏感数据的安全，通过共识机制去检验共享信息的真实性。成员使用私钥，决定向平台透露数据的维度和谁能访问数据。在新模式下，黑客需要逐个对成员设备发起攻击，以获取相对微不足道的利益，这是一个以激励机制衡量的安全性概念，他的安全性蕴藏在设计之中，而非通过补丁实现。①

除采用分布式存储架构保障数据安全外，监管部门可以采取如下对策。首先，监管部门宜严格限制互助案件信息板块的访问权限。互助成员作为分摊损失的利害关系人，判定互助申请正当性需要以获取信息为前提。非互助成员并无利害关系，不宜获取访问权限。其次，监管部门需规定平台和成员的保密义务及泄露信息的责任机制以提高威慑力。再次，监管部门需规定平台间接获取信息相应规范和违规的风险预警机制，确保获取信息来源限于成员授权同意范畴。在获取信息后，第三方机构需及时告知成员信息收集的范围，保障成员对间接获取信息的知情权。最后，监管部门可联合数据领域专家、从业者制定合理的公示期限规定。此外，监管部门可要求平台完善信息更改和删除的具体规范，包括平台在收到成员申请后审核、更改和删除的最高时限。

（四）提升账户独立性及透明度，保障资金安全

互助资金安全是网络互助业务赖以生存和发展的重要支柱，直接关系到平台的持续经营能

① ［美］保罗·维克纳、［美］迈克尔·凯西：《区块链：赋能万物的事实机器》，凯尔译，中信出版社2019年版，第35页。

力和财务稳定状况。并且，根据互助规则，网络互助平台本就负有依照善意管理人之注意程度、妥善管理和使用互助资金、保障资金给付安全透明的义务。①

针对网络互助平台的资金安全风险，监管机构应当建立完善的资金监管制度。一是统一资金的存放方式，由独立第三方进行资金托管，以防平台监守自盗，为避免第三方同网络互助机构具有直接的利害关系，需要由银保监会对资金托管方的资质进行核查。二是针对“前付费”模式下多层账户所带来的风险，监管机构可以增设账户结构透明度的要求。托管银行定期要求名义持有人（互助平台）提供实际持有人的身份和互助资金账户情况，并汇总交易数据，通过复合查询系统为成员提供账户余额查询服务。一旦平台伪造指令转移资金，成员也能及时获知。

鉴于当下网络互助业务互助资金规模已达百亿元之巨，追踪具体互助资金的管理运用是一项相当繁杂的工程，因此，应当充分发挥监管科技的独特作用。从总体趋势而言，包容审慎监管要求在监管手段上运用新兴技术，监管科技应用正合该要求。② 监管机关可借助区块链的交互式多方验证信任机制，保障资金管理过程安全透明。虽然，相互宝目前也运用区块链技术对互助资金进行存证，但是并未真正实现全节点验证，只是向用户展示存证证书。而区块链的魅力在于让互助网络每一个节点都参与到互助资金运用审查中来，确保记录到区块的资金信息的准确无误。一方面，监管机构可以鼓励互助平台建立真正的互助资金区块链，让成员实现自我审查，以高效监督资金使用情况。另一方面，监管机构可以将安装实时合规作为准入许可的要求，使监管机构可以实时监控资金流向，提升监管效率，杜绝违规挪用资金的可能性。③

---

① 刘天宇：《网络互助计划在中国：发展概观与性质厘定》，载《金融法苑》2018 年第 1 期。

② 石超：《区块链技术的信任制造及其应用的治理逻辑》，载《东方法学》2020 年第 1 期。

③ 石超：《区块链技术的信任制造及其应用的治理逻辑》，载《东方法学》2020 年第 1 期。

我国金融科技创新监管框架路径探析

■ 张莉鑫*

摘要：金融科技给我国金融监管带来了全新的挑战。我国需探索构建具有包容性的金融科技创新监管框架。在探索实践中，应充分考虑政府、市场、金融科技企业和金融消费者四个主体间的良性互动，探索多维合作治理路径，打造政府监管、行业自律、企业自治、公众监督“四位一体”金融科技治理新体系；金融监管机构应按照“划定刚性底线——设置柔性边界——预留创新空间”的路径逐步推进；合理借鉴域外金融科技创新监管实践，通过创新服务机制，开展金融科技创新辅导，构建创新试错容错空间；建立“事前审慎把关”“事中动态监控”“事后综合评价”的全生命周期安全管理机制；重点保障金融消费者的知情权与自主选择权、信息安全权、财产安全与依法求偿权等权利。

关键词：金融科技　金融风险　合作治理　创新监管

引言

近年来，金融创新与技术变革融合演进、螺旋迭代趋势越发明显，金融科技在我国迅猛发展。一方面，就传统银行、保险等金融机构而言，当前我国经济已步入低速增长的新常态，金融对外开放战略稳步推进，市场竞争日趋激烈，提质增效和谋求转型迫在眉睫。加大金融科技投入，利用金融科技工具丰富业务场景智能化应用，使用自动化和去中心化等技术提高内部经营效率和服务质量，以科技手段赋能传统业务谋求数字化转型，成为很多金融机构的必然选择。①另一方面，以大型互联网公司为代表的科技公司、数据公司、通信公司等技术型企业，以各类新型支付工具、消费信贷平台和投资理财平台为切入，利用其技术、场景和客户优势，积极布局金

---

* 张莉鑫，北京大学法学院2011级博士研究生，现任职于北京大学。

① 以招商银行为例，招商银行在其2019年年报中明确阐述“科技是唯一可能颠覆商业银行经营模式的力量……我们旗帜鲜明地提出打造金融科技银行，把探索数字化经营模式作为转型下半场的主攻方向”。参见招商银行股份有限公司2019年度A股报告，资料来源：https：//file. cmbimg. com/cmbir/202003/ea1ef0e6 - d7f6 - 4e33 - ae44 - 17ef824240b9. pdf，2021年4月19日访问。

融业务，提供便捷多元的金融服务。这些机构当中，或通过自主申请金融特许经营牌照开展金融业务，或与持牌金融机构合作拓展金融业务；同时，也有部分从业机构在未取得金融特许经营牌照，也未与金融机构合作的情况下，贸然涉足资金融通业务，以“金融创新”之名行“监管套利”之实，事实上游走在法律法规和金融监管的灰色地带，甚至涉嫌非法集资或违反相关法律法规的强制性规定。此外，部分金融科技企业还存在滥用市场支配地位、开展不正当竞争活动、侵害用户隐私等问题，这些行为严重扰乱了市场的公平公正秩序，同时也在一定程度上损害了金融消费者的合法权益。

一、 金融科技给我国金融监管带来全新挑战

毋庸置疑，金融科技创新为我国金融业发展注入了新活力，是一种典型的以技术驱动的金融创新，其本质属性与哈佛大学商学院教授克雷顿·M. 克里斯坦森提出的“破坏式创新”理论①相称：与传统金融业务相比，其通过新的生产函数和模式，实现了金融技术的非竞争性，与传统金融业务呈现“差序”和“异质化”竞争的新格局；通过改变金融消费者偏好实现价值导向的基础位移；通过抓住并锁定“长尾”部分庞大客户群体，提高金融服务可获得性，进而缩小数字鸿沟、提升金融民主化。②

但与此同时，金融科技作为新金融业态，其金融服务更加多元，业务交叉嵌套和跨市场综合经营等特性导致风险更易传染，风险溢出效应明显；金融服务渠道网络化、形态数字化，金融业务更加虚拟、边界逐渐模糊，不同业务互相关联渗透，传统金融风险传导的时空限制被打破，风险规模和传播速度呈指数级增长；部分业务可能有高杠杆、期限错配和信用转换的属性，商业模式存在金融脆弱性的内生特质，风险隐患也更隐蔽、更复杂、更多变。此外，在实务中，科技公司和大数据公司对涉及数据要素的所有权、使用权、管理权和收益权的归属，以及数据的安全性和主体的隐私性等问题，还存在权属界定不清、侵害用户财产权和隐私权等问题，这也给金融科技的稳慎发展带来不小隐患。综上所述，金融科技在快速迭代发展过程中，较为突出地存在法律合规风险、非法集资和非法经营风险、监管套利风险，以及信息安全风险和数据应用风险等问题，给金融监管的前瞻性、适应性和有效性带来新的挑战。

P2P 网络借贷等互联网金融业态在我国的发展实践和监管实践清晰地表明，“放任式”监管和“一刀切取缔式”监管在对待新金融业态时是行不通的，极易出现监管真空和监管僵局：监

---

① Christensen C M. The innovator's dilemma: when new technologies cause great firms to fail. Boston, MA: Harvard Business School Press, 1997. Chistensen C M, Raynor M E. The innovator's solution. Boston: Harvard Business School Publishing Corporation, 2003.

② 参见许多奇：《金融科技的“破坏性创新”本质与监管科技新思路》，载《东方法学》2018 年第 2 期。

管空白、缺乏事前监管，在市场自发性和盲目性的驱动下，行业极易出现鱼龙混杂、泥沙俱下，劣币驱逐良币的“格雷欣现象”，影响金融市场稳定；而监管“越位”“一刀切取缔式”监管，极易将合理、有助于金融业发展的金融创新扼杀在摇篮中，打击市场信心，不利于保护金融消费者和投资者的合法权益，也直接影响政府的公信力。实践经验告诉我们，未来针对金融科技的监管不能再走监管互联网金融的老路。如何做好金融科技创新监管，在严格审慎监管的总体原则下，处理好鼓励创新和不发生金融风险的关系，协调好金融业务与应用新兴科技的关系，给真正有价值的金融创新预留足够的发展空间，创建富有弹性的创新试错容错机制，已成为我国金融监管领域的重要课题。

美国乔治城大学（Georgetown University）法学院国际法教授克里斯·布鲁诺认为，在金融科技时代金融监管将面临新的“三难困境”（Trilemma）：传统金融发展模式下，金融监管主要考虑金融安全、金融消费者权益保护和金融创新三者的动态平衡；而在以金融科技为代表的新金融模式下，金融监管将不得不面对金融市场稳定、金融创新与规则简明三者动态平衡的监管诉求。其中，“规则简明”是指在金融市场、金融要素日趋多元复杂且多变的背景下，如何实现监管规则、监管尺度的确定性、稳定性和可预测性，并在监管规则适用、监管尺度把握的过程中传达出实然意义上的法治价值。[①] 目前，我国金融监管模式仍以“命令—控制”的规制方式为主，这种规制方式以事先制定行为规则和法律规范，要求监管相对人遵照执行。当监管对象触发相应条款时，监管机构就会发出相关指令，进行惩戒、处罚和取缔。然而金融业一个是快速变化的行业，特别是在金融科技不断“开疆拓土”的时代背景下，静态的监管范式无法有效适应监管需求，对新现象、新问题也很难有效地进行规制。因此，金融监管机构应当转变范式，主动拥抱金融科技、解构金融科技，以动态、柔性的监管方式，以创新的监管工具应对新的变化，这是在金融发展新形势下，监管机构的“必修课”，而非“选修课”，在严守不发生系统性风险和违反法律规范的底线下，探索新监管范式，实现监管的包容性、有效性和适应性，这也是全球主要经济体在金融科技治理和监管领域形成的共识。而具体到我国而言，如何在防控金融风险的基础上，建立符合中国金融资源禀赋的，与金融科技发展相适应的创新监管框架和监管范式则是急需研究和论证的核心问题。

二、 我国金融科技创新监管的探索与基本要求

我国金融科技起步虽晚于部分发达经济体，但近年来取得了飞速发展，在诸如移动支付等细分领域甚至取得了国际领先的市场地位，并开始向东南亚和非洲等地区输出成熟的技术和商

---

① Brummer C. & Yadav Y. , 12 The Fintech Trilemma. Georgetown Law and Economics Research Paper 235, 2017, pp. 245 – 257.

业模式。毋庸置疑，金融科技在提高金融服务效率、降低交易成本、满足多元化投融资需求，以及弥合数字鸿沟提升金融普惠等方面发挥了积极的作用。可以预见，未来我国的金融科技市场还有巨大的发展潜力和创新的空间。但与此同时，在快速发展和越来越广泛的应用过程中，由于技术内生性原因、监管的原因和外部市场环境等因素影响，也渐次暴露了一定的风险和问题，主要表现为风险易传染和外溢、监管套利、非法融资、滥用市场支配地位和开展不正当竞争活动等，此外，数据安全等风险也较为突出。金融科技是金融创新的产物，正是因为它“新”，所以目前在防控和化解风险方面，我们并没有现成的经验和成熟的监管范式，因此需要摸索金融科技的发展规律，合理借鉴国际组织和其他国家/地区的有益监管经验，平衡和处理好创新和风险的关系，明确监管原则、监管理念、监管工具和监管模式，最终搭建起具有中国特色的，具备专业性、统一性、穿透性和前瞻性的金融科技创新监管模式和框架。

事实上最近几年以来，我国也在积极探索符合金融科技内在规律和我国本土资源禀赋的创新型监管范式。2017 年 5 月，中国人民银行金融科技委员会成立，其主要职责就是研究、探索建立金融科技创新管理机制，提高风险防范和化解能力，以及与国际组织、其他国家和地区加强监管沟通等。2018 年 12 月，人民银行等六部门联合发布《关于开展金融科技应用试点工作的通知》，决定在北京市、江苏省等十省份组织开展金融科技应用试点工作。① 2019 年 12 月，人民银行启动金融科技创新监管试点工作，同时支持在北京市率先开展金融科技创新监管试点。2020 年 1 月 14 日，人民银行营管部公布了首批 6 项金融科技创新监管试点应用。② 与此同时，全国金融标准化技术委员会也在积极制定涉及金融科技的各项基础性标准和规范，为金融科技领域相关产品的应用与监管的一致性、稳定性提供保障。金融科技试点工作的稳步开展为我国建立健全金融科技创新监管框架提供了宝贵的实践经验。

探索符合中国特色的金融科技治理框架，在开展金融科技应用与监管试点的同时，也需要明确基本工作态度和工作方法：第一，要坚持“技术中性”的基本原则，对金融科技领域开展探索应用和内测的新工具、新方法和新技术不带任何倾向性，不应先入为主，要公平地给予其参与金融市场、金融活动和金融服务的机会。第二，严格遵守相关法律规范和金融业务监管规则，实施穿透式监管，厘定技术表象之下的金融业务本质，保证金融科技领域内的金融创新活动不突破法律规范的底线，不偏离合规的发展方向。第三，有效防范新型金融风险，将保障金融安全

---

① 试点工作的主要目标是针对当前金融科技发展面临的问题和挑战，探索运用云计算、移动互联网、大数据和物联网等信息技术，在安全合规的前提下，推动跨行业信息融合应用，增强服务实体经济与防范化解风险的能力，为新技术全面创新应用提供实践基础和经验借鉴。

② 6 个试点项目分别是工商银行基于物联网的物品溯源认证管理与供应链金融；农业银行的微捷贷产品；中信银行、中国银联、度小满、携程的中信银行智令产品；百信银行的 AI Bank Inside 产品；宁波银行的快审快贷产品；中国银联、小米数科、京东数科的手机 POS 创新应用。

作为底线和红线，摸清风险底数，围绕创新类金融产品和服务，建立“事前审慎把关”“事中动态监控”“事后综合评价”的全生命周期安全管理机制。目前阶段，随着金融科技试点的稳步推进，逐步积累科学的监管经验，同时运用最新的科技工具和手段，提升金融监管的专业性、有效性和前瞻性。第四，应当秉持适应性监管理念，以服务金融科技行业发展为核心目标，注重监管的适配性，突出监管规则的包容性。第五，监管机构应主动与市场主体合作、互动，与时俱进地完善规则，对过时或不适用的规则及时纠偏、动态调整完善，多元共治、协同推动“负责任的金融创新”。第六，严厉打击不正当竞争和监管套利的行为。对于开展各类不正当竞争活动扰乱市场秩序，以及以创新之名行监管套利之实的各类违法违规行为，应当秉持严格审慎的监管原则，坚决予以惩治，维护市场经济公平秩序和金融市场稳定。

三、 我国金融科技创新监管框架的提出

金融法规范的主体权利义务关系主要受政府、市场、单位和个人这四种因素的影响，围绕这四种因素对金融关系的影响，继而产生了四种调节：政府的行政调节、市场的经济调节、单位的部门调节和个人的微调。在金融市场中，无论是资本市场、资金市场、保险市场还是外汇市场，都涉及这四种因素的调节。在我国金融市场领域，如何科学处理这四种调节，使其朝着符合金融业内生性规律的方向运行和发展，是一个特别重要的问题。①

针对金融科技的治理和监管，也同样存在这四种因素的调节，一个好的、具有创新性的治理框架必须同时考虑这四种因素，在框架内部实现四种因素的良性互动，共同推动金融科技稳健发展。在金融科技的发展实践中，我们会发现其参与的主体更为多元化，业务产品和服务具有异质性、跨界性等特点，因此，金融科技的治理与监管需要更深层次的信任与合作，充分调动来自政府、市场、金融科技企业和个人的积极性和相关资源要素共商、共治、共进，在渐进、互动的规范和治理过程中逐步形成科学的治理原则、价值理念和规范体系，进而避免以往“一刀切式”监管和“运动式”监管给金融创新应用带来的消极影响。因此，金融科技创新治理框架需充分考虑各类因素之间的互动和合作，调动各方积极性实现多元互动，打造政府监管、行业自律、企业自治、公众监督“四位一体”金融科技治理新体系。此外，在设计金融科技创新治理框架的过程中，也需要充分借鉴域外的创新监管实践和监管工具，特别是“监管沙盒”“不监管行动函”和监管科技等工具和方式方法。

（一）搭建创新监管框架的原则

第一，必须坚持持牌经营。金融科技的本质是金融，金融业务持牌经营是申请开展创新测试的基础条件。非持牌金融科技企业在符合相关标准规范的基本前提下，可直接申请测试，但是涉

① 参见吴志攀：《金融法的“四色定理”》，法律出版社2003年版，第1－4页。

及的金融业务、金融产品和金融服务，以及相关的金融应用场景应当由持牌金融机构提供。[①] 第二，必须做到合法合规。金融科技企业和金融机构必须严格遵守相关法律规范，管控好新技术创新应用带来的风险隐患，确保金融创新活动、业务和服务在现有法律法规和业务规范的框架内进行，不偏离正确的航向。第三，保护市场主体和金融消费者合法权益。秉持尊重市场、尊重规律、以金融消费者为中心的发展理念，建立健全与金融创新发展相适应的金融消费者权益保护机制。第四，包容审慎。在对金融科技实施监管的过程中，在强调审慎监管、不发生系统性风险、不触碰法律法规红线的前提下，坚持柔性监管，探索建立富有弹性的创新试错容错机制，在监管和执法尺度上突出包容性。

（二）创新监管框架的基本工作思路

针对金融科技的创新监管，在搭建框架的过程中，应当明确如下基本工作思路：第一，划定刚性底线。以现行有效的法律规范和金融业务规则为准绳，从创新型金融业务合规、金融科技风险可控等方面明确创新基本规范准则和监管底线。第二，设置柔性边界。综合、灵活运用信息公开披露、社会公众参与监督等柔性监管方式方法，使金融科技企业、金融消费者都能参与到金融科技治理和规范的过程中来。第三，预留创新空间。在守住安全底线基础上包容合理创新，给真正有价值的金融创新活动预留足够的发展空间。[②]

（三）创新监管的基本理念

其一，破解“一管就死、一放就乱”的金融创新治乱循环，提高适应性监管能力。金融科技领域金融产品、金融品种和金融服务更加综合化、业务交叉嵌套且风险更易外溢，传统的“控制—命令型”金融监管模式受制于信息不对称、科技监管手段不足等约束，在应对金融科技的新型风险时容易出现“失灵”或者“越位”，造成监管僵局或者监管过度的尴尬结果，更难以实现科学有效的监管。有鉴于此，创新型监管框架和监管范式，需要在保护金融消费者合法权益、鼓励合理金融创新和规避创新缺陷与风险隐患三者间实现动态平衡，处理好安全与创新的关系，规范和引导我国金融科技产业稳慎发展。

其二，摒弃“一刀切”简单粗暴的监管模式，增强监管的包容性。从我国金融监管的历程来看，适度的监管非常重要，力度过小往往会出现虚假宣传、金融欺诈、非法集资等违法违规事件，以及“劣币驱逐良币”问题；而如果监管力度过大，又可能导致金融从业机构合规成本过高，为满足监管的各项要求，可能贻误市场机会，从而降低金融市场的创新动能与活力。有鉴于

① 在申请测试的实操过程中，可以有两种方式：第一种方式，金融科技企业可以与持牌金融机构一同进行申报；第二种方式，金融科技企业可自行单独申报，再结合具体的金融应用场景另行选择与之合作的持牌金融机构。

② 参见范一飞：《我国金融科技创新监管工具探索与实践》，载《中国金融》2020 年第 8 期。

此，在探索搭建针对金融科技的监管框架时，监管机构需要主动摒弃传统的、简单粗暴的“一刀切”监管模式，主动探索更具引导性和激励性的创新柔性监管方法，研究、探索符合金融科技和金融创新活动内在发展规律的监管新模式。①

其三，需引入“多元联动”的公众监管机制，提升监管的有效性。我国金融科技领域存在企业主体多元、数量庞大、生态系统较为复杂等特点，以往“政府监管 + 市场主体自治”的监管模式不能有效适应金融科技等新金融业态的发展需求。创新监管框架需引入公众监督机制，动员多元化社会主体的力量，充分发挥新闻媒体舆论监督和“社会雷达”的作用；邀请独立的第三方机构组织对金融科技领域创新产品的安全性、潜在风险和问题进行监督；让金融消费者提前了解金融科技业务、产品和服务，挖掘出可能存在的风险隐患和潜在纠纷。通过搭建“多元联动”公众监管机制，有效发挥监管在防控风险和保护社会公众合法权益等方面的作用，提高监管的适配性和有效性。②

其四，设置金融创新应用的“刚用门槛”，强调监管的审慎性。金融市场发展和金融监管实践证明，任何涉及资金融通的业务，完全交由市场和从业机构自律、自治是行不通的，应对不当可能加剧不确定性，甚至引发系统性风险。因此创新金融监管模式须强调审慎监管，设置金融创新应用的“刚性门槛”，坚持金融持牌经营和合法合规，建立健全公司治理机制、业务风控体系和突发事件应急管理制度等。③

（四）创新监管的规范治理体系

我国金融科技的创新监管应充分调动多元化社会主体的参与积极性，研究探索机构自治、公众监督、行业自律、政府监督“四位一体”的金融科技规范治理体系④。

一是机构自治。金融机构和金融科技企业要认真学习相关法律法规和政策文件，积极承担创新管理主体责任；在金融业务和产品创新过程中做到自觉、自律和自我约束，建立风险防控机制，主动接受金融消费者和社会公众的监督，根据监督反馈、自我检查和自律需求，动态完善投诉反馈和保险赔付机制等。

二是公众监督。社会公众作为治理体系的中坚力量，首先，应当努力学习金融知识，提升金融素养和识别金融欺诈、金融风险的能力；其次，在接触创新金融业务、产品和服务时，应提前充分了解相关要素信息，理性判断可能的问题与风险，一旦发现可能存在的问题，应及时向相关监督管理部门投诉。

---

① 参见李伟：《着力打造中国特色金融科技创新监管体系》，载《清华金融评论》2020 年第 1 期。

② 参见李有星、王琳：《金融科技监管的合作治理路径》，载《浙江大学学报（人文社会科学版）》2019 年第 1 期。

③ 参见范一飞：《我国金融科技创新监管工具探索与实践》，载《中国金融》2020 年第 8 期。

④ 参见李伟：《着力打造中国特色金融科技创新监管体系》，载《清华金融评论》2020 年第 1 期。

三是行业自律。“一行两会”等金融监管机构下属行业协会或者其他相关行业协会应充分发挥金融监管机构、金融科技企业和金融消费者等主体之间的联结纽带作用，积极主动协同、配合金融监管机构做好法律法规和监管规范宣贯、投诉受理、合规培训等工作。

四是政府监管。政府作为金融科技治理体系的主导者，需着重做好两个方面工作：一方面，要科学配置金融监管规则制定权。创新型金融监管模式是一种公共产品供给型监管，监管规则的制定权配置应以防控金融风险、呵护金融创新和促进金融科技稳慎发展为目标。金融监管机构实施科学、有效的金融监管以独立性、法定授权和具备监管资源为前提，因此，需要在《立法法》《行政许可法》等法律框架下，明确赋予国务院、金融稳定发展委员会、“一行两会”、地方金融监督管理部门以及自律性行业组织等不同位阶行政主体的监管权限和监管规则制定权，廓清各自职能定位和监管权责的边界。例如，全国人大及其常委会可依据《立法法》第九条之规定授权国务院对涉及金融科技市场准入、风险防控、退出机制等事项制定行政法规；又如，“一行两会”可根据《立法法》《行政许可法》相关规定及国务院特别授权，具体制订金融科技发展规划、具体的业务规范和行业标准等，以确保金融监管规则与金融科技发展和实际需求相适应。总之，科学配置金融监管规则制定权是提高金融科技监管能力，促进金融科技行业有效治理的基础性保障。另一方面，在纵向（中央金融监管部门—地方金融监管部门）和横向（中央金融监管部门之间）两个维度，建立健全中央和地方双层监管协调与监督实施机制，明晰监管权责和风险处置责任，确保各项管理措施落地。具体而言，做好金融风险防控，需充分发挥“国务院金融委办公室地方协调机制”① 的作用，加强跨市场、跨区域、跨行业的协调合作，形成金融监管合力，减少监管盲区。中央金融监管部门负责制定统一的监管规范，指导和监督金融机构回归本源、专注主业；地方金融监管部门则应结合本辖区特点，履行好对本地（试点）金融科技企业、“7+4”类机构②的监管。在此监管权限配置下，中央金融监管机构和地方金融监管机构分别落实好风险责任。③

---

① 2017年11月，国务院金融稳定发展委员会（金融委）成立，金融委办公室设在人民银行。2020年，“金融委办公室地方协调机制”在各省（自治区、直辖市）建立。该协调机制对金融委办公室负责，在金融委办公室直接领导下开展工作，接受金融委办公室的业务指导和垂直管理。

② “7+4”类机构：典当行、融资租赁公司、商业保理公司、地方资产管理公司、区域性股权市场、融资担保机构、小额贷款公司7类机构，以及投资公司、开展信用互助的农民专业合作社、社会众筹机构、地方各类交易场所4类机构。

③ 参见中国金融新闻网：《中央和地方金融监管协调机制的设计和效应分析》，资料来源：https://www.financialnews.com.cn/ll/xs/202101/t20210104_209036.html，2021年4月21日访问。

四、 我国金融科技创新监管模式的运行机制

（一）创新服务机制，开展金融科技创新辅导

创新监管模式应当坚持“寓监管与服务、以服务促创新”的理念，推动监管模式从被动监管向主动服务转变，积极打造创新试错容错与辅导优化机制，强化产用对接、政企协同与供需撮合，为金融科技企业提供全方位、立体式、专业化的监管服务支撑。金融监管部门应充分借鉴域外金融科技创新监管实践，考虑成立专业辅导团队，对金融机构和金融科技企业提供“一对一”的专业化监管辅导，提升创新应用安全合规水平。在申请辅导方面，辅导团队与申请机构保持深度交流，从合规性、风险防控、消费者权益保护等方面指导其持续优化创新。对于基础较好的，辅导其完善申报材料；对于存在重大问题的，支持其更换选题。申请周期视项目自身情况存在差异，符合条件项目最终均可进入测试。在业务透视方面，借鉴业务流程建模（BPM）①、统一建模语言（UML）② 等分析工具，从资金流、数据流、合作关系三个维度辅导申请机构精准识别风险实质，引导金融机构、金融科技企业更好守正创新。

（二）构建创新试错容错空间，探索建立“行政责任豁免”制度

创新是一种探索性的实践，风险和挑战在所难免，创新监管模式应在维护金融稳定与金融消费者权益的基本前提下，营造允许出错的创新氛围，在严防创新风险外溢的基础上，支持从业机构在真实市场环境中对创新应用的理论原型和业务模式进行测试，及时发现并弥补潜在风险隐患，有效验证创新价值。从根本上来说，试错容错的目的在于鼓励试错、创新免责，因此对于在试验容错期内非因违反法律法规强制性规范而引发风险，金融科技企业需承担相应行政责任的，可考虑对其减轻处罚或者免于处罚。即使进行处罚，也应当首先考虑警告、罚款等方式，坚持以教育为主、处罚为辅的工作原则。当然，若在试验容错期内，因金融产品和服务给消费者或社会公众造成损害的，金融科技企业仍需按照《民法典》《侵权责任法》《产品质量法》等相关法律规范的要求，承担相应的民事责任。③

五、 创新监管模式下的金融安全管理机制

涉及金融领域，应当将保障金融安全、不发生系统性金融风险作为不可逾越的底线。金融科

---

① 业务流程建模（Business Process Modeling，BPM）是业务流程管理的核心方法和工具，它是过程分析与重组的重要基础。在跨组织业务流程重组的前提下，流程建模的主要目的是提供一个有效的跨组织流程模型并辅助相关人员进行跨流程的分析与优化。有大量的流程建模技术能够支持业务流程的重组。

② 统一建模语言（Unified Modeling Language，UML）是一种为面向对象系统的产品进行说明、可视化和编制文档的一种标准语言，独立于任何具体程序设计语言。

③ 参见侯东德、田少帅：《金融科技包容审慎监管制度研究》，载《南京社会科学》2020 年第 10 期。

技作为技术驱动的金融创新，其风险呈现动态变化的特征，且往往具有突发性，很难进行精准感知和预测。有鉴于此，创新监管模式应当坚持严格审慎的基本原则，严守安全底线，建立涵盖创新应用事前、事中、事后的全生命周期安全管理机制。①

（一）事前审慎把关

其一，应当以业务合规为前提，通过内部机构审计、外部专业评估、征求管理部门意见等方式，确保金融创新不突破法律法规、部门规章、基础规范文件等红线要求，严防以创新为名突破现行业务规则的虚假创新。其二，以技术安全为保障，严格按照人民银行和全国金融标准化技术委员会制定的金融科技应用测试、风险防控规范和个人金融信息保护规范等金融行业标准进行评估，严防存在技术漏洞和风险隐患的应用参与测试，全面提升创新应用的标准符合性与安全性，确保信息技术安全、合理、规范地应用于金融领域。其三，以风险可控为目标，引导和监督申请机构建立风险内控制度，完善风险补偿、服务退出等机制，切实保障用户资金安全和数据信息安全。

（二）事中动态监控

金融监管机构应考虑建立金融科技创新管理服务平台，及时定位、跟踪、预防和化解风险隐患。具体做法如下：其一，多渠道风险态势感知。金融监管机构应积极加强与网信、法院、工商、工信和公安等部门合作，推动跨行业、跨部门、跨领域风险信息共享。采用机构报送、借口采集和自动探测等方式，基于人工智能、大数据等技术动态感知金融科技应用风险态势。其二，综合性风险评估。提取风险特征信息，将风险归类分级，形成风险数据仓库。通过模型分析、专家评议等方式，准确评估风险影响范围和危险程度，深入分析不同风险特征间的关联关系，及时发现风险趋势与潜在隐患。其三，实施差异化风险预警处置。金融监管机构应积极推动建立创新风险综合防控机制，实施差异化风险预警和高效应急处置，借助第三方专业支撑能力，凝聚金融业内外合力，共建风险联防联控机制，做到问题早发现、风险早预警、漏洞早补救。②

（三）事后综合评价

金融监管机构应考虑采用自测自评、外部评估、第三方审计和专家论证等多元化方式，从创新价值、服务质量、合法合规、数据安全和风险防控等方面，对提出申请结束测试的创新应用进行综合评价，评估创新应用是否履行声明书承诺、是否满足监管要求、是否商业可持续，及时发现并消除潜在隐患，防止创新风险外溢。第一种可行方式，自测自评。申请机构通过系统测试、内部审计等方式，组织开展机构内部评估工作，形成自评报告。第二种可行方式，外部评估。通过国家统一推行的金融和科技技术产品通用安全认证等方式，对创新应用进行全生命周期持续动态安全评定。第三种可行方式，第三方审计。通过注册会计师审计等方式，对创新应用声明书

---

① 参见李伟：《着力打造中国特色金融科技创新监管体系》，载《清华金融评论》2020 年第 1 期。

② 参见范一飞：《我国金融科技创新监管工具探索与实践》，载《中国金融》2020 年第 8 期。

相关承诺落实情况进行评估。第四种可行方式，专家论证。申请机构组织业务、技术、安全、自律等相关领域外部权威专家组成专家组，在自测自评基础上，结合外部评估、第三方审计情况综合评估论证。①

六、 创新监管模式下的金融消费者权益保护机制

金融消费者是金融业务和金融产品的最终受众，规范金融创新主体行为，维护公平公正市场环境、保护金融消费者合法权益是金融科技创新监管的重要目标。创新监管模式应考虑通过打造声明公示平台、完善风险补偿机制等措施，鼓励、引导和规范创新主体行为，保障金融消费者合法权益。

（一）知情权与自主选择权

在保障金融消费者知情权和自主选择权方面，金融科技企业应当努力做到如下几点：一是信息易于获得。督促申请机构通过官方网址、微博、App、实体网店等多元渠道，运用公示、自声明和用户明示等多种方式进行创新声明，提供丰富的信息触达途径，提升披露信息的可得性。二是内容真实全面。对金融科技创新应用的功能服务、潜在风险、补偿措施、投诉机制等进行全面披露，提升声明内容的真实性和完整性。三是语言通俗易懂。使用简单、明确、无歧视性且不违反公序良俗的语言，对专业术语、行业背景等进行必要介绍和解释说明，使金融消费者能够轻松看懂声明信息。通过以上措施，让金融消费者全面了解创新应用，并结合实际自主选择与自身需求相匹配的金融服务，更好地保障其知情与自主选择权。

（二）信息安全权

在保障金融消费者信息安全权方面，监管机构应当积极引导申请机构遵循“用户授权、最小够用、专事专用、全程防护”原则，建立健全信息安全长效防控机制，严格规范杜绝用户数据被特定主体违规泄露、篡改、损毁，或者被不正当使用。涉及数据采集的环节，通过授权协议等方式明示用户数据采集和使用目的、方式以及范围，在获得用户正式授权后才可开展信息采集工作。涉及数据使用环节，建立数据可信共享与融合应用机制，遵循“不归集、不共享原始数据”的基本规范，如需对外提供相关数据，需提供脱敏数据。在服务退出时，按照法律规范及相关行业要求做好数据清理、隐私保护等工作。②

① 参见中国人民银行和全国金融标准化技术委员会发布的《金融科技创新风险监控规范》。资料来源：http：//hbba. sacinfo. org. cn/stdDetail/ecbbf27939e4135963f1ee63366ad73abe8eb72cd81a2fb7ba63d58bdcb40e61，2021 年 5 月 3 日访问。

② 参见中国人民银行和全国金融标准化技术委员会发布的《金融科技创新安全通用规范》。资料来源：http：//hbba. sacinfo. org. cn/stdDetail/ecbbf27939e4135963f1ee63366ad73ac3a46a03ba989ca1f01f799185d78307，2021 年 5 月 3 日访问。

（三）财产安全与依法求偿权

在财产安全和保护方面，监管机构应督促金融机构和金融科技企业强化风险防范手段，采取严格的内控措施和严密的监控手段，有效保障消费者财产不受损失，真正做到防患于未然。在依法求偿权方面，监管机构应按照有关法律规范要求，或发布新的规范文件的形式，明确风险责任认定标准，设立消费者快速赔付渠道，配套风险拨备资金、保险计划等补偿措施。

（四）监督建议权

监管机构还应当积极推动建立多层次、多元化消费者投诉建议机制，畅通投诉建议受理渠道，更好地解决争议与纠纷。第一，应当做好机构投诉。申请主体作为处理投诉建议的责任主体，通过线上线下渠道向公众公开投诉方式和处理机制，在时限内对社会公众投诉建议进行处理反馈。第二，应当抓好自律投诉。行业自律组织/协会应建立健全自律投诉机制，密切跟进被投诉机构的投诉意见处理进展，并视情况组织调解。第三，应当严格落实政府监督。对于行业自律组织调解失败的，金融消费者可向金融监管部门提出申诉。金融监管部门及时进行调查、核实和反馈，及时回应权利诉求，保障消费者合法权益不受侵害。

结语

创新金融监管范式，建设多层次、科学有效的金融科技审慎监管体系是一个系统性工程，在厘清、确立基本原则、基本理念和运行管理机制等基础上，还有很长的路要走。特别是在立法及确立具体的监管规则方面，还需要继续探索和研究。未来，金融监管机构应当继续做好统筹与协同，强化监管顶层设计和整体布局，以监管规则为核心，适时出台与金融科技发展和需求适配的监管规则，使创新有章可循、有规可依，金融监管部门应当在明确监管规则制定权限、建立健全中央和地方金融监管协调机制，金融科技试点、内测的基础上加快出台监管规则，真正纾解因规则滞后带来的“监管空白”“监管重叠”和“监管套利”等问题。

Financial Law Forum
金融法苑
2021 总第一百零五辑

消费者保护

适当性义务纠纷中过失相抵之适用

——平安银行代销基金巨赔案评析

■ 王艺璇*

摘要：平安银行未向风险承受能力较低的客户推介、销售合适的金融理财产品，违反了商业银行代销理财产品时应当履行的适当性义务。但各审法院在认定银行违反适当性义务之余，均以客户未履行必要的注意义务、未及时赎回产品为由，适用过失相抵规则以减轻银行责任。尽管《九民纪要》规定，金融机构违反了适当性义务，所有的投资损失均应由金融机构承担，但这一规定并不合理，多数法院在实践中并未遵守。研究发现，应该适用过失相抵规则：由金融机构承担大部分责任，消费者为缺乏必要的注意而分担小部分损失。这样做既保护了消费者，又防范了道德风险，有利于培养理性投资意识。

关键词：适当性义务　损失赔偿　过失相抵　消费者保护　道德风险

2020年12月，平安银行大连分行（以下简称平安银行）与其客户孙某之间因投资基金巨亏而产生的民事纠纷落下帷幕。因违反商业银行的适当性义务，再审辽宁省大连市中级人民法院判决平安银行赔偿孙某80%的投资损失，改变了一、二审法院要求平安银行仅承担首次要求赎回时投资损失30%的判决。法院前后态度差异如此巨大，且与《九民纪要》中“全赔”规则相异，其中原因值得探讨。损失承担的比例问题，可以引申出适当性义务案件中金融机构与消费者过失相抵的问题。由于过失相抵规则在此类案件中大量适用，理清本案的争点与问题，对完善适当性义务的审判实践，具有一定的参考价值。同时目前学理讨论多着眼于如何保护金融消费者，甚少关注消费者注意义务的问题，忽略过度保护的负面影响。对此倾向确有纠偏之必要。

本文将首先梳理案情和法院裁判，对该案前后的系列判决进行分析，厘清法院的裁判思路及理由，并从中提炼出案件的争议焦点。最后对本案中体现的商业银行违反适当性义务与消费者过错同时存在的情况下，如何对损害赔偿进行过失相抵的问题进行探讨。

---

* 王艺璇，北京大学法学院2020级电子商务法方向法律硕士（法学）。

一、 案情介绍与判决述评

（一）案情简介

本案原告孙某是平安银行的客户，自2014年起一直在该行购买金融理财产品。证据显示，2014年孙某初次购买理财产品时，平安银行曾为孙某进行风险测评，评估显示孙某为“平衡型”投资者。此后，孙某一直通过平安银行购买风险评级较低的理财产品。

2015年6月10日，在未对孙某的风险承受能力进行重新评估的情况下，孙某在理财经理的推介下，通过平安银行购买了三只股票型公募基金，这三只基金的内部风险评级均为高风险，孙某共投入900万元。

孙某购入基金后不久即遭遇“股灾”，股市暴跌，基金亏损。6月16日孙某要求银行助其赎回基金，但此时孙某在理财经理的建议下并未赎回。6月28日，孙某再次至银行要求赎回全部产品，最终三只基金赎回后的回款金额仅剩634.24万元，亏损达260万余元。①

孙某认为其损失是由银行未妥当履行适当性义务造成的，因而于2017年诉至辽宁省大连市中山区法院，要求平安银行赔偿其全部投资损失及利息。本案一审法院判决：银行承担孙某购买理财产品之日（2015年6月10日）至首次要求赎回之日（2015年6月16日）投资损失的30%；2015年6月16日至6月28日（最终赎回日）的损失由孙某自行承担。二审辽宁省大连市中级人民法院维持一审判决。再审辽宁省高院发回大连市中院重申，此次大连市中院完全转变态度，认为银行应对孙某的损失承担主要责任，要求银行赔偿孙某全部投资损失及利息的80%。

该案从一审到再审，法院前后态度的转变不可谓不巨大。接下来本文就对法院的裁判思路及理由进行具体分析。

（二）裁判梳理与争点分析②

1. 各级法院判决梳理。2017年，孙某向大连市中山区法院起诉，一审中山区法院认为，首先，在银行方面，根据中国银行保险监督管理委员会《商业银行理财业务监督管理办法》的规定，商业银行在金融服务法律关系中，负有依照客户的投资经验、财务状况等，分析其风险承受

---

① 参见新浪财经：《平安银行理财经理劝顾客别赎回基金导致巨亏　被判承担8成损失》，资料来源：http://finance.sina.com.cn/chanjing/gsnews/2020-12-18/doc-iiznctke7114611.shtml，2021年2月18日访问。

② 本部分内容依据本案的二审、再审判决书总结而来：孙岩丽与平安银行股份有限公司大连分行财产损害赔偿纠纷，辽宁省大连市中级人民法院（2019）辽02民终137号民事判决书、辽宁省大连市中级人民法院（2020）辽02民再156号民事判决书。经笔者在“中国裁判文书网”检索，并未搜索到本案的一审判决书，但一审的判决内容基本已体现在二审判决中，且二审维持一审判决。故本文以二审判决所展现的内容为主要论述依据。

能力及推介合适产品的义务。[①] 本案孙某属于风险承受能力较低的投资者，案涉理财产品显然不适宜孙某，平安银行的行为不符合银保监会的规定。其次，在孙某方面，法院认为虽然银行提供金融服务的行为存在违规之处，但孙某身为完全民事行为能力人，对自身的行为具有完全的认知和判断能力，购买理财产品时已提示产品风险，因此孙某应当清楚案涉产品的风险。此外，银行不是孙某赎回理财产品的唯一途径，银行工作人员继续持有的观点只是投资建议，与孙某最终没有出售理财产品没有必然的因果关系。故此，一审法院认为，孙某购买、持有这三只基金，都是在知悉案涉理财产品风险情况下的自主决定。虽然在推介产品时银行的行为有瑕疵，但与孙某的财产损失并无直接因果关系，平安银行的行为没有过错。

然而，一审判决中自相矛盾的是，尽管法院认为平安银行无过错，其后却依据《中华人民共和国侵权责任法》（以下简称《侵权责任法》）第六条（过错责任原则）、第二十六条（过失相抵）的规定，要求银行对孙某首次要求赎回基金前（2015 年 6 月 10 日至 6 月 16 日）的投资损失承担 30% 的赔偿责任。根据侵权法的一般法理，在一般侵权行为中遵循过错责任的归责原则。若银行在提供金融服务的过程中并无过错，何来侵权责任一说?

或许正是一审判决中的这一矛盾，使得二审大连市中级法院改变了“平安银行没有过错”的说法。二审于 2019 年 1 月审理终结，法院认为，平安银行作为推介机构，没有对孙某进行书面风险评估和风险提示，未完全履行告知义务，在孙某申购基金的过程中存在过错，应承担相应责任。此外，二审法院认同孙某身为完全民事行为能力人，在购买产品的过程中也有过错的观点。最终，二审法院维持了一审判决，认为平安银行的推介销售行为确有过错，但孙某身为被侵权人对投资损失的发生也有过错，根据过失相抵的规则在平安银行与孙某之间分担投资损失。

接下来看再审判决。再审法院与一、二审认定的事实一致。面对完全相同的案件事实，再审法院却作出了与一、二审态度几乎相反的判决。

孙某向辽宁省高院申请再审，辽宁省高院发回大连市中院重申，大连市中院于 2020 年 12 月审结。此次大连市中院认为，银行的行为违反适当性义务，致使孙某购买了不适宜其投资的理财产品；孙某发现亏损要求赎回时，理财经理也未及时告知风险。平安银行对孙某购买理财产品并出现亏损存在重大过错，对投资损失应当承担主要责任。此外，在受害人方面，再审法院延续一、二审的观点，孙某轻信理财经理的推介，未对案涉理财产品作全面了解，在发现亏损后未及时赎回止损，对本案的损失也存在过错，应当承担次要责任。

最后，再审法院也是以《侵权责任法》第六条、第二十六条为依据，要求平安银行对其不

---

① 本案二审判决书中，法院在说理部分引用的是“中国银行业监督管理委员会《商业银行个人理财业务管理暂行办法》第二十三条”，但该部门规章在二审程序进行时已经失效，为《商业银行理财业务监督管理办法》取代，结合判决书内容，笔者在此修正。

适当推介行为承担侵权责任；因孙某自身存在过失，从公平原则出发，适用过失相抵的规则，平安银行对投资损失承担 80% 的赔偿责任，孙某分担剩余的 20%。

2. 判决结果评析与争点分析。通过以上梳理可见，各审法院的审判思路总体是一致的，案件的法律事实基本无可争议之处。商业银行销售金融理财产品之时，应当履行适当性义务。平安银行向风险承受能力较低的孙某推介销售了风险程度较高的股票型基金，又无充分证据证明根据孙某既往的投资经验、受教育程度等事实，适当性义务的不履行未影响孙某自主决定。法院最终判决认为，银行未妥当履行适当性义务，承担赔偿责任。但孙某作为受害人自身也有过错，应适用过失相抵规则分担损失。只是最后在责任分担上，一、二审法院认为应由消费者自身承担主要责任，而再审判决认为应由银行承担主要责任。

本文认为，再审法院态度的转变，或许与2019 年末最高人民法院印发的《全国法院民商事审判工作会议纪要》（以下简称《九民纪要》）有密切关系。《九民纪要》第七十二条至第七十八条系统规定了金融消费中卖方机构应当承担的适当性义务、举证责任、免责事由和损失赔偿等内容。这些规定提高了法院对涉适当性义务的财产纠纷案件的认识。

在责任分担上，一、二审法院认为孙某自身过失是投资损失的主要原因。但《九民纪要》强调保护金融消费者合法权益，在涉及高风险投资活动的民商事案件中，必须坚持“卖者尽责、买者自负”的原则。在推介、销售（提供）高风险等级金融产品（服务）领域，适当性义务的履行是“卖者尽责”的主要内容，也是“买者自负”的前提和基础。[①] 平安银行未恰当履行适当性义务，孙某无法充分了解基金的风险状况，银行没有为孙某搭建自主决策的交易基础，不应由孙某单独承受由此产生的风险。因此，再审法院认为，平安银行没有完全履行适当性义务是孙某投资损失的主要原因，应当承担更多的赔偿责任。显然，再审的判决结果更符合《九民纪要》中“保护金融消费者合法权益”的精神。

但进一步对比《九民纪要》与再审判决会发现，《九民纪要》中规定的损失赔偿数额为消费者所受的实际损失，即损失的本金和利息。[②] 消费者购买了不适合的产品后，所有的投资损失均应由金融机构承担，不存在过失相抵的空间。由金融机构赔偿全部损失明显与该案一审至再审的判决理念与结果存在出入。即便再审发生于《九民纪要》发布之后，仍未依照会议纪要的观点作出“全赔”的判决，而是认为孙某对投资损失也存在过错，要求其自行承担部分损失。同时，我国《证券法》中也规定了适当性义务相关的内容，在违反适当性义务导致投资者损失时，《证券法》的表述是由证券公司承担“相应的赔偿责任”。[③] 此处“相应的责任”如何理解，是

① 参见《全国法院民商事审判工作会议纪要》第七十二条“适当性义务”。
② 参见《全国法院民商事审判工作会议纪要》第七十七条“损失赔偿数额”。
③ 参见《中华人民共和国证券法》第八十八条。

因果关系判断下相应的责任，还是依《九民纪要》所言，赔偿消费者所受的实际损失。其中的解释与取舍，值得探讨与斟酌。

此外，笔者对《九民纪要》发布后适当性义务案件的司法实践情况进行了调查。在北大法宝数据库和中国裁判文书网中，以“适当性义务”为关键词，以《九民纪要》发布日（2019年11月15日）至2021年4月13日为时间范围，检索卖方机构违反适当性义务的案件。对检索结果进行人工审阅与筛选后，最终获得了34个有效案例。其中，法院最终判决卖方机构与消费者共同分担损失的案件多达22例，几乎是卖方全赔案件的两倍。

此时不禁引人思考，本案三次审判都提到了孙某作为被侵权人自身过错的问题。被侵权人过错在责任归结上表现为过失相抵。但《九民纪要》并未提及适当性义务案件中“过失相抵”的问题，《证券法》作为效力更高的裁判依据，也没有清晰明确的规定，“相应的赔偿责任”如何理解仍存在讨论的空间。那么，金融消费活动中，在适当性义务之下，是否存在“消费者过错”？若确实存在，适当性义务不履行与“过错”如何“相抵”？笔者认为，这些正是本案的审理关键，是分析本案判决结果是否允当的核心所在。如此，我们先应明确，法院认为消费者孙某有何过错。

3. 法院对消费者过错的认定：未履行注意义务。法院以过失相抵规则减轻银行责任。在侵权法中，过失相抵是确定赔偿责任大小的规则。即当受害人对同一损害的发生或者扩大具有过错时，相应地减轻赔偿义务人的损害赔偿责任。① 适用该规则，前提是加害人实施侵权行为造成了损害，同时受害人对该损害结果的发生或扩大也有过错。

总体来看，法院认定的孙某过错事由整体是一致的，可归纳为两点：第一，没有采取合理必要的注意，未全面了解案涉理财产品，轻信银行推介，导致孙某购买了与自身风险承受能力不匹配的产品；第二，孙某在发现投资亏损后没有及时赎回理财产品，导致投资损失进一步扩大。这两点实质上都是消费者在投资活动中“注意义务”的体现。前者是购买产品时的审慎注意要求，后者是持有产品时保有合理的关注与谨慎。相当数量的法院判决认为，在投资活动中，消费者应当在投资活动中秉持必要的注意。具体可表现为了解自身的财务状况、投资能力及风险承受能力，了解投资活动的特点、所投资的产品的情况，依照自身状况进行合理投资。②

但对消费者注意义务的要求似乎与适当性义务有所背离。适当性义务的主体是卖方机构，其理念是因投资活动中信息不对称，继而由金融机构依专业知识替消费者筛选适合的产品。不具备投资知识的普通消费者无能力自主决定，因而信赖专业的金融机构。也正是因为适当性义

① 程啸：《侵权责任法》（第三版），法律出版社2021年版，第794页。

② 参见山东省泰安市中级人民法院（2020）鲁09民终817号判决书；安徽省合肥市中级人民法院（2019）皖01民终8546号判决书；江苏省常州市天宁区人民法院（2019）苏0402民初6497号判决书。

务的理念在于将判断投资交易是否适合顾客的责任赋予给金融机构，有不少学者认为，在金融机构违反适当性义务时，把一部分责任转嫁给顾客是不适当的，不应当追究顾客的“过失”进行过失相抵。① 也有学界和实务界观点认为，为了充分保护金融消费者，强化金融机构责任，应当排除过失相抵的适用。② 还有学者提出区分判断的观点，对于具备投资知识和经验的消费者应当承担更多的注意义务，而对于不具备认知和判断能力的消费者，排除过失相抵规则的适用。③

在强调金融机构适当性义务之时，是否还应当对消费者存有注意义务的要求？法官运用过失相抵规则对投资活动中的损失进行分担，显然需要结合投资活动的特点，了解适当性义务的实质，其功能如何、目的何在，进而作出更契合适当性义务初衷的判决。

二、 适当性义务的理念与 “消费者责任”

（一） 如何理解适当性义务：矫正消费者弱势地位

金融机构的适当性义务，是指金融机构在销售金融产品的过程中，必须履行的了解客户、了解产品，将适当的产品（服务）推荐（提供）给适合的金融消费者，供客户选择接受与否的义务。④

从历史维度上看，适当性义务发源于20世纪30年代的美国，其后逐渐发展为投资银行在向顾客推销证券时应当遵守的行业行为规范。⑤ 目前，适当性义务的相关规则已从证券业拓展到其他金融业态，并为世界各国（地区）的金融法律体系吸收，成为一项全球性的规则。⑥

从美国的规则来看，适当性义务最初是为了规制经纪商（broker）对缺乏经验的零售投资者的欺诈性销售行为。经纪商以模糊的语言推销证券，引导客户形成有利的预期，在信息不充分的情况下，诱使客户当即作出决策。⑦ 在投资活动中，金融产品多样且结构复杂，普通投资者难以充分理解投资活动的性质与风险，从纷繁复杂的产品中甄别出适合自己（自己需要）的产品，

---

① 参见王冷然：《适合性原则的理念及其适用范围——以美日两国的适合性原则的发展与变迁为例》，载《法治现代化研究》2017年第2期；王东：《证券投资者适当性义务的司法逻辑之厘清》，载《研究生法学》2020年第3期。

② 学界观点可参考董新义：《论韩国违反金融适合性原则的民事责任》，载《证券市场导报》2012年第1期；实务界观点参见辽宁省沈阳市和平区人民法院（2018）辽0102民初9075号判决书。

③ 参见曹兴权、凌文君：《金融机构适当性义务的司法适用》，载《湖北社会科学》2019年第8期。

④ 参见《全国法院民商事审判工作会议纪要》第七十二条。

⑤ See John H Walsh, A simple code of Ethics: A History of the Moral Purpose Inspiring Federal Regulation of Securities Industry, 29 Hofstra L. REV. 1015 (2001), pp. 1015 – 1084.

⑥ 参见王锐：《金融机构的适当性义务研究》，法律出版社2017年版，第65、85页。

⑦ See Robert H. Mundheim, Professional Responsibilities of Broker – Dealer: The Suitability Doctrine, 14 Duke Law Journal 445 (1965), pp. 537 – 580.

买卖双方处于信息不对称状态。[1] 因而金融市场中逐渐衍生出一系列规则和制度，去消弭该信息不对称。在适当性义务产生之前，金融市场的信息均衡制度经历了较为复杂的发展历程，例如监管者曾介入限制各类欺诈行为并管制附和合同，后来又要求交易中卖方负担重要信息的告知或披露义务。然而这些措施效果欠佳，适当性义务便在此背景下得到了各国立法者与监管者的关注。[2] 适当性义务不只是要求卖方告知重要的信息，买方缺乏的是信息处理能力，所以更重要的是向买方提供专业的、经处理的投资意见，其最终目的是缓解投资交易中天然的信息不对称状态，矫正消费者在交易能力上的弱势地位，尽可能使消费者与金融机构处于平等地位，从而实现实质的意思自治与交易公平。

（二）卖者未尽责是否等于买者无须自负？

从适当性义务的理念和功能来看，其主要是通过给金融机构增加义务和民事责任，倾斜保护消费者的制度，目的是矫正交易双方的力量差距，更好实现意思自治与交易公平。

适当性义务是对金融机构的要求，那消费者在投资活动中是否就不负有任何义务要求呢？显然不应该是这样。即便消费者不具有对金融产品风险的识别与判断能力，但在参与投资活动时，也应当确立必要的风险意识，在了解自我风险承受能力的基础上主动学习金融市场的“游戏规则”。具体而言，金融机构有义务向消费者提供与其风险承受能力相适应的产品，那么消费者当然有义务了解自身的风险承受能力及投资意愿，了解金融机构所推荐产品的风险等级，确认自己最终购买的产品风险程度如何，是否与自身的风险承受能力和投资意愿匹配。普通消费者不具有风险情况的识别判断能力，因而适当性义务并不要求消费者判断，但要求消费者了解金融机构专业判断后的结果，事先认真审查商品，阅读其条款和条件，确认所购买产品的风险等级，这并不苛刻，这也是身为消费者应有之义务。适当性义务希望达致消费者与金融产品“风险匹配”的状态，但不匹配状态显然非金融机构一方所致。金融机构未向消费者推荐、销售适当的产品，消费者在购买的过程中也未注意确认产品的性质与风险，最终导致消费者购买了不适当的产品。固然，适当性义务是对金融机构的义务要求，不包含消费者义务的内涵，但“风险匹配”的状态也并非金融机构一方的努力即可达成，消费者也需要确实参与，有义务了解潜在的投资对象。

《九民纪要》没有提及消费者注意义务的内容，但这一理念在我国其他规范文件中有所体现。例如《商业银行金融创新指引》第四十五条：“……增强公众对金融创新的了解和对买者自负原则的认识，增强公众对现代金融知识的理解，不断提高公众的风险防范意识和风险承受能

---

① 关于金融消费活动特点更详尽的论述，可参见何颖：《论金融消费者保护的立法原则》，载《法学》2010年第2期。

② 参见王锐：《论金融机构的适当性义务——基于行为要件的分析》，载《北方法学》，2014年第4期。

力。”以及人民银行、银保监会、证监会、外汇局于2018年发布的《关于规范金融机构资产管理业务的指导意见》，其中提到要“不断提高投资者金融知识水平和风险意识，向投资者传递‘卖者尽责、买者自负’的理念，打破刚性兑付”。虽然这些文件都没有明文规定“消费者应当履行必要的注意义务”，但都体现了金融消费者在从事投资活动中应当具有基础的金融知识和风险意识，可以作为消费者在购买理财产品时应保有注意义务的佐证。

注意义务是消费者“买者自负”原则的体现。① 金融消费中信息不对称状态，以及交易双方力量悬殊，使得消费者与金融机构之间的公平交易很难实现，因此有必要援用法律手段给予消费者倾斜保护——赋予金融机构适当性义务。② 但要求“卖者尽责”并不等于“买者无须自负”，基于金融消费活动的特性应当要求金融机构履行适当性义务，但消费者的注意义务不应免除，因“风险不匹配”而造成的投资损失，不应由金融机构一方承担。

因此，对应至本案，法官在《九民纪要》的规定之外创造规则，利用过失相抵规则让消费者为自己的行为“部分买单”，是相较于《九民纪要》“全赔”规则更为“深思熟虑”的做法。尽管法院判决说理并不细致充分，对损失分担所采取的比例也有待讨论，但其中所体现的要求消费者“采取必要的注意”的理念，是值得肯定的。

（三）过失相抵为何遇阻？

在适当性义务案件的损失赔偿上适用过失相抵规则也并非毫无问题。笔者分析或存在以下几个方面原因。

首先，在法律规定方面，《九民纪要》确立了“全赔”规则，排除了过失相抵的适用，《证券法》只留下了“承担相应责任”的模糊规定。因此，在适当性义务案件中法官若想适用过失相抵并无可直接援引的规范依据。而如此的立法状况或许与理论发展现状也有一定关联。从金融消费活动在中国的发展来看，在“适当性义务”还未兴盛之时，审判实践多遵循“买者自负”原则，如早在2009年的“林将吟与渣打银行（中国）有限公司委托理财合同纠纷”一案。③“投资活动有风险，消费者更应谨慎”，多为法院要求消费者自担损失的理由。由于金融消费活动的特殊性，让消费者自担全部损失显违情理，于是学界开始对“买者自负”原则进行了充分的讨论与检视，④ 金融机构的“适当性义务”开始广泛进入理论与实践的视野。然而发展至今日，至少从《九民纪要》的行文来看，我们或许有过分强调金融机构的“适当性义务”，而忽视

① 参见邢会强：《论消费者的责任》，载《北方法学》2013年第5期。

② 参见何颖：《论金融消费者保护的立法原则》，载《法学》2010年第2期。

③ 参见上海市第一中级人民法院（2009）沪一中民三（商）终字第569号判决书。

④ 参见何颖：《金融交易的适合性原则研究》，载《证券市场导报》2010年第2期；刘燕、楼建波：《银行理财产品中的金融衍生交易法律问题研究——以“KODA血洗大陆富豪”事件为标本》，载《金融服务法律评论》2010年第1期。

消费者义务与责任的倾向。① 学理讨论上对消费者的注意义务未达成明确共识，相应法律规则的缺失也就不难理解了。

其次，适当性义务下缺乏过失相抵的规则，但法官在规定之外“创造”规则。然而遗憾的是，尽管法官们的心中隐约存在着“消费者注意义务”的身影，但目前法官的说理都略显粗糙，未对过失相抵的适用留下坚实的论证。

立法规定不明确，司法论证不充分坚实，加之适当性义务本是对金融机构而非消费者的要求，消费者义务又似乎有违保护弱势消费者的理念，过失相抵在适当性义务案件中的适用难免会遇到阻碍。

行文至此，笔者想对“反对过失相抵”的观点予以适当回应，帮助法官充实其论证。首先，适当性义务的法理确实是将判断产品是否适当的责任分配给金融机构，但对消费者注意义务的要求是适当性义务之外的意涵。消费者的注意义务，是在任何消费活动中都应当存在的，其注意内容与判断产品是否适合自己有所不同，即便消费者不具有判断产品风险等级的能力，也不应对自己所购买的产品一无所知。

其次，法院认为消费者未及时赎回不适当的产品是一过错，② 有学者认为投资活动中的盈亏波动属于客观情况，未来的涨跌是难以判断的，或赎回或持有都是消费者正常的投资选择，因而将继续持有产品视为一种过错是不合理的。③ 笔者认为，此番观点确有其合理性，但应以消费者购买了适当的产品为前提。综合法官前后的说理来看，更清晰地说，所谓“消费者过错”应是指在持有理财产品的过程中也保有一定的注意，关注所购买产品的基本情况。不过依笔者之见，法院未直接点明的是，在持有产品时金融机构仍负有适当性义务，因适当性义务的存在，购买后金融机构应当及时纠正“不匹配之状态”，向消费者告知风险。④ 不局限于购买产品之时，在持有产品过程中卖方机构仍负有适当性义务，买方也应保持注意义务。由此观之，本案再审法官并不区分购买、首次要求赎回等阶段，而是依总体判断的思路，以 20%、80% 的比例在买卖双方

---

① 首先，《九民纪要》未提及金融消费者义务相关的内容；其次，在处理“卖者尽责”与“买者自负”的关系上，《九民纪要》认为适当性义务的履行是“卖者尽责”的主要内容，也是“买者自负”的前提和基础。此种说法较容易产生金融机构未履行适当性义务，消费者就无须自负的解读。

② 例如，本案一审至再审法院都认为消费者孙某在发现损失后应当及时赎回产品，其未及时赎回理财产品致使投资损失扩大，具有一定过错。参见辽宁省大连市中级人民法院（2019）辽 02 民终 137 号民事判决书、辽宁省大连市中级人民法院（2020）辽 02 民再 156 号民事判决书。其他案件可参见河南省高级人民法院（2016）豫民再 544 号民事判决书。

③ 参见王东：《证券投资者适当性义务的司法逻辑之厘清》，载《研究生法学》2020 年第 3 期。

④ 这一观点在本案再审中有所体现，判决书中说道：“在孙岩丽发现亏损要求赎回时，平安银行的理财经理亦未适时告知风险，而是继续劝解孙岩丽不要赎回，继续持有，导致孙岩丽遭受了更大的经济损失。”参见辽宁省大连市中级人民法院（2020）辽 02 民再 156 号判决书。

间对“风险不匹配”的结果分担责任，颇有一定道理。

最后，针对“为了强化金融机构责任、充分保护消费者权益而排除过失相抵”的观点，笔者认为该观点并不能作为消费者不存在注意义务的论据，甚至其潜在之意是消费者也应保有必要的注意谨慎，只是为了强化消费者保护而使金融机构负担全部责任，司法实践中也有判决可资借鉴。① 在此语境下，是否让消费者也负担一定责任，是政策选择问题，但消费者应保有必要的审慎注意义务是不言自明的。

三、 利益平衡下的过失相抵

依前文论述，在高风险金融消费活动中，因消费者处于交易能力上的弱势地位，金融机构负有适当性义务，消费者也负有必要的注意义务。金融机构未履行适当性义务之时，是买卖双方的行为共同造就了不匹配的结果，致使消费者产生投资损失。但是否需要消费者分担部分损失，以及若消费者需要自负其责，分担的比例如何，这是涉及价值判断与政策选择的问题，为了更好发挥适当性义务相关制度的功能，需要我们综合各方利益进行考虑。

本文认为，在金融机构未履行适当性义务之下，应当适用过失相抵制度在买卖双方间分担损失，并且让金融机构承担更多责任。其用意在于，保护消费者的同时，让消费者分担损失从而培养谨慎的心态与风险意识，从而促进建立更理性成熟、自由竞争的投资市场。

首先，适当性义务包含强调金融机构责任的内涵。让金融机构承担大部分的投资损失可以实现消费者保护的目标。正如本案再审判决，平安银行承担80%的投资损失，实质上对资金实力雄厚的商业银行等金融机构而言，80%还是全赔，这其中的差异并不太大，要求银行承担80%的责任也能实现惩戒与规范经营的目标。

其次，若采取金融机构赔偿全部损失的方案，还极易诱发道德风险（moral hazard）。道德风险是20世纪时西方经济学家提出的一个经济哲学范畴，它是指“从事经济活动的人，在对其行为后果不必全部承担时，因追求自身利益最大化而做出损害他人利益的行为”。在现代经济学中道德风险常与保险制度共生，美国经济学家Arrow曾给出定义：“道德风险就是个体行为由于受到保险的保障而发生变化的倾向。”② 在保险中，投保金额越高的投保人，越有可能倾向疏于防

---

① 参见辽宁省沈阳市和平区人民法院（2018）辽0102民初9075号判决书。法官在确定赔偿数额中说道：“被告未履行适当性义务，具有重大过错……原告疏于自身状况进行合理投资的过失较为轻微。因此，为强化专业金融机构履行保护金融消费者权益的责任，提升金融消费者信心，维护国家的金融安全和问题，本院确定本案不适用过失相抵原则，依法认定被告对原告的本金损失承担全部赔偿责任。”

② See Stephen J. Turnovsky, Reviewed Work: Essays in the Theory of Risk - Bearing by Kenneth J. Arrow, 80 Journal of Political Economy 1328, (1972), p. 1368.

范风险。①

道德风险在金融领域同样存在。金融的不稳定以及其系统性风险高昂的经济成本，使得政府建立了各种金融安全保障机制，以稳定市场，保护金融消费者的权益。此时出于对政府所采取的保障机制的预期，金融消费者可能并不关心金融活动的风险与安全性，从而导致较高的道德风险。② 具体到适当性义务案件的赔偿中，若只要金融机构违反适当性义务，消费者理论上就可以获得全部投资损失的赔偿，消费者未来参与投资活动时会更加怠于学习投资理财知识，疏于了解自身所购买的产品，只因他们无须为自己随意冲动的消费行为买单。如此之下，当下中国投资市场中消费者本就薄弱的风险意识与投资理性更难培养建立。同时，金融领域的道德风险还体现在，不完备的制度使得投资活动的主体存在积极性钻制度的空子。③ 例如，“全赔”规则的兜底效果使得存在投机心理的消费者有动力购买远高于自身风险承受能力的产品，这显然与适当性义务中“风险匹配”的要求不符。

最后，过度的金融消费者保护还可能引发逆向选择问题。逆向选择是指在信息不对称时，信息优势方所作出于己有利、于对方不利的行为倾向。具体至适当性义务领域，基于“全赔”规则所提供的保护，金融消费者可能会放松对金融机构、金融产品的考察与评判，即产生道德风险。此时一些质量较差、违规经营的金融机构就有机会利用金融保护制度引致的道德风险，依靠更加诱人的营销策略来吸引消费者，争夺市场份额。如此，市场中规范经营、信用程度较好的优质金融机构的市场份额下降，削弱了市场竞争的约束作用，导致整个金融市场的低效，产生金融交易中的“烂柠檬市场”。④

伴随着金融保护制度而生的道德风险进一步降低了金融稳定。于是，在机制上如何寻求高度金融稳定与低道德风险的平衡是一大政策挑战。因此，处理好二者微妙的平衡关系，既不能因防范道德风险而忽视了社会稳定，又不能因一味强调稳定而不顾道德风险，以致取代了市场竞争与约束的力量。⑤ 但从我国目前立法与学理讨论来看，都有过分强调保护消费者而忽略潜在道德风险之倾向。我们从一味要求“买者自负”走向买者不承担任何责任，何尝不是从天平的一侧走向另一个极端？良好有序的交易不仅依赖卖方一方诚信、规范经营，消费者一方必要的义务要求也不应缺失。不论损失分担的比例具体为何，让金融机构为全部的投资损失买单，是不合适

① See Steven Shavell, On Moral Hazard and Insurance, 93 The Quarterly Journal of Economics 541, (1979), pp. 541 – 562.

② 参见参见周小川：《保持金融稳定 防范道德风险》，载《金融研究》2004 年第 4 期。

③ See Gillian Garcia, Deposit Insurance and Crisis Management, International Monetary Fund, Jan. 2000.

④ 参见孙天琦：《金融消费者保护：市场失灵、政府介入与道德风险的防范》，载《经济社会体制比较》2012 年第 2 期。

⑤ See Stephen J. Turnovsky, Reviewed Work: Essays in the Theory of Risk – Bearing by Kenneth J. Arrow, 80 Journal of Political Economy 1328, (1972), p. 1368.

的。为了处理好维持金融稳定和防范道德风险的关系，不规范经营、违反适当性义务的金融机构一定会受到惩罚和处置，在卖方机构一端形成良好规范的秩序。同时也要让金融消费者主动参与市场，让他们为自己的选择承担责任，在买方一端培养一批具有风险意识、理性审慎的消费者、投资者，加强市场良性竞争与约束的力量。

总之，基于金融消费的特点我们需要加强消费者保护，以矫正买卖双方的力量差距，同时我们也应注意坚守适度保护的原则。① 如前文所言，对消费者的倾斜保护并非金融监管立法的根本目的，最终导向是为了实现交易双方的实质平等，从而贯彻“私法自治”的民法精神，确保市场自由竞争机制的顺畅运行。一个成熟强大的金融市场需要具备对消费者周全的保护，但周全保护不等于不承担风险与责任，应明确保护的合理界限与尺度，注意义务缺失的个人应自负其责。关于损失分担的比例，本文认为本案再审法官所采取的“消费者自负20%”，就是一个不错的选择，至于是否存在其他选择，可待未来探讨。

四、 结语

在适当性义务案件中，金融机构不履行适当性义务致使金融产品与消费者“不匹配”。但风险不匹配的结果不是由金融机构一方造成的，金融消费者未履行必要的注意义务，不适当投资的损失应由双方共同分担。

然而，我国目前法律并未规定适当性义务下投资损失的分担规则，而且《证券法》与《九民纪要》在损害赔偿上的规定并不一致。如此情形之下，法官在实践中创造出对投资损失进行过失相抵的规则，譬如本案再审法院的做法，金融机构违反适当性义务，消费者也未采取必要的注意，由金融机构承担80%的投资损失，消费者分担其余20%，其中所体现的思路及理念，颇值得思考借鉴。

本文认为，《九民纪要》中让金融机构赔偿全部本金损失及利息的做法并不合适，既有可能会在过度保护下滋生道德风险和逆向选择问题，也不利于树立理性投资的风险意识。故此，有必要澄清理念，确立并坚守适度保护金融消费者的原则。让金融机构承担大部分的投资损失，消费者也对自身不谨慎的行为承担小部分责任，既惩罚了金融机构，保护了消费者，也规范了行业秩序，培养了消费者的理性投资意识，有利于银行理财业务长期发展。

本文只是对违反适当性义务的损失分担的一个初步讨论。在买卖双方间具体如何进行过失相抵，双方各自承担多少比例的责任，或者是否有其他解决方案，本文只是提出了一个原则性的思路和建议，更多的内容仍有待进一步研究拓展。

---

① 关于对金融消费者进行适度保护的理论，更详尽的内容可参见何颖：《论金融消费者保护的立法原则》，载《法学》2010年第2期。

再论适当性义务纠纷中“过失相抵”之适用

——基于法律经济学的思考

■金　容*

摘要：由于金融市场的信息不对称以及投资者自身的知识和能力所局限，各国均要求卖方机构在向买方消费者推介、销售投资性金融产品时承担以“了解客户、了解产品和适当销售”为核心内容的适当性义务。《九民纪要》试图厘清适当性义务的内涵并规范其在中国的司法适用。然而，相关司法实践显示法官在“卖方已经违反适当性义务的前提下，赔付是否适用过失相抵”这一问题上仍存在较大分歧。对此，教义学的解释力所不逮。从法律经济学的视角来看，过失相抵规则会导致买方投入对社会无效率的预防成本；同时，其也难以阻却卖方减损社会福利的机会主义行为。与之相对，全额赔付规则能够同时缓解甚至消除上述问题，增进社会福利。因此，适当性义务纠纷的赔付分担应摒弃过失相抵规则而明确全额赔付规则。与之配套，对于赔付免责事由，应采“买方客观明示的行为标准”限缩理解《九民纪要》第七十八条第二款的规定；现行赔偿基数的计算方法也应进行相应调整。

关键词：适当性义务　过失相抵　全额赔付　科斯定理　成本收益分析

一、问题的提出

2019年，《全国法院民商事审判工作会议纪要》（以下简称《九民纪要》）试图厘清适当性义务的内涵并规范其司法适用。《九民纪要》第七十二条明确了适当性义务的履行是“卖者尽责”的主要内容，也是“买者自负”的前提和基础；第七十七条进一步明确了卖方未尽适当性义务应承担的赔付数额为“买方损失的全部本金和按照中国人民银行发布的同期同类存款基准利率计算的利息”。同时，《九民纪要》也在第七十八条指出了卖方机构的减责免责事由。其第二款规定：“卖方机构能够举证证明据金融消费者的既往投资经验、受教育程度等事实，适当性义务的违反并未影响金融消费者作出自主决定的”，金融消费者仍应自负投资风险。上述表述滋

---

* 金容，北京大学法学院2019级本科生。

生了《九民纪要》出台后适当性义务纠纷赔偿判决的大量司法分歧。

自《九民纪要》颁布之日起，在适当性义务纠纷赔偿的司法实践中有效案例共29件。[①] 法院判决卖方机构承担全部本金赔付责任（“全额赔付”）的共17件；因“买方过失”而采取分担比例（“过失相抵”）的共12件。[②] 换言之，法官在“是否适用过失相抵规则”这一问题上存在较大分歧。

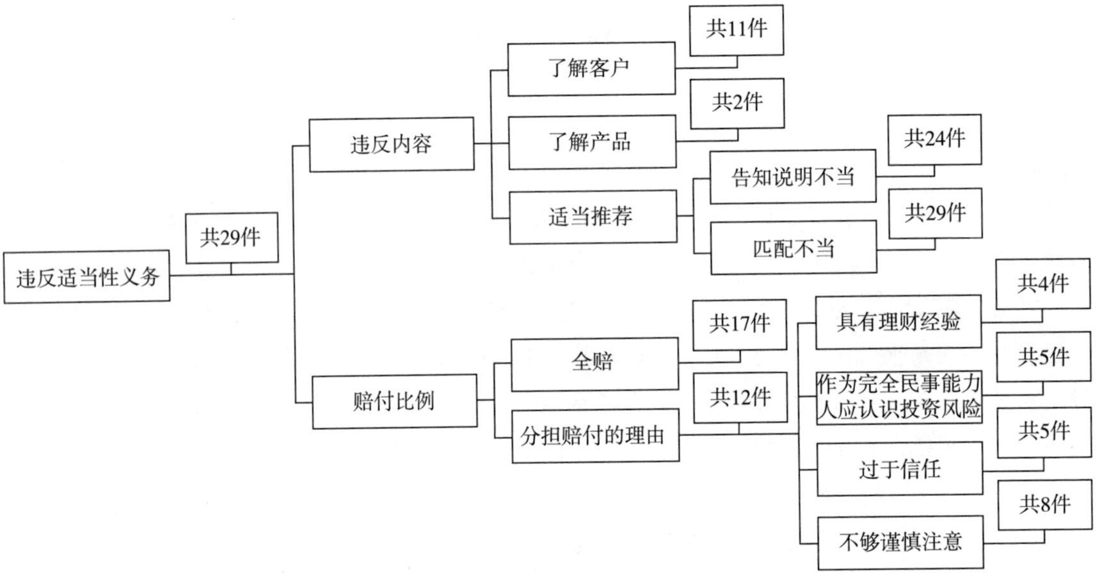

图1　《九民纪要》出台后违反适当性义务判决情况说明

（资料来源：作者整理）

在“全额赔付”的判决中，法官坚持“卖方尽责”为“买方自负”的前提，减免责任事由为例外，且必须证明买方个案中“自主决定”购买相关产品，否则买方个人素质再高也无法构

① 案例来源：作者在北大法宝平台检索关键词“适当性义务”，筛选出自《九民纪要》颁布日（2019年11月15日）起至2021年6月26日的所有公开的裁判文书，从中逐一选择对“适当性义务”进行充分说理并作出相应判决的文书，最终得到29件符合要求的案例。

② 学界也存在类似的实证研究，主要分为《九民纪要》出台前和出台后的，整体趋势表现为因卖方违反适当性义务而赔付买方的案件比例越来越高；就个案赔付比例分担而言，“过失相抵”和“全额赔付”的结果在数量上不相上下。参见黄辉：《金融机构的投资者适当性义务：实证研究与完善建议》，载《法学评论》2021年第2期；参见王艺璇：《适当性义务纠纷中过失相抵之适用——平安银行代销基金巨赔案的评议与引申》，载微信公众号“北京大学金融法研究中心”，2021年5月31日。

成对卖方责任的减免。[①] 而在“过失相抵”的判决中，法官的关注点从个案中买方是否“自主决定”扩展为要求买方负担普遍的注意义务，其裁判逻辑可以总结为两个步骤：第一步，将“金融消费者的既往投资经验、受教育程度等事实”视为买方负担注意义务的依据，并根据该等事实拟制出一位具有相应“注意义务”的买方；第二步，若现实中买方不符合拟制的“注意义务”，则视为存在“过失”，并需要因此自担部分投资损失。[②] 在“过失相抵”的判决中，“具有理财经验”“作为完全民事能力人应认识投资风险”“过于信任”和“不够谨慎注意”构成了法官认定买方消费者没有尽注意义务、存在过失的主要理由，并进一步要求其自负一定的损失。

面对司法实践中要求买方负担普遍注意义务的“过失相抵”类判决，学界不乏从“加强弱者保护”这一价值规范出发，呼吁排除或限制“过失相抵”适用的观点。[③] 但是这种基于价值规范目的的解释泛泛而谈，并未具体展现不同赔付规则在不同实践场景下的具体影响。与此同时，民商法理论框架内的解释路径也难以回应相应的教义学难题，无法自圆其说排除“过失相抵”适用的逻辑。为此，下文将首先指出教义学理论面临的困境；再从法律经济学的视角，论证应排除“过失相抵”而适用“全额赔付”规则；最后给出适当性义务纠纷的应然处置方案，具体包括限缩性理解卖方免责事由，以及在数额计算时调整赔偿基数等。

二、 教义学解释的不足

（一）基于价值规范的目的解释难以把握

如上文所述，有研究从“加强投资者保护”这一价值规范出发，得出应排除“过失相抵”的适用。从方法和思路来看，上述论证属于教义学理论中的目的解释。值得警惕的是，在具体部门法中运用目的解释往往难以避免“对目的把握的主观任意性”这一重大问题。[④] 在本文讨论的主题下，如果从“抑制买方投机”的目标出发，[⑤] 排除“过失相抵”就可能不合目的。更何况，适当性义务案件还可能涉及“建设市场信任”“规范行业行为”等价值目标，究竟哪个才是目的

---

① 具有代表性的案例：苏峻、中国民生银行股份有限公司南京鼓楼支行金融委托理财合同纠纷二审民事判决书（2019）苏01民终7576号。该案中苏峻系金融专业大学毕业，担任财务总监，也购买过基金产品。最终法院判决卖方“全额赔付”。相似地，在《九民纪要》出台前，“王翔案”原告为金融案件审判法官，且具有相关投资经验，最终法院也判决卖方“全额赔付”。详见中国建设银行股份有限公司北京恩济支行与王翔财产损害赔偿纠纷案，北京市高级人民法院（2019）京民申3178号民事裁定书；北京市第一中级人民法院（2018）京01民终8761号民事判决书。

② 具有代表性的案例：辽宁省沈阳市中级人民法院（2020）辽01民终14338号民事判决书。

③ 参见董新义：《论韩国违反金融适合性原则的民事责任》，载《证券市场导报》2012年第1期；参见曹兴权、凌文君：《金融机构适当性义务的司法适用》，载《湖北社会科学》2019年第8期。

④ 参见劳东燕：《刑法中目的解释的方法论反思》，载《政法论坛》2015年第3期；戴昕、张永健：《比例原则还是成本收益分析——法学方法的批判性重构》，载《中外法学》2018年第6期。

⑤ 黄辉：《金融机构的投资者适当性义务：实证研究与完善建议》，载《法学评论》2021年第2期。

解释的“目的”呢？可见，基于目的解释的论证是粗疏而不稳定的，最终的论证结果也难以预期和把握。

（二）适当性义务体系地位带来的理论困境

排除“过失相抵”还面临适当性义务的教义学体系地位所带来的难题。最高人民法院民二庭从缔约过失责任的教义学理论出发，排除了“过失相抵”的适用。其指出适当性义务是一种尚未被法律、行政法规规定的特殊的诚信义务，即民法上的先合同义务，而违反先合同义务的民事责任为缔约过失责任，此处并无“过失相抵”的适用空间（“过失相抵”应适用于侵权责任纠纷）。①

但上述论证面临三大教义学挑战。第一，教义学理论对于缔约过失责任的内涵理解不一，比如韩世远就认为缔约过失责任中，若被害人有过失，仍应适用过失相抵规则。② 第二，适当性义务很可能是明文法定的义务，比如《中华人民共和国证券法》规定了证券公司的适当性义务、《中华人民共和国证券投资基金法》规定了证券销售机构的适当性义务，由此可能反倒不适用缔约过失责任而适用侵权责任，③“过失相抵”也因此死灰复燃。第三，缔约过失责任难以克服合同相对性带来的阻碍，因为发行人不是合同相对方，依据缔约过失责任很难直接追究其法律责任，这将令《九民纪要》的赔付请求难以实现。④

综上所述，基于价值规范的论证难以回避目的解释本身的缺陷，适当性义务的教义学体系地位也会带来相应的教义学解释困境。鉴于教义学的解释不足以回应司法适用中的纠结，下文将在教义学理论之外探寻排除“过失相抵”适用的依据。

三、 法律经济学的思考

（一）成本收益分析与社会福利主义

在适当性义务纠纷的赔付分担，应适用“过失相抵”还是“全额赔付”这一问题进行法律经济学视角的分析之前，有必要简要介绍法律经济学框架中比较规则优劣的方法“成本收益分析”及其规范尺度“社会福利主义”的基本内涵。

成本收益分析方法是一种运用统一尺度审查规则导致各类后果（不利后果即为成本，有利后果则为收益），并基于社会福利主义的评价标准（社会福利最大化）进行规则取舍的方法。应用成本收益分析比较规则优劣时，第一步应考虑实然层面，从“福利”的尺度考虑某规则可能

---

① 参见最高人民法院民事审判第二庭编著：《〈全国法院民商事审判工作会议纪要〉理解与适用》，人民法院出版社2019年版，第431－432页。

② 韩世远：《合同法总论》（第四版），法律出版社2018年版，第212页。

③ 李海龙：《资本市场投资者适当性规则的美国经验与中国探索》，载《环球法律评论》2021年第3期。

④ 李海龙：《资本市场投资者适当性规则的美国经验与中国探索》，载《环球法律评论》2021年第3期。

带来的所有直接和间接影响。需要注意，“福利”的表述意味着考虑的影响不仅局限于货币与物质层面。比如在侵权事故中不仅需要考虑车祸结果造成的物质毁损，司机与行人为避免事故而投入的注意义务也是“福利”意义上的成本。Kaplow 和 Shavell 还明确指出“福利”包含现行社会规范下任何人们认可的价值增减，如公平正义感得到满足或遭受减损都是“福利”考量的范围。[①] 第二步应考虑应然层面是否需要对前述成本收益的权重进行调整。[②] 学界相关讨论多采“功利主义方程”（对各项成本收益进行等权重加减），若要加入“保护弱者”等规范考量，则可采用提升“弱者”成本收益权重的其他社会福利方程。最终，将得到不同规则影响下的“社会福利净收益”（结果可为正、为负或为零）。

由于现实中规则对社会的影响极难满足“帕累托改进”（Pareto Improvement），即在没有使任何人福利减损的前提下，使得至少一个人福利更优。因此，社会福利主义多采用“卡尔多—希克斯效率”（Kaldor—Hicks efficiency）标准，即若某规则受益者的福利增长在数值上可以弥补受损者的福利减损且有剩余，则该规则在社会福利意义上是有效率的。换言之，规则调整后带来的社会福利净收益应为正。

明确分析方法与规范尺度后，下文将运用成本收益分析方法论证对适当性义务的赔付分担规则而言，抛弃“过失相抵”而适用“全额赔付”将满足“卡尔多—希克斯效率”。

（二）基于买方“预防成本”的讨论

从法律经济学角度，无论是侵权法、合同法还是财产法等都存在统一的规则设计逻辑，也就是用规则设计达到“预防”（precaution）的效果，并通过预防来降低损失，最终达到社会总成本的最小化。[③] 这一规则设计的要旨在于损失结果应落在最小成本预防者头上，以此激励其实施预防行为以达到社会层面的效率，即应用科斯定理规范性推论的结果。[④] 比如，避免性骚扰发生的规则应该让骚扰者遭受相应惩罚，而不是规制被骚扰者的穿着。因为性骚扰事件的最小成本预防者是骚扰者，即骚扰者克制自己的欲望即可避免骚扰行为的发生，而潜在的被骚扰者谨慎提防也不一定有效避免骚扰行为。为了实现社会成本最小化，骚扰者应该承担规则上的不利后果。

需要注意的是，性骚扰模型为典型的单边预防模型，即一方投入预防即可避免损害结果的发生，因此对性骚扰者多采无过错责任，只调整潜在骚扰者的行为。而交通事故模型则为典型的双边预防模型，即司机和行人均投入预防是社会最优的安排，因此多采基于过失（negligence -

---

① See Louis Kaplow, Steven Shavell, Fairness versus Welfare, Cambridge: Harvard University Press, 2002, p. 18.

② 戴昕、张永健：《比例原则还是成本收益分析——法学方法的批判性重构》，载《中外法学》2018 年第 6 期。

③ See Robert Cooter, Thomas Ulen, Law and Economics, 6th Edition, Prentice Hall, 2011.

④ 科斯定理的规范性推论为：真实世界中交易成本并不为零，因此实现配置效率/福利最大化常与选择什么样的法律规则有关。See Robert Cooter, Thomas Ulen, Law and Economics, 6th Edition, Prentice Hall, 2011, pp. 92 - 93。

based）的责任形式，激励双边都投入预防。[①] 回到适当性义务纠纷的语境，该类纠纷究竟适用单边预防还是双边预防模型？这个问题的答案取决于比较共同预防和单边预防的效率孰高孰低。

从科斯定理的角度看，信息不对称作为一种交易成本会造成市场扭曲，使得社会层面无法达到信息对称情况下的配置效率。[②] 而适当性义务在各国都用于平衡金融市场中买卖双方交易不平等地位、信息不对称现象。[③] 因此，适当性义务旨在减少令市场扭曲的“不当推荐”行为，从而使社会福利更优。

只有当双边预防相对于单边预防的边际收益大于边际成本时，双边预防才是更有效率的。而适当性义务之所以存在，是因为金融市场上的信息不对称和投资者自身的知识、能力局限。[④] 因此，从达到“适当推荐”的素质能力来看，在卖方机构已经承担适当性义务的前提下，再让买方承担相应义务，边际收益小于边际成本。举数字说明，假设在卖方承担适当性义务的前提下，市场对于信息不对称的解决程度为98%（对应社会福利设为98单位），而因为买方素质能力限制，即使其为了避免“不当推荐”的结果而投入10单位的预防成本，也只能将信息不对称的解决程度提高为99%（对应社会福利设为99单位），该投入的收益为1单位，成本为10单位，社会净收益为-9单位，是一种不经济的“帮倒忙”。

因此，适当性义务纠纷应适用单边预防模型。卖方投入对于“不当推荐”的预防，即履行适当性义务于社会层面而言是经济的，但再让买方对“不当推荐”结果的发生投入预防成本在边际上是无效率的，将减损社会福利。所以，从赔付分担规则带来的行为激励角度出发，规则设计应该避免买方预防成本的投入，从而达到科斯定理要求的社会成本最小化。

在过失相抵规则之下，买方为了尽可能少担责，会努力去满足被法官事后科以的“注意义务”；又由于法官采事后标准难免存在“后见之明”（hindsight bias），这会导致法官对买方提出过高的要求，令其承担过多的损失。买方为了尽量少承担损失难免在事前过度预防。而在全额赔付规则之下，就买方个人而言，无论其是否投入预防成本，卖方对于其损失都会全赔，因此买方的行动策略为不投入预防成本。因此全额赔付规则能够避免买方投入预防成本。

在上述分析基础上，若假设买方在“过失相抵”下投入预防成本c1，边际上的社会收益增加为b1，则由于买方预防的边际收益小于边际成本，得 $b1 - c1 = -w1 < 0$，$(w1 > 0)$，并可得表1、表2。

---

① 双边预防模型的详细示例和探讨可参见 Robert Cooter, Thomas Ulen, Law and Economics, 6th Edition, Prentice Hall, 2011, pp. 208-211。

② See Polinsky A., Polinsky M., Shavell S., Handbook of Law and Economics, Amsterdam: Elsevier, 2007, p. 34.

③ 最高人民法院民事审判第二庭编著：《〈全国法院民商事审判工作会议纪要〉理解与适用》，人民法院出版社2019年版，第410页。

④ 最高人民法院民事审判第二庭编著：《〈全国法院民商事审判工作会议纪要〉理解与适用》，人民法院出版社2019年版，第410页。

表 1　买方不同行为模式的福利分析

买方行为	预防的福利分析	不预防的福利分析
个人层面	损失 c1	避免损失 c1
社会层面	损失 w1	避免损失 w1

资料来源：作者整理。

表 2　不同赔付规则下的买方行为模式与社会福利比较

买方行为	过失相抵规则		全额赔付规则		福利改善
	行为模式	福利分析	行为模式	福利分析	
个人层面	预防	损失 c1	不预防	避免损失 c1	Δ = c1
社会层面		损失 w1		避免损失 w1	Δ = w1

资料来源：作者整理。

综上所述，买方层面，抛弃“过失相抵”而适用“全额赔付”能避免买方投入预防成本，带来社会层面成本的节约，该规则变化将带来社会福利改善 w1。

（三）基于卖方“机会主义”的讨论

在卖方这边，“全额赔付”相较于“过失相抵”也能相应地纠正卖方为谋取个人利益而违反适当性义务的“机会主义”行为。根据各国实践，即使卖方能力足以胜任“适当推荐”，其也存在为谋取高额佣金等个人利益而故意违反适当性义务的动机。① 因此，讨论不同赔付规则对卖方行为的影响要先考虑卖方的“激励错位”问题。

需要说明的是，要获取我国适当性义务纠纷实践中精确的佣金数据、赔付比例并以此为卖方层面的相关成本收益分析赋值是较为困难的。原因有两个：第一，实践中，金融机构多采用和解、赔偿手段避免适当性义务纠纷大量进入司法程序，因此相关案件暗数规模较大；② 第二，不同共同基金或其他投资性金融产品的销售佣金因时因地各不相同。③ 基于上述情况，本文将通过分类讨论的形式对不同赔付规则下的成本收益进行全面分析。而且，考虑到金融市场与司法环

① SEC, In the Matter of the Application of WENDELL D. BELDEN, Adm. Proc. File No. 3 – 10888，资料来源：https://www.sec.gov/litigation/opinions/34 – 47859.htm，2021 年 6 月 28 日访问；James J. Angel & Douglas M. McCabe, Ethical Standards for Stockbrokers: Fiduciary or Suitability? 115 Journal of Business Ethics 183 (2013), pp. 183 – 186. 关于中国实践的介绍，参见郑彧：《新证券法下“投资者适当性义务”的实现路径——从“规则监管”到“原则监管”的转变》，载《证券市场导报》2021 年第 3 期。

② 黄辉：《金融机构的投资者适当性义务：实证研究与完善建议》，载《法学评论》2021 年第 2 期。

③ James J. Angel & Douglas M. McCabe, Ethical Standards for Stockbrokers: Fiduciary or Suitability? 115 Journal of Business Ethics 183 (2013), p. 186.

境的变动不羁，分类讨论将比静态的赋值得出更具有普适性的结论。

过失相抵规则下，卖方将对于买方的全部损失（假设其为 c0），按某种赔付分担比例（假设其为 p%，此时 $0 < p\% < 1$），承担事后的分担责任（假设其为 c2，则 $c2 = c0 \times p\%$）。卖方承担的分担责任 c2 与卖方“不当推荐”获得的超额佣金激励（假设其为 b2）① 的大小关系无非两种：第一，超额佣金 b2 高于分担责任 c2，$b2 > c2$；第二，超额佣金 b2 低于分担责任 c2，$b2 < c2$。若实践为第二种情况，则卖方必是基于不理性的因素导致其违背了适当性义务，可能涉及对分担责任的信息偏误和铤而走险的冲动等常见问题，因此有必要在讨论卖方时将其分为理性行动者与非理性行动者。值得一提的是，“理性人假设”往往是法律经济学分析遭受批评的来源，而本文将展现，即使考虑非理性行动者（即拒绝“理性人假设”），依然不影响“全额赔付”满足“卡尔多—希克斯效率”的结论。

全额赔付规则下，卖方最终承担的事后赔付责任将升高为买方的全部损失 c0（全额赔付意味着此时 $p\% = 1$）。结合前述分析，全赔责任 c0、超额佣金 b2 以及分担责任 c2 的大小关系可分为三种：第一，超额佣金 b2 高于全赔责任 c0 高于分担责任 c2，$b2 > c0 > c2$；第二，全赔责任 c0 高于超额佣金 b2 高于分担责任 c2，$c0 > b2 > c2$；第三，全赔责任 c0 高于分担责任 c2 高于超额佣金 b2，$c0 > c2 > b2$。

卖方层面的成本收益分析还有一个前文已论述的前提：就社会福利而言，卖方遵守适当性义务的行为将比“不当推荐”更具有效率（设该福利改善为 w0，$w0 > 0$）。

卖方层面成本收益分析具体如下：

情况 1：若超额佣金 b2 高于全赔责任 c0 高于分担责任 c2，$b2 > c0 > c2$。

对于“过失相抵”规则下违反适当性义务的卖方，因为超额佣金 b2 高于分担责任 c2，其机会主义行为是理性的。在规则改为“全额赔付”后，因为超额佣金 b2 依然高于全赔责任 c0，若其保持理性，其将继续机会主义行为（记该行为模式为【壹】），卖方行为无法带来社会福利改善；若其反应非理性，② 则卖方将停止“机会主义”（记该行为模式为【贰】），带来社会福利增量 w0。

情况 2：全赔责任 c0 高于超额佣金 b2 高于分担责任 c2，$c0 > b2 > c2$。

对于“过失相抵”规则下违反适当性义务的卖方，因为超额佣金 b2 高于分担责任 c2，其机会主义行为是理性的。在规则改为“全额赔付”后，因为高额佣金 b2 低于全赔责任 c0，若其反

---

① 此处需要说明的是，“不当推荐”对卖方的收益在现实中不仅是超额佣金，还可能是达成销售指标等；相应地，成本也不仅是事后赔付责任，还可能包括招致职业纪律惩戒等。为避免冗杂表述，本文仅选取最具代表性的超额佣金和事后赔付责任加以分析。

② 比如卖方看到规则对自己的赔付要求提高后，基于直觉上的畏惧而不敢再“不当推荐”。

应理性，其将停止机会主义行为（记该行为模式为【叁】），带来社会福利增量 w0；若其反应非理性，① 从卖方行为的角度，无法带来社会福利改善（记该行为模式为【肆】）。

情况 3：全赔责任 c0 高于分担责任 c2 高于超额佣金 b2，c0 > c2 > b2。

对于“过失相抵”规则下违反适当性义务的卖方，因为超额佣金 b2 低于分担责任 c2，其机会主义行为是非理性的。在规则改为“全额赔付”后，因为高额佣金 b2 依然低于全赔责任 c0，若卖方如梦初醒，反应理性，其将停止机会主义行为（记该行为模式为【伍】），带来社会福利增量 w0；若其继续非理性，从卖方行为的角度，无法带来社会福利改善（记该行为模式为【陆】）。

同买方层面的分析，卖方层面也可得到如表 3 所示的福利分析（由于采用社会福利而非个人更优标准，为使表格简洁，卖方个人层面的成本收益分析只做必要的展现）。

表 3　卖方不同行为模式的福利分析

卖方行为	机会主义的福利分析	遵守义务的福利分析
个人层面	分情况，不一定有净收益	分情况，不一定有净收益
社会层面	损失 w0	避免损失 w0

资料来源：作者整理。

表 4　不同赔付规则下的卖方行为模式与社会福利比较

卖方佣金与责任的大小关系	过失相抵规则		全额赔付规则			社会层面福利改善
	卖方违反动因	社会层面福利分析	卖方行为		社会层面福利分析	
b2 > c0 > c2	理性	损失 w0	壹	理性违反	维持损失 w0	$\Delta = 0$
			贰	非理性遵守	避免损失 w0	$\Delta = w0$
c0 > b2 > c2	理性	损失 w0	叁	理性遵守	避免损失 w0	$\Delta = w0$
			肆	非理性违反	维持损失 w0	$\Delta = 0$
c0 > c2 > b2	非理性	损失 w0	伍	理性遵守	避免损失 w0	$\Delta = w0$
			陆	非理性违反	维持损失 w0	$\Delta = 0$

资料来源：作者整理。

若将买方层面的表 2 与卖方层面的表 4 合并，可得表 5。

① 比如卖方没有意识到规则调整后其“不当推荐”不再有效率（当然，认知所基于的信息也可被视为理性条件），或坚持铤而走险等情况。

表 5 不同赔付规则下的买卖双方行为模式与社会福利比较

<table>
<tr><td rowspan="2">分类</td><td colspan="2">过失相抵</td><td colspan="2">全额赔付</td><td rowspan="2">社会层面福利改善</td></tr>
<tr><td>行为模式</td><td>社会福利</td><td>行为模式</td><td>社会福利</td></tr>
<tr><td>买方</td><td>投入预防</td><td>损失 w1</td><td>不再预防</td><td>避免损失 w1</td><td>Δ = w1</td></tr>
<tr><td rowspan="3">卖方</td><td rowspan="2">机会主义</td><td rowspan="2">损失 w0</td><td>机会主义</td><td>维持损失 w0</td><td>Δ =0</td></tr>
<tr><td>遵守义务</td><td>避免损失 w0</td><td>Δ = w0</td></tr>
<tr><td>遵守义务</td><td></td><td></td><td></td><td></td></tr>
<tr><td colspan="6">总结</td></tr>
<tr><td colspan="3">“全额赔付”下买卖双方行为模式</td><td colspan="3">总社会福利改善</td></tr>
<tr><td colspan="3">买方不再预防 + 卖方机会主义</td><td colspan="3">Δ = w1</td></tr>
<tr><td colspan="3">买方不再预防 + 卖方遵守义务</td><td colspan="3">Δ = w1 + w0</td></tr>
</table>

资料来源：作者整理。

综上所述，抛弃“过失相抵”而适用“全额赔付”能在一定程度上阻却卖方的机会主义行为，从而带来 w1 的社会福利改善，且必然能避免买方投入对社会无效率的预防成本，从而带来 w0 的社会福利改善。因此，社会福利层面满足“卡尔多—希克斯效率”。换言之，在适当性义务纠纷的赔付分担规则这个问题上，“全额赔付”较“过失相抵”在法律经济学视角下更具正当性。

四、适当性义务纠纷中赔付规则体系的调整

适当性义务纠纷的赔付规则体系由赔付分担规则、免责事由和赔偿基数计算三部分构成。前文已论证了就赔付分担规则而言，摒弃司法实践创制的“过失相抵”规则而适用“全额赔付”规则具有法律经济学视角下的正当性。下文将进一步分析赔付规则体系中的其他组成部分并指出，对于《九民纪要》第七十八条第二款的免责事由应该采取限缩性理解。同时，对于第七十七条赔偿基数计算的标准值得商榷。

（一）免责事由的限缩性理解

前文虽已论述“过失相抵”不应为适当性义务纠纷的赔付分担规则，但本文也并非主张只要违反适当性义务，就要卖方全赔。因此有必要廓清《九民纪要》第七十八条第二款在排除“过失相抵”后究竟为何物。本文认为此款的“未影响自主决定”应采实然标准下的限缩性理解，即卖方需要举证个案中买方体现出的其凭借自身素质“未被影响自主决定”的客观且明示的行为事实，而不是让法院基于个人素质事实进行事后的拟制标准判断，即“未被影响”应该采用“买方客观且明示的行为”标准，而非“买方个人素质能力”标准。

美国《金融业监管局规则》（FINRA Rule）第2111（b）条对于机构投资者买方的适当性义务规定也体现了这种客观行为标准。此规则下即使面对机构投资者买方，卖方机构也只有在机构投资者买方“肯定地表示”（affirmatively indicate）其正在“行使独立判断”（exercising independent judgment）的情况下才算是履行了适当性义务。[①] 此时，无论“不当推荐”结果有没有发生，卖方机构都算是履行了适当性义务。美国规则对机构投资者买方尚有如此保护，中国语境下弱势的中小投资者买方更应被保护。

因此，针对《九民纪要》第七十八条第二款的免责事由，应首先明确这是“全额赔付”的“例外情况”，绝非“过失相抵”的依据。而且该种“例外情况”的范围应当在规则细化时明文限缩；举证应关注买方体现出其“未被影响自主决定”的客观且明示的行为，而非当前司法实践中常用的基于个人素质的事后拟制标准。

（二）赔偿基数的商榷

在讨论赔偿基数之前，有必要说明赔付责任分担规则与赔偿基数计算是两个不同的概念。正如前述法律经济学分析中卖方赔付金额的表达式（$c0 \times p\%$）所示，赔付金额由赔付分担规则 p%（“过失相抵”或是“全额赔付”）与赔偿基数 c0（《九民纪要》第七十七条规定赔付全部本金加人民银行发布的同期同类存款基准利率计算的利息，即所谓“保本”）共同构成。“全额赔付”相较于“过失相抵”在赔付分担规则层面的优势此处不再赘述，而现行的赔偿基数 c0 采取的“保本”计算方式却存在缺陷。

1. 现行赔偿基数的正当性缺陷。在学界讨论与司法实践中，现行规定下的“保本”赔偿基数存在至少三处正当性缺陷。

第一，存在教义学理论疏漏。最高人民法院民二庭指出《九民纪要》第七十七条的赔偿数额确定是基于“缔约过失责任赔付信赖利益，限于直接损失”的教义逻辑。[②] 首先，如前文所述，违反适当性义务也可能构成侵权责任。其次，就算在缔约过失责任的理论框架内，崔建远指出，信赖利益损失通常包括直接损失和间接损失；[③] 韩世远指出，有鉴于民商事活动的日益复杂，缔约过失类型不一，单纯从信赖利益的角度统一把握赔偿数额已不可能，必须区分类型具体分析。[④] 而金融产品合同的投资性质显然有别于一般民商事交易合同。可见，基于缔约过失责任赔付直接损失不仅是过于粗疏的处理，也有违教义学的主流观点。

---

① FINRA Rule 2111，资料来源：https：//www. finra. org/rules - guidance/rulebooks/finra - rules/2111，2021 年 6 月 28 日访问。

② 最高人民法院民事审判第二庭编著：《〈全国法院民商事审判工作会议纪要〉理解与适用》，人民法院出版社 2019 年版，第 429 页。

③ 崔建远：《合同法总论（上卷）》（第二版），中国人民大学出版社 2011 年版，第 447 页。

④ 韩世远：《合同法总论》（第四版），法律出版社 2018 年版，第 185 页。

第二，有违朴素道德直觉。现行赔偿基数下买方将因卖方的不当行为而获得“保本”赔付，实质上躲避了本应自负的市场风险，而这一现象有违“不得从他人不法行为中获得额外利益”①的朴素道德直觉。对这种“意外之财”（windfall）正当性的质疑也是美国调整适当性义务纠纷赔偿基数的重要动因。② 举一例简单说明：若买方 A 经卖方 B 的不当推荐购买了收益浮动范围为 -10% ~10% 的理财产品 C（若 B 向 A 适当推荐，应匹配收益浮动范围为 -5% ~5% 的理财产品 D）。结果遭遇“熊市”，理财产品 C 赎回日亏损 9%，理财产品 D 赎回日亏损 3%，按照现在的“保本”赔偿基数，相当于卖方 B 替买方 A 承担了倘若买方 A 购买理财产品 D 本应自负的 3% 的亏损。

第三，可能会产生买方道德风险问题。道德风险即经济行为主体在对其行为后果不必全部担责时，会作出最大化自身效益而不利于他人的行为。学界在关于适当性义务的讨论中也存在着“卖方全责会导致买方产生冲动投机的道德风险行为”的担忧。③ 不过，本文认为在“全额赔付”的分担规则下反倒可减少对买方道德风险的担忧，因为“保本”兜底只会发生在卖方违反适当性义务的前提下，而如前文所述，“全额赔付”的分担规则能带来抑制不当推荐的作用，从而让买方的道德风险行为成为无本之木。

若要从规则层面填补上述三个正当性缺陷，赔偿基数计算标准的调整势在必行。而在适当性义务发源地的美国，其纠纷赔偿基数计算标准经历了日渐成熟的发展，因此下文将介绍美国如何通过调整赔偿基数的计算方式来解决“保本”的正当性缺陷。

2. 美国赔偿基数的计算标准。为应对“保本”赔偿基数的正当性缺陷，美国法院判决发展出了“基于市场调整的损害赔偿”计算标准（Market Adjusted Damages，MAD），④ 这一方法在美国《金融业监管局仲裁指引》中被称为“管理得当的投资组合账户”计算法（well - managed portfolio account）。⑤

美国第二巡回法院在 1978 年 Rolf v. Blyth 案中详细展开了 MAD 计算标准的应用方式。⑥ 首先，应确定不当推荐发生之日（x1），并记录买方持有的“不适当”的投资组合（z1）的当日市值（y1）；其次，应确定不当推荐影响结束之日（x2，理财产品语境下多为赎回之日），并记录投资组合（z1）的当日市值（y2）；两日市值之差（y1 - y2）为买方总损失（Gross Economic

① 参见陈瑞华：《刑事诉讼法》，北京大学出版社 2021 年版，第 120 页。

② See Miley v. Oppenheimer & Co., 637 F. 2d 318, 329 (5th Cir. 1981).

③ 例如黄辉：《金融机构的投资者适当性义务：实证研究与完善建议》，载《法学评论》2021 年第 2 期。

④ See Rolf v. Blyth, 570 F. 2d 38, 49 (2d Cir. 1978); see also Miley v. Oppenheimer & Co., 637 F. 2d 318, 329 (5th Cir. 1981).

⑤ FINRA, FINRA Dispute Resolution Services Arbitrator's Guide, 2021 Edition, p. 67.

⑥ See Rolf v. Blyth, 570 F. 2d 38, 49 (2d Cir. 1978).

Loss，GEL）；然后，法院应通过能恰当反映对买方“适当”的投资组合（z2）在该期间内（x1至 x2）损益的指数（z0），来确定基于市场造成的损失比例（m%）；最后，卖方应该赔付的基于市场调整的买方损失 MAD = GEL − y1 × m% 。

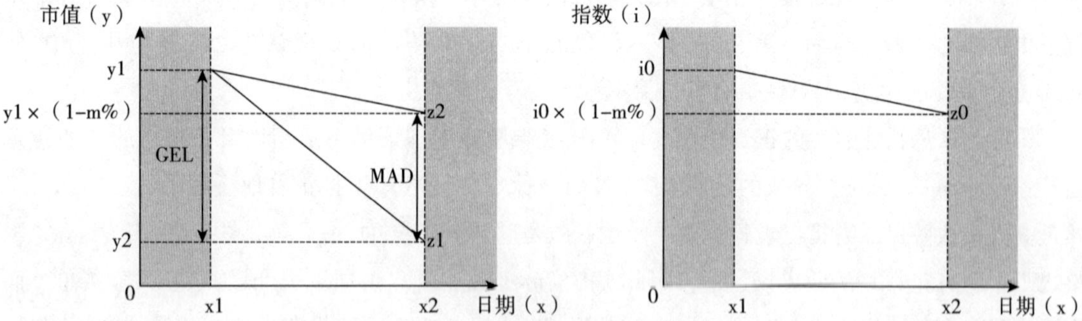

图 2 “适当”的投资组合下跌时的 MAD 计算

（资料来源：作者整理）

当然，有赔必有赚，倘若通过 z0 得出 z2 在 x1 至 x2 内收益为 n% ，美国法院认为卖方也应赔付这部分买方在“适当推荐”下本应得到的收益 y1 × n% ，即最终赔付的 MAD = GEL + y1 × n% 。①

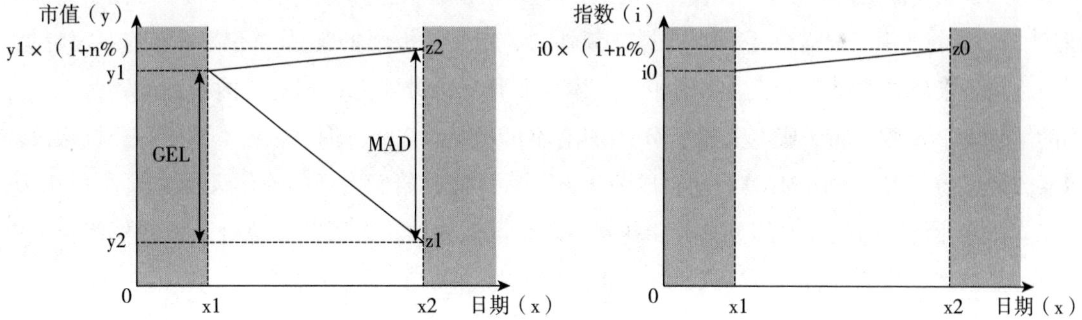

图 3 “适当”的投资组合上涨时的 MAD 计算

（资料来源：作者整理）

在美国争议解决实践中，为了完成 MAD 的计算，双方应提交其主张的 MAD 计算方式，核心在于相关指数的确定问题。实践中，裁判者也往往重视专家对 MAD 计算的相关意见，尽可能减

① See Scalp & Blade, Inc. v. Advest, Inc. , 309 A. D. 2d 219（N. Y. App. Div. 2003）.

少认定偏误。[①] 倘若认定准确，在“买方 A”一例中，卖方 B 赔付的 MAD 便应是买方 A 本金的 6%（GEL = A 的本金 ×9%，m% =3%）。

3. 现行赔偿基数的调整建议。

（1）不宜照搬美国标准。相较于赔偿基数的“保本”算法，美国实践中的 MAD 计算标准进行了更精细的考量，也解决了“保本”基数的正当性缺陷。但本文认为，若要应用于中国，MAD 也并非尽善尽美，MAD 相对于“保本”至少存在两点劣势。

第一，从惩罚性赔偿的正当性角度，MAD 很难填补中国语境下适当性义务纠纷的“履行差错”（enforcement error）导致的效率损失，[②] 而“保本”基数却歪打正着地缓解了这一问题。虽然最高人民法院民二庭指出现行规则的赔偿基数是“弥补性”的，[③] 但实践中纠纷多产生于“覆巢之下，焉有完卵”的股灾场景下，因此卖方实际上被加以“惩罚”，让其为市场风险买单。而中国实践中多数适当性义务案件采取和解的形式，[④] 且考虑到中国投资者群体的维权意识不足，许多买方可能遭受了损失也并不知道这属于适当性义务纠纷，“履行差错”成为中国语境下的现实问题。因为“履行差错”的存在，卖方机构在具有更精确“弥补性”的 MAD 算法下需要承担的实际赔偿责任更低，这可能会降低对其机会主义行为的抑制效果。而用实际上起到“惩罚”效果的“保本”规则便能在一定程度上填补“履行差错”所导致的前述效率损失，这是“保本”基数相对于 MAD 在中国语境下的优势之一。

第二，从司法成本角度，中国语境下适用 MAD 相较适用“保本”基数的成本过高。如前文所述，MAD 的适用不仅需要买卖双方提交额外的、专业性极强的文件，还需相应的专家意见，且对裁判者素质要求较高。考虑我国相应主体（尤其是买方能力）相对美国而言的差距，一刀切的“保本”基数在司法成本上相较 MAD 具有不可忽视的优势。而且，考虑到中国非机构投资者买方的素质能力，适用 MAD 可能会成为卖方事后降低其赔偿责任的绝佳机会。若适用 MAD，鉴于卖方专业能力的优势，其更有可能找到下跌幅度最大的、对买方“适合”的投资组合，以此尽可能地减少其需赔偿的 MAD 数额，此时的弱势买方将成为“俎上之鱼”。

---

① Philip M. Aidikoff, Robert A. Uhl, Ryan K. Bakhtiari, Katrina M. Boice, Market Adjusted Damages, 21 PIABA Bar Journal 135 (2014), p. 149.

② 理论上每位受害人都能经法院裁判得到“准确”数额的“补偿性”赔偿，但现实中往往部分纠纷没有进入司法环节，因此得到“准确”补偿的受害人只占全部受害人的一部分，这便是“履行差错”。因此，加害人在“履行差错”下承担的赔偿责任较理论上更低，不足以纠正其行为激励，从而带来社会效率的损失。相应地，解决该效率损失的方法为改“补偿性”赔偿为“惩罚性”赔偿。具体讨论可参见 Robert Cooter, Thomas Ulen, Law and Economics, 6th Edition, Prentice Hall, 2011, p. 260。

③ 最高人民法院民事审判第二庭编著：《〈全国法院民商事审判工作会议纪要〉理解与适用》，人民法院出版社 2019 年版，第 414 页。

④ 黄辉：《金融机构的投资者适当性义务：实证研究与完善建议》，载《法学评论》2021 年第 2 期。

（2）中国特色的赔偿基数调整思路。在中国语境下，为了兼顾“保本”基数填补“履行差错”的优势，降低 MAD 的过高司法成本，同时避免 MAD 成为卖方再次利用专业优势侵害买方的武器，本文认为应该区分非机构投资者买方与机构投资者买方的赔偿基数计算标准，赋予非机构投资者买方单方面主动提出适用 MAD 的权利。具体来说，对于非机构投资者买方，只应让买方享有提出适用 MAD 的主动权，随后卖方才能抗辩，若买方不提，则依然适用“保本”基数计算损失数额。

如此规则设计可以尽可能确保提出适用 MAD 的买方主张的是“‘适当’的投资组合应当上涨”，而为了佐证该主张，这些买方更可能具有相应的专业信息收集处理能力。换言之，其虽非机构投资者却并不为信息成本所累。当然，允许卖方相应抗辩也就意味着如果卖方的“下跌”主张成立，买方将获得比“保本”更少的赔偿数额，这也能进一步确保主张 MAD 的买方承担的信息成本较低，且对其主张依据具有充足信心。而对于机构投资者买方，由于其本应具有相应的专业信息收集处理能力，因此，买卖双方都应享有提出适用 MAD 主张的主动权，若双方都不提，则依然适用“保本”基数计算损失数额。

五、结语

基于《九民纪要》第七十八条第二款的免责事由，法官在司法实践中创制了适当性义务纠纷中“过失相抵”的赔付分担规则，其实质是法官事后给买方科以注意义务。通过成本收益分析方法可得，过失相抵规则不仅无法阻却卖方机会主义行为，还会造成买方投入无效率的预防成本；而改为卖方“全额赔付”的分担规则能解决上述问题并满足“卡尔多—希克斯效率”。对于免责事由的适用，应让卖方举证个案中买方体现出其“未被影响自主决定”的客观且明示的行为，而非让法官基于买方个人素质事后拟制注意义务。对于赔偿基数的计算，应在现行“保本”计算方法的基础上，给予非机构投资者买方主张“基于市场调整的损害赔偿”的单方主动权；若是机构投资者买方，则买卖双方均具有主张适用“基于市场调整的损害赔偿”的权利。

如何审慎监管互联网小额信贷?

■ 杨骐玮*

摘要: 互联网小额信贷通过联合贷或者助贷模式进行横向扩张,也通过资产证券化扩大融资规模,监管者需要关注其业务扩张模式带来的风险防范需求。联合贷与助贷扩张模式的核心隐患为蕴含于银行与小额贷款公司合作关系中的代理成本问题。对此,应当强调银行对核心风控的独立把握,以及通过提高合作方的风险承担比例以抑制合作方的道德风险,即遵循以商业银行安全为导向的审慎监管思路。在以自营贷款做资产证券化的扩张路径中,考虑到资产证券化固有的风险转移逻辑对削弱授信审查标准的投机行为的激励,以及网络小额信贷在完整经济周期的表现尚未验明,为防范宏观风险,对小额贷款公司的证券化融资规模进行限制并进而控制信贷总量存在一定的合理性。然而,不能忽视的是,对资产证券化风险的防范还应着眼于底层资产质量的保证和市场入口处的把关。

关键词: 互联网小额信贷　审慎监管　助贷与联合贷　资产证券化　蚂蚁花呗

一、 问题的提出

在借贷领域,克服信息不对称的传统手段如获取客户的信用历史、收入信息或合格抵押品,① 将很大一部分资金稀缺方拒之门外,而金融科技的助推使信贷扩张或下沉大有破竹之势。对于缺乏信用记录或抵押品的长尾客户,尤其是个人和中小企业,金融科技公司利用大量替代性数据②来改善这些客户的信用评估,从而作出授信决定。③ 非银行金融科技企业显著提高了小

---

* 杨骐玮,北京大学法学院2020级经济法学硕士。

① Stephen G. Cecchetti & Kermit L. Schoenholtz, Big Tech, Fintech, and the Future of Credit, Money Banking, 资料来源: https: //www. moneyandbanking. com/commentary/2020/12/21/big - tech - fintech - and - the - future - of - credit, 2021 年 3 月 17 日访问。

② Cheryl R. Cooper, Alternative Data in Financial Services, Congressional Research Service, 资料来源: https: //crsreports. congress. gov/product/pdf/IF/IF11630, 2021 年 3 月 17 日访问。

③ See Lenore Palladino, Small Business Fintech Lending: The Need for Comprehensive Regulation, 24 Fordham Journal of Corporate and Financial Law 77 (2018), p. 85.

额信贷的可得性。在中国金融抑制的大背景下，以小额贷款公司为代表的非正规金融机构更是通过互联网小额信贷[①]异军突起，低门槛、易得且便利的信贷提供在一定程度上践行了普惠金融的理念。

互联网小额信贷的规模攀升得益于合作银行的资金提供与证券化融资模式的助力，然而，对银行信贷业务的巨大牵涉与跨市场的风险传递引发了监管部门的忧虑。于是《商业银行互联网贷款管理暂行办法》（以下简称《暂行办法》）、《关于加强小额贷款公司监督管理的通知》（以下简称86号文）、《网络小额贷款业务管理暂行办法（征求意见稿）》（以下简称《征求意见稿》）、《关于进一步规范商业银行互联网贷款业务的通知》（以下简称24号文）纷至沓来。其中，《暂行办法》与24号文是专门适用于商业银行的规范性文件，处理银行与外部主体在互联网小额信贷业务上的合作应如何开展的问题。86号文与《征求意见稿》针对的是小额贷款公司这一类主体，更准确而言，后者适用主体为从事互联网小额贷款业务的小额贷款公司，分别运营"花呗"与"借呗"两大拳头产品的蚂蚁集团全资控股的小额贷款公司自然落入其"射程"范围。[②]

一系列监管规则的出台反映了监管机构对互联网贷款业务治理的高度重视。互联网小额信贷之所以如此受到监管关注，是因为在与银行的合作模式中，小额贷款公司做的几乎是只赚不赔的生意，其或收取技术服务费，或收取远超其所承担风险比例或出资比例的利息分成，而合作银行承担了绝大部分的出资与风险，[③] 授信审查不严造成的不合理风险传导恰如"此之蜜糖，彼之砒霜"，由此，需要强调以商业银行安全为导向的审慎监管。与此同时，小额贷款公司以其放贷所产生的应收账款作为基础资产通过证券化进行融资，对于此种模式的风险根源也需要仔细分析，进而选择合理有效的应对方法。

后文安排如下：第二部分首先对互联网小额信贷的两类主要扩张模式进行介绍，再着重考察助贷和联合贷模式的风险，并对目前的监管规则加以分析评述，进而寻找正确的治理端口与监管介入的路径；第三部分侧重对小额贷款公司的外部融资途径，尤其是资产证券化的规制进行分析，从而判断监管思路的合理性并提出更理想的监管进路；第四部分为总结。

---

① 我国的互联网小额信贷与美国 Marketplace Lending（或可译为市场化借贷）较为相似，二者都具备小额、短期、无担保、客户为个人或者中小企业以及依赖在线平台进行几乎是全自动化和算法化的承销等特征。See David W. Perkins, Marketplace Lending: Fintech in Consumer and Small - Business Lending, Congressional Research Service, R44614, 2018. Also See Federal Deposit Insurance Corporation, Marketplace Lending, 2015。

② 参见锦绣江山如画：《蚂蚁集团暂缓上市背后：网络小贷新规究竟有多大影响》，载搜狐网，资料来源：https://www.sohu.com/a/430447814_120833323，2021年3月17日访问。

③ 参见吴红毓然、胡越、张宇哲：《网络小贷新规降临》，载财新网，资料来源：https://weekly.caixin.com/2020-11-07/101624251.html，2021年3月17日访问。

二、审慎监管的必要性：基于银行的风险承担

微观审慎监管着眼于单个金融机构的安全与稳健，宏观审慎监管旨在削减金融系统的脆弱性以防范系统性风险，[①] 总体而言，审慎监管的介入是基于风险防范与控制的需要。互联网小额信贷业务发展呈现出以小额贷款公司为原点的横纵扩张之势，具体来讲，由于自有资金规模对放贷规模与盈利水平的制约，小额贷款公司在横向上寻求与资金雄厚的银行等金融机构合作，开展联合贷与助贷业务，同时在纵向上通过资产证券化从二级市场融资，用于继续放贷。可见，并不能将小额贷款公司与互联网小额信贷业务等同，小额贷款公司自身并不具有像商业银行一样的重要地位与风险防范和审慎监管的需求，而互联网小额信贷业务由于参与主体的复杂性和跨越至资本市场的影响力，需要监管者仔细评估其各种业务模式的风险，并以此为依据决定审慎监管是否介入以及如何介入。

（一）互联网小贷的扩张进路：以“花呗”为例

自蚂蚁集团筹划上市以来，以“花呗”和“借呗”为代表的互联网小额消费信贷业务一直备受瞩目，二者分别由蚂蚁小微小额贷款有限公司（以下简称小微小贷）和蚂蚁商诚小额贷款有限公司运营。“花呗”与“借呗”相比，由于对客户的资质要求更低而收获了更大的用户基数，成为广大消费者群体更为熟悉的一款产品。故而，本文以“花呗”为例来简要介绍上述网络小额信贷的横纵扩张进路。

首先是联合贷与助贷模式。根据最新的《花呗服务协议》，[②] 蚂蚁[③]与银行等金融机构合作提供授信及相关服务，具体参考《花呗·消费信贷授信合同》（《花呗服务协议》附件中的模板合同一）可看到，多个授信主体在消费场景下共同向客户授信，而授信资金直接支付给交易对手，即联合贷模式；另外，在非联合授信的情况下，单个授信主体不一定是小微小贷，而可能仅仅是合作金融机构，与此相对应的就是助贷模式。联合贷与助贷是《征求意见稿》更为关心的

---

① 此外还应在风险出现后阻止系统性冲击的传递并减轻其影响。See Steven L Schwarcz, Regulating Financial Change: A Functional Approach, 100 Minnesota Law Review 1441 (2016), pp. 1441-1494.

② 订立协议的主体为客户与蚂蚁智信（杭州）信息技术有限公司（以下简称蚂蚁智信），而非如从前与小微小贷、商融（上海）商业保理有限公司（以下简称商融保理）以及与小微小贷合作为客户提供授信服务的金融机构共同签订服务合同。对于缔约主体的变化，蚂蚁集团的回应是，自2018年5月花呗宣布向银行等金融机构开放以来，花呗已从单一的产品升级为开放的产品平台，而蚂蚁智信提供了花呗平台的技术和运营服务，在花呗平台上，小微小贷与其他数十家金融机构共同为用户提供服务。不过，尽管缔约主体与合同条款有所变动，业务模式并无实质变化。

③ 由于参与花呗业务的蚂蚁科技集团子公司较多，比如小微小贷、蚂蚁智信、芝麻信用等，所以此处不展开进行区分，直接使用“蚂蚁”一词来指代相关主体，下文直接使用该词同理。

展业方式。[①]

其次是跨市场拓展融资来源的模式，体现为自营贷款做资产证券化，即小微小贷在作为授信主体的同时，也作为原始权益人将保留在自身资产负债表上的贷款打包做证券化来融资从而实现资金周转。86 号文最先对这一模式的融资规模加以限制。此外，跨市场融资还包括商业保理公司购买应收账款再做证券化的途径，但此类模式事实上超出了监管的视野范畴。根据《个人保理付款服务合同》(《花呗服务协议》附件中的模板合同二)，蚂蚁集团全资子公司商融保理作为授信主体，在客户购买商品或服务时，根据花呗额度和交易金额，购买交易对手对客户的应收账款债权，随后常见的处理方式是将该笔资产进行证券化处理来融资。不过，由于 86 号文与《征求意见稿》的规范对象仅限于小额贷款公司，商业保理公司的同质行为并未落入其规制范围。

以下首先对涉及商业银行参与的联合贷与助贷模式展开分析。

(二) 对助贷与联合贷模式的风险识别

助贷可简单概括为“导流+初筛”，蚂蚁向合作金融机构提供蚂蚁风控下初筛的结果，再由合作金融机构自行决策和授信，蚂蚁赚取技术服务费而不承担任何信贷坏账的损失。对于缺乏信用记录和贷款经验的下沉群体，蚂蚁智信或小微小贷借助“芝麻信用”[②] 对其作出了认可并提交至合作金融机构的决定。由于蚂蚁已具备足够的数据和经验支持，其评估结果的可信度较高，再加上合作金融机构自身难以获得其他有意义的数据并作出独立判断，因此，金融机构倾向于信任蚂蚁的信用评估结果。在联合贷模式中，基于同样的原因，合作金融机构也难以独立完成授信审查与风控，并依赖和信任蚂蚁的评估结果。与此同时，蚂蚁在导流的基础上仅需提供极低比例的授信资金，[③] 却能够从利息中分成 30% ~40%，还要收取技术服务费，[④] 并且绝大部分授信所形成的资产都处于银行等合作金融机构的资产负债表中，蚂蚁几乎不承担坏账损失。

不论是助贷还是联合贷，其合作模式与收益分配结构均蕴含着较大的道德风险或者较严重的代理成本问题。对于蚂蚁而言，低成本、低风险、较高回报的合作模式很可能激励其为增长收益而盲目降低授信审核标准，而信贷难以收回的风险以及实际损失，绝大部分都落到了银行的头上。存在此种严重道德风险的症结在于银行在授信审查及风控上对蚂蚁有较大依赖。

---

① 参见《网络小额贷款业务管理暂行办法（征求意见稿）》第十五条。

② 开通花呗，不仅意味着签订了《花呗服务协议》，同时意味着与芝麻信用服务管理有限责任公司签订了《芝麻信用服务合同》。芝麻信用在采集数据的同时对客户进行信用评估。

③ 参见吴红毓然、胡越：《2 万亿元联合贷款挑战》，载财新网，资料来源：https：//weekly. caixin. com/2019 - 10 - 25/101475419. html，2021 年 3 月 17 日访问。

④ 另一说法是不分利润，仅按技术服务费提成 30%，参见吴红毓然等：《网络小贷新规降临》，载财新网，资料来源：https：//weekly. caixin. com/2020 - 11 - 07/101624251. html，2021 年 3 月 17 日访问。

（三）风险防范：以银行为核心治理端口

对这一问题的解决需要以银行为核心治理端口。一方面，应明令银行不得将授信审查与核心风控外包，并且严格把控与第三方的合作的规模和限度。由此出现了《暂行办法》对商业银行独立开展授信审批等核心风控环节的要求，① 以及24号文有关强化合作机构集中度管理、实施总量控制和限额管理的规定。② 合作规模的限制实则是对风险总量的控制，但无助于消解联合贷与助贷的合作模式所内生的代理成本问题。另一方面，需要在银行与第三方合作的每笔业务中，通过风险分配、风险承担的规则，削弱第三方的道德风险。比如可以要求小额贷款公司提高其在授信资金中的出资比例而承担更大的损失风险，从而激励其在授信审查标准的制定与执行上更为严格谨慎，《征求意见稿》第十五条与24号文对联合贷模式中小额贷款公司等合作方的出资比例不得低于30%的规定就旨在实现这一目的。

当然，无论是像24号文与《征求意见稿》第十五条一样的强制性规则，还是银行与第三方在合同中设置要求第三方承担一定风险的条款，实际上都是服务于抑制第三方道德风险。而至于究竟是由政府设置强制性出资比例限制更为合适，还是由私主体之间以合同为控制手段会更胜一筹，涉及对建立私人秩序（Private Ordering）的正当性与可能性的评估分析。③ 对这一问题有深入研究的必要，不过，这并非本文所关注的重点，单就目前的规则而言，本文认为，该规则更适合出现在以规范商业银行业务为主要内容的规范性文件中，而不宜保留在以小额贷款公司为主要规范对象的《征求意见稿》内。不仅是因为规则的不必要重复，更重要的是，规则的位置会传递出监管机构对风险治理端口与"归罪点"的认识，而错位很可能造成人们对小额贷款公司的不必要误会与有关风险来源认识的混淆。从以上规则的落实来讲，出资比例、集中度管理、限额管理等刚性指标极为明确且便于执行，而对于银行核心风控不得外包这一较为原则性要求的真正落实，有赖于银行自身数据获取与处理能力的提升、风控模型的改革与优化，以及外部征信系统作用的充分发挥。

总的来说，上述规范的出发点在于确保商业银行自身的安全稳健经营与有效风险防范，更侧重微观审慎目标的实现。其所处理的问题本质是银行与第三方合作的边界，尤其是二者在关

---

① 在 Marketplace Lending 中，美国货币监理署也十分注重市场化贷方与银行的关系，强调银行不得将核心合规性和风险管理责任外包给市场化贷方。Office of the Comptroller of the Currency, Third – Party Relationships: Supplemental Examination Procedures，资料来源：https://www.occ.gov/news – issuances/bulletins/2017/bulletin – 2017 – 7.html，https://www.occ.gov/news – issuances/bulletins/2017/pub – third – party – exam – supplemental – procedures.pdf，2021年3月17日访问。Jacob Gregory Shulman, Regulating Online Marketplace Lending: To Be a Bank or Not to Be a Bank, 44 Rutgers Computer and Technology Law Journal 163 (2018), pp. 163 – ii.

② 关于银行核心风控不得外包的要求参见《商业银行互联网贷款管理暂行办法》第八条、第三十七条、第五十三条。关于合作机构集中度、总量控制和限额管理的规定，参见《关于进一步规范商业银行互联网贷款业务的通知》第三条、第四条。

③ See Steven L. Schwarcz, Private Ordering, 97 Northwestern University Law Review 319 (2002), pp. 319 – 350.

于授信的权利、义务与风险上的分配界限，防止银行“被迫”[①] 转变为“狭窄的银行”而仅限于资助由 BigTech 发起和承销的贷款。[②]

三、 审慎监管的错位： 外部融资限制

相比于可以使用自身所吸收的存款放贷的商业银行，以小额贷款公司为代表的非存款类放贷组织获取资金的成本相对较高，对于股东借款、银行借款、发行债券以及资产证券化等外部融资渠道具有极大的依赖性。而资产证券化相比于其他三种融资模式，向公开市场的信息披露程度更高，并且具有独特的风险转移逻辑，因此受到了更多的关注。

小额贷款公司的资产证券化融资，具体来讲是以保留在自身资产负债表上的信贷资产作为底层资产，进行证券化处理，向合格投资者发行从而募集资金，[③] 该笔融资可用于继续放贷并将由此形成的信贷资产再次证券化。通过此种循环往复，自营贷款主体仅需极低的初始成本就能“撬动”巨大的信贷规模。86 号文对通过此种模式融入资金的体量加以限制，要求小额贷款公司通过发行债券、资产证券化等标准化债权类资产形式融入资金的余额不得超过其净资产的四倍，同时还规定了通过银行借款、股东借款等非标准化融资形式融入的资金余额不得超过净资产的一倍；《征求意见稿》第十二条针对“经营网络小额贷款业务的小额贷款公司”重申了这一要求。

（一）监管机构的可能考量

限制资产证券化融资总量的根本目的在于对信贷规模进行控制。设置证券化融资规模红线、立足于总量控制的规则显然是遵循了审慎监管的思路。那么，此种审慎监管是基于何种风险、侧重点在微观层面还是宏观层面，以及所采用的手段合理与否呢？

首先，自营贷款资产证券化对于非存款类放贷组织个体而言，几乎不存在风险。小额贷款公司等非存款类放贷组织所面临的风险主要是借款人的信用风险，而资产证券化对其而言，是一种将借款人的信用风险转移至外部并降低企业负债、促使资金快速回流的融资工具。可见，在个体层面，

---

① “被迫”事实上也有“主动”的成分在。由于客户信用信息的贫乏以及银行获取并处理替代性数据能力的有限，银行自身在小额贷款的承销和服务上成本较高，并且收益也不可观，所以对于客流匮乏、数据获取和处理能力较差的银行，与 BigTech 等平台或小额贷款公司的合作成为一种扩大业务规模、扩充收入来源、降低业务成本的支配性策略。

② See Jorge Padilla, Big Tech “Banks”, Financial Stability and Regulation, 38 Revista de Estabilidad Financiera 9 (2020), pp. 9 – 26. 该文还提到，从 20 世纪 80 年代和 90 年代的储贷危机（S&L）到大萧条的金融崩溃，再一次证明发起与提供资金（origination and funding）的分离是有问题的，代理模式下存在严重的道德风险；而且 BigTech 平台进入零售银行业虽然可能在短期内会刺激竞争，但从长远来看也可能增加金融动荡并导致信贷市场更加集中。

③ 不同于银行等金融机构的信贷资产证券化适用《金融机构信贷资产证券化试点监督管理办法》，非金融机构主体的证券化适用企业资产证券化的相关规定，根据《证券公司及基金管理公司子公司资产证券化业务管理规定》，企业资产证券化应向不超过二百人的合格投资者发行。

不存在对此种融资模式加以审慎监管的需求。而且，域外对于非存款类的放贷机构，也无审慎监管的惯例。例如美国，对于持牌放贷机构的监管主要集中在州一级别，包括准入制度和以信息披露而非利率管制为核心消费者保护制度。具体如加州，根据《加利福尼亚州金融法》，“任何人如未获得专员许可，不得从事金融贷款人或经纪人的业务”①，持牌贷款人能够获得州高利贷规则的适用豁免，突破本州的法定利率上限，从而收取比民间借贷更高的利率。② 但与此同时，持牌贷款人受到更为严格的消费者保护制度的约束，比如，不得就贷款的条款、条件向借款人作出虚假或误导性陈述，并且广播、印刷、出版等各种形式的广告都不得违背这一要求，而且对于广告的投放处与内容有诸多限制。③ 除了各州自己的立法，在联邦层面还存在更为广泛适用的信贷消费者保护制度，比如意图保证信贷条款透明度与有意义披露的《诚实信贷法》④、反歧视的《公平信贷机会法》⑤ 以及维护消费者知情权与隐私权益的《公平信用报告法》⑥。总之，对于放贷组织，不仅不存在审慎监管的实际需求，而且在实践中也难觅对其加以审慎监管的制度。

其次，限制证券化融资规模，并将此效应传导至信贷总量控制的思路体现的是监管机构有关宏观审慎的考量。

一个最基本的原因在于，网络小额信贷的承销准确性与贷款表现尚未经历过完整经济周期的检验，诸多有关网络小贷的不确定性可能在经历了整个经济周期的衰退后才会得到澄清。在此情况下，采取保守的总量控制规则与逆周期调节方法起码能确保未来不会产生较严重的风险。

---

① California Financing Law, Division 9 of the California Financing Code, Article 3. Licensing, (a) No person shall engage in the business of a finance lender or broker without obtaining a license from the commissioner，资料来源：https：//leginfo. legislature. ca. gov/faces/codes_displayText. xhtml？lawCode = FIN&division = 9. &title = &part = &chapter = 1. &article = 3，2021 年 3 月 17 日访问。

② 加利福尼亚州的放贷人许可证使被许可人豁免于《加利福尼亚州宪法》中高利率条款的适用，资料来源：https：//dfpi. ca. gov/california – financing – law/california – financing – law – about/，2021 年 3 月 17 日访问。再如纽约州，根据纽约州《银行法》第三百四十条，持牌放贷人能够收取比法定利率上限更高的利率，而非持牌放贷人不得突破该法定利率上限，资料来源：https：//nationwidelicensingsystem. org/slr/Pages/DynamicLicenses. aspx？StateID = ny，https：//www1. nyc. gov/nycbusiness/description/licensed – lender，2021 年 3 月 17 日访问。美国各州在 Marketplace Lending 迅速发展的情况下，对有关持牌放贷人法规进行了一定的修改，相关动态参见 Robert Savoie & Philip Hoffman, Marketplace Lending and Fintech: The States Object, 73 Business Lawyer 509 (2018), pp. 509 – 516.

③ California Financing Law, Division 9 of the California Financing Code, Article 4 Regulations, https：//leginfo. legislature. ca. gov/faces/codes_displayText. xhtml？lawCode = FIN&division = 9. &title = &part = &chapter = 1. &article = 4，2021 年 3 月 17 日访问。

④ Truth in Lending Act，资料来源：https：//files. consumerfinance. gov/f/201503 _ cfpb _ truth – in – lending – act. pdf，2021 年 3 月 17 日访问。

⑤ Equal Credit Opportunity Act，资料来源：https：//www. ftc. gov/enforcement/statutes/equal – credit – opportunity – act，2021 年 3 月 17 日访问。

⑥ Fair Credit Reporting Act，资料来源：https：//www. ftc. gov/system/files/documents/statutes/fair – credit – reporting – act/545a_fair – credit – reporting – act – 0918. pdf，2021 年 3 月 17 日访问。

在不利的经济条件下，贷款需求和资金可得性可能会下降，此时，网络小贷商业模式的可持续性问题才能得到进一步揭示。单个小额贷款公司的失败本身并不是问题，不具有竞争力或不可持续的商业模式的失败是市场经济的主要动力。然而，当小额贷款公司普遍倒闭，尤其是当这些放贷组织已经成长到了可以为消费者和中小企业提供大量信贷的程度，其倒闭就可能导致信贷的急剧收缩，进而造成实体经济严重缺乏资金。并且在资产证券化的情况下，放贷组织除了是原始权益人之外，通常还会承担资产服务机构的角色，负责后续的催收等环节，其倒闭也可能会使得需向证券投资者支付的现金流遭受不利影响。①

另一层原因是对资产证券化的“发起—转移”（originate - to - sell/distribute）模式固有风险的担忧。在资产证券化（asset - backed securitization，ABS）模式下，放贷组织或原始权益人将信贷资产进行打包和真实出售，完成了与信贷资产风险的隔绝，投资者在认购相应份额后所承担的信用风险仅来自基础资产池的信用质量及其支付特征，②所以基础资产的质量是决定投资者回报的最关键因素。由于放贷组织并不持有其发放出去的贷款及承担相应风险，而是通过发起证券化和服务费来赚取大部分收益，这很可能造成对授信审查松懈、承销标准薄弱的激励。③ 尽管在目前的 ABS 中，原始权益人大多会遵照 5% 的比例进行风险自留，④ 但是这一风险共担（skin

---

① David W. Perkins, Marketplace Lending: Fintech in Consumer and Small - Business Lending, Congressional Research Service, pp. 9 - 12，资料来源：https://sgp.fas.org/crs/misc/R44614.pdf，2021 年 3 月 17 日访问。在经济扩张过程中，相对较高的信贷需求产生了更多贷款，投资者一直愿意为具有相对较高利率的贷款提供资金，这可能是因为投资者正在低利率环境中寻求更高的回报率，而当这些条件发生变化时，市场贷款或难以为继。

② Peter Manbeck & Marc Franson, The Regulation of Marketplace Lending: A Summary of the Principal Issues, pp. 140 - 150，资料来源：https://www.chapman.com/media/publication/1051_Chapman_Regulation_of_Marketplace_Lending_2020.pdf，2021 年 3 月 17 日访问。

③ 对授信审查松懈、承销标准薄弱的激励也是美国对资产证券化模式的主要担忧。See David W. Perkins, Marketplace Lending: Fintech in Consumer and Small - Business Lending, Congressional Research Service, p. 1，资料来源：https://sgp.fas.org/crs/misc/R44614.pdf，2021 年 3 月 17 日访问。

④ 其实我国目前并无针对企业资产证券化的硬性风险保留规则（Risk - Retention Rule），但是在实践中，例如花呗，通常会按照 5% 进行风险自留，企业资产证券化中的风险自留事实上是比照了人民银行和银保监会对于银行等金融机构信贷资产证券化的要求，参见《关于进一步规范信贷资产证券化发起机构风险自留行为的公告》（中国人民银行、中国银行业监督管理委员会公告〔2013〕21 号）。另外，美国对于 Marketplace Lenders 是否适用 Retention Rules 的争议主要是针对 Marketplace Lenders 仅将单笔或几笔贷款出售做证券化的情形：通常认为该方式无须遵循风险保留规则，因为 Retention Rules 适用于将许多贷款汇集成资产池再进行证券化的情况。对此，有观察者认为单笔贷款证券化下，放贷方依然存在着削弱承销标准的动机，需要遵循 Retention Rules；而另外一部分人认为，单笔贷款的简单性（不同于众多贷款支持并具有复杂收益结构的证券）使投资者更容易理解自己所承担的风险，不需要遵守 Retention Rules。See David W. Perkins, Marketplace Lending: Fintech in Consumer and Small - Business Lending, Congressional Research Service, p. 22，资料来源：https://sgp.fas.org/crs/misc/R44614.pdf，2021 年 3 月 17 日访问。Peter Manbeck and Marc Franson, The Regulation of Marketplace Lending: A Summary of the Principal Issues (2016 Update), pp. 29 - 31，资料来源：file://Users/macpro/Downloads/629_Chapman_Marketplace_Lending_Regulation_Issues_041116.pdf，2021 年 3 月 17 日访问。

in the game）的手段究竟能否抑制放贷组织的道德风险，并不存在极为明确的答案。因此，在无法确切根除ABS模式固有风险的情况下，转求通过限制信贷总量与ABS规模，防止出现大面积证券化产品违约、投资者损失与市场震荡的局面，也是可以理解的。①

（二）对“外部融资限制规则”的疑惑

本文承认上述宏观审慎考虑的合理性以及体量控制对宏观风险防范的意义，不过这并不意味着对86号文与《征求意见稿》第十二条中有关对外融资限制的条款，尤其是“证券化融资不得超过四倍净资产”规定的认可。

该规定最明显的一个问题是逻辑上的混乱。股东借款、银行借款和发行债券，都是在融资的同时增加企业负债的工具，而资产证券化却不会造成企业负债的增加。将企业内部增杠杆和降杠杆的工具混为一谈，并统一适用以净资产为标尺的倍数限制的规则，首先在表面上就较为凌乱，而且存在不合理叠加多重监管目标的问题。此种将资产证券化融资与其他融资合并计算并统一适用倍数限制的混乱，实际上是对关于规范整顿“现金贷”业务的通知》中证券化融资并表计算的规定的沿袭。② 所谓并表计算抑或将资产证券化与其他融资方式放在一起讨论并非毫无根据，监管的可能考量在于，在实践中，部分小额贷款公司在明面上将信贷资产出售，但事实上还提供隐性担保来为自己的信贷资产质量作背书，即没有实现风险的真实转移，面对此类情形，并表计算不无道理。但是，“一刀切”的规则会造成对底层资产质量较高且做到了真实出售、风险转移的小额贷款公司的“误杀”，而86号文和《征求意见稿》第十二条是“一刀切”思路的延续。除此之外，《征求意见稿》第十二条所传达出的多重监管目标也令人困惑。比如，规定证券化融资的倍数上限，根本意旨应该是控制信贷规模；而向银行借款不得超过净资产一倍的规定，可能体现的是另一种目标，即确保商业银行的安全与稳健经营。监管机构对小额贷款公司的信贷资产质量较为担忧，为防止其因不具备充足的现金流而难以向银行偿付、影响到银行的安全稳健经营，于是要求小额贷款公司向银行的借款应限制在自身净资产的一倍以内。然而，银行在对外贷款上已经受到了一系列规则的约束，比如《中华人民共和国商业银行法》中有关贷款

---

① 有关监管规则除了对宏观风险防范具有意义，在居民杠杆率的控制方面也将发挥一定作用。中国人民银行在报告中提到，需要高度警惕居民杠杆率过快上升的透支效应和潜在风险，不宜依赖消费金融扩大消费。参见中国人民银行货币政策分析小组：《2020年第四季度中国货币政策执行报告》，第45页，资料来源：http：//www.gov.cn/xinwen/2021－02/09/5586209/files/0a68f9d82d6e480e953540a05b1367d8.pdf，2021年3月17日访问。由于本文侧重于对监管规则所表现出的审慎监管逻辑进行分析，因此在正文未对“控制居民杠杆率”的考量作出介绍。

② 参见《互联网金融风险专项整治工作领导小组办公室、P2P网络借贷风险专项整治工作领导小组办公室关于规范整顿“现金贷”业务的通知》（整治办函〔2017〕141号），规定以信贷资产转让、资产证券化等名义融入的资金应与表内融资合并计算，合并后的融资总额与资本净额的比例暂按当地现行比例规定执行，各地不得进一步放宽或变相放宽小额贷款公司融入资金的比例规定。

集中度的规定,[①] 如果认为现有规则在应对网络小额信贷上存在不足，也应该从银行端加以控制，要求银行在评估小额贷款公司的偿付能力与确定贷款数额上遵循更严格和具体的规则，而不适合从原则上不应受到审慎监管的小额贷款公司端设定规则。简而言之，《征求意见稿》第十二条表现出了逻辑的混乱、审慎监管的错位与反应过度。

其次，即使该规则以限制整体信贷规模为核心目标，然而由于规范对象的不周延，很可能导致这一目标的落空。如上文所述，商业保理公司通过购买应收账款进而做证券化也是花呗拓展融资来源、放大信贷规模的主要途径，而且类似模式还被不少其他消费信贷的经营主体所采纳。[②] 商业保理牌照为此类玩家提供了规避小额贷款公司融资监管的逃逸空间，笔者认为，这并非是监管机构所乐于见到的现象，不过目前的规则确实对此无能为力。

最后，该规定又一次体现出了我国监管机构“急用先行、问题导向”的处事风格，虽然其落实会使信贷资产的总量、证券化融资的规模与市场风险较快地降落到监管所认为的最佳水平，然而，这种方法或许无助于从源头上防范宏观风险。滋生宏观风险的核心问题在于基础信贷资产质量不良以及向二级市场与投资者的不合理风险转移。对此，应诉诸最基本的两层入口把关。

第一层是对于信贷资产质量的把控，尤其应要求从事信贷资产证券化的放贷组织在授信审查上遵守更严格的标准。传统的放贷组织以股东资金放贷，损失自担，因此对于其放贷标准没有必要进行监管。然而，在资产证券化模式下，信贷风险最终由投资者承担，监管必要性由此显现，因此，对于资产证券化的信贷资产应有一定的标准要求。[③] 具体要求比如，放贷组织仔细进行主体核验认证并确认贷款具有较为明确的用途或使用方向；重视借款人的其他债务负担情况以对其偿还能力和风险作出合理评估；在信用评估时所使用的替代性数据应限于与信用有关的信息，而不得根据其他无关信息比如学历作出授信决定；向监管机构披露授信决策所使用的数据类型及测算模型以供审查监督；向征信机构报送用户信贷产品的使用情况并与之形成互利互

① 《中华人民共和国商业银行法》第三十九条规定，对同一借款人的贷款余额与商业银行资本余额的比例不得超过百分之十。

② 类似情况不止花呗一家，消费金融领域还有京东数科的白条（上海邦汇商业保理有限公司）和携程的拿去花（天津趣游商业保理有限公司）等也通过保理牌照实际从事放贷业务，并以保理公司作为原始权益人进行证券化融资。参见《花呗、白条、拿去花都在用这种牌照，地方刚刚出了监管办法》，载微信公众号《第一消费金融》，资料来源：https：//mp. weixin. qq. com/s/5Gn4uGljrmn1oNXxn6ez7g，2021 年 3 月 17 日访问；《“拿去花”背后保理 ABS 不良大增　携程金融能否复制蚂蚁花呗小贷》，载《投资时报》，资料来源：https：//baijiahao. baidu. com/s? id = 1638472126105329327&wfr = spider&for = pc，2021 年 3 月 17 日访问。

③ 例如在美国的 MBS（mortgage - backed securities）市场上，两房机构（房利美 Fannie Mae 和房地美 Freddie Mac）作为政府支持企业（Government Sponsored Enterprises，GSEs）确立了贷款标准，要求贷方按照特定的程序和标准（比如 Delegated Underwriting and Servicing process）对借款人进行评估，遵守标准化的承销和服务指南。Darryl E. Getter，Fannie Mae and Freddie Mac：Recent Administrative Developments，Congressional Research Service，p. 19，资料来源：https：//crsreports. congress. gov/product/pdf/R/R46746，2021 年 4 月 7 日访问。

惠的关系，合力防范借款人的共债风险。不过，需要认识到，这些提高信贷资产质量的具体要求存在一定的局限性，因为其还是无法解决金融科技贷款的严重不透明性问题。有学者认为，机器学习、算法驱动的过程会产生黑箱效应，不论是放贷者还是投资者都缺乏对估值模型固有局限性、短期历史数据风险以及信贷资产基本质量的理解。机器或者智能承销与证券化的结合会加剧对实际风险的掩盖，真正的风险比以前次贷危机的 MBS 更加不为人知，甚至是不可知的。① 尽管如此，依然不能忽视在信贷获取入口处的把关要求对于提高信贷资产质量的积极意义。

第二层是在信贷资产向二级市场的登陆入口处把关，需要完善的信息披露机制与市场看门人职能的有效发挥，从而实现充分的风险揭示和预警。目前有关基础资产池、现金流来源和流动性安排的风险揭示仍然不够充分，给量化风险制造了障碍。② 同时，市场看门人机制也存在有待完善之处，尤其是评级机构的看门人职能发挥得并不尽如人意。评级机构在扩大网络小额信贷 ABS 投资者基础方面发挥了重要作用，③ 由于牵系着众多投资者的信任，评级公司所传递出的清晰直观的价值判断，对投资者的决策构成了巨大的激励。然而，由于监管机构对评级机构所采用的数据和模型没有强制性披露要求，因此评级方法缺乏透明度，这进一步导致了监管机构和投资者对评级机构专业能力及是否尽职的判断无能。此外，由于我国以主体为依据进行 ABS 规则适用的划分，银行等金融机构与其他放贷组织在信贷 ABS 上存在不合理、不对称的监管问题，④ 这一点在评级制度上也有体现。例如银行等金融机构信贷 ABS 在试点之初就采用“双评级”制度，并对评级准入资格、管理规则等作出详细规定；但根据企业资产证券化的相关法规以及交易所的相关规则，非金融机构的信贷 ABS 并不存在“双评级”的要求，评级体系的差异对评级结果的可信度造成了一定影响。⑤ 尽管解决市场割裂与规则不对称的问题并非一日之功，但是目前从交易所的层面来看，在评级制度的严格化上还是可以有所作为的。在评级机构职能充分发挥、

---

① See Christopher K. Odinet, Securitizing Digital Debts, 52 Arizona State Law Journal 477 (2020), pp. 558 - 559. 国内也有学者提出，算法本身的可信度难以审查，黑箱效应使得既有监管捉襟见肘。参见李敏：《金融科技的系统性风险：监管挑战及应对》，载《证券市场导报》2019 年第 2 期。

② 参见张春丽：《信贷资产证券化信息披露的法律进路》，载《法学》2015 年第 2 期。转引自吕璐：《机构改革背景下资产证券化监管法律制度研究——以市场流动性为中心》，载《金陵法律评论》2020 年第 1 期。

③ Peter Manbeck & Marc Franson, The Regulation of Marketplace Lending: A Summary of the Principal Issues (2020 Update), p. 146, 资料来源：https://www.chapman.com/media/publication/1051_Chapman_Regulation_of_Marketplace_Lending_2020.pdf, 2021 年 3 月 17 日访问。

④ 需要澄清的一点是，本文主张对称监管，但这并不意味着在信贷 ABS 的方方面面适用完全相同的监管规则。商业银行由于其特殊性需要接受以资本充足率为核心的审慎监管，并在信贷资产证券化上进一步遵循风险资本计提的规则（参见《商业银行资本管理办法》《资产证券化风险加权资产计量规则》），而非存款类放贷组织则无此必要。

⑤ 参见吕璐：《机构改革背景下资产证券化监管法律制度研究——以市场流动性为中心》，载《金陵法律评论》2020 年第 1 期。

有关基础资产质量和现金流来源的风险得到充分披露的情况下，具有特定风险偏好的投资者可以根据相关信息作出投资决策，这是一种以买者自负为原则、量力而行的合理风险承担，不需要监管的额外介入。①

虽然上述两个基本层面把关的完全落实是一种理想化的状态，但这应当是监管追求的长远目标。信贷资产的大规模不良以及向二级市场和投资者的不合理风险输送不是简单的倍数限制就可以解决的问题。而且，观察域外的立法与监管现状，也并未发现杠杆率规则在持牌放贷机构对外融资规模上的运用，即使是次贷危机后的美国也未设置明确的杠杆指标。正如上文所提到的，美国在州和联邦层面对于持牌放贷人的规制皆以消费者保护为导向。再看欧盟，尽管部分国家，如法国、德国、爱尔兰及意大利对非银行贷方（non - bank lenders）存在对外借款或者总资产相对净资产的比率限制，② 但是准确来讲，这些限制的针对对象是发起贷款的“另类投资基金”（Alternative Investment Fund，AIF），其所遵循的规则为《另类投资基金管理人指令》（Alternative Investment Fund Managers Directive，AIFMD）。③ 而此种基金形式的非银行贷方，是否与大部分国家的以公司为主要组织形式的放贷机构运作原理类似，并且进而在相关规则（比如杠杆率）上能够作出类似设计，还有待深入考察，不能盲目进行制度移植。总之，对于非存款放贷组织的对外融资规模强加限制确非国际上的常见做法。

在我国，由于网络小额信贷的迅速扩张，风险厌恶与敏感型的监管机构考虑到网络小贷基础资产质量尚未经完整经济周期检验，而对其表现出谨慎、怀疑与担忧的看法，并进一步诉诸总量控制的规则，并非毫无道理。只是有两点需要特别强调。一是不能因为在对外融资及信贷规模控制上取得的成果而放弃了上述两个长效机制的建立和完善。二是尽管对于网络小额信贷在完整经济周期中的表现尚不能完全明确，但是应当进行持续的评估，审视是否应当设置杠杆率红线与限制 ABS 融资规模，或者具体的杠杆率与倍数是否合理。

（三）监管工具的“时效性”

以上是从监管逻辑合理构造的角度出发对外部融资限制规则加以分析，而从规则的具体落

---

① 需要说明的是，虽然评级机构的结果并不全然可信（美国次贷危机中评级机构的断崖效应值得警惕），但是在市场割裂的背景下，对于相同业务的同等监管是需要加强的。

② See Allen & Overy，Alternative Credit Council，Non - bank Lending in the European Union（2019），资料来源：https：//www. aima. org/static/uploaded/d3eb38cf - c998 - 4d5c - bbeb67502020f8a2. pdf，2021 年 3 月 17 日访问。Alternative Credit Council，Financing European Business：Non - bank Lending and the Economic Recovery（2020），资料来源：https：//acc. aima. org/static/fd4f0c07 - a4d9 - 43ce - 805759c2559a0ebd/Financing - European - Business - NBL - and - the - Economic - Recovery. pdf，2021 年 3 月 17 日访问。

③ Directive 2011/61/EU of the European Parliament and of the Council of 8 June 2011 on Alternative Investment Fund Managers and amending Directives 2003/41/EC and 2009/65/EC and Regulations（EC）No 1060/2009 and（EU）No 1095/2010Text with EEA relevance.

实效果来看，外部融资倍数等审慎监管指标①还存在着“时效”的局限性。因为对网络小额贷款公司的严厉约束会刺激其向杠杆倍数更高、资本金要求更低、融资成本更低、享有同业拆借便利的消费金融公司转型，② 而其一旦将业务转移至消费金融公司，原先针对小额贷款公司的融资规模限制和最低资本金等规则便无法继续适用。③ 这并非臆测，现实中的确出现了如此动向，根据阿里巴巴集团在港交所的公告，将“花呗”“借呗”纳入消费金融公司是蚂蚁集团整改方案的一部分。④ 欠缺理性、过度审慎、意在精准打击却又不存在完善的规制框架为依托的监管工具很可能自一出生便注定了被规避和被遗弃的命运。

综上所述，按照审慎监管的思路，针对从事互联网小额信贷业务的小额贷款公司施加严格的对外融资规模限制与极高的资本金要求，不仅逻辑不顺，而且存在沦为具文的可能。事实上，对于互联网小额信贷，监管更应侧重消费者保护方面，要求放贷组织做到在信息披露上的全面透明和在催收行为上的规范。⑤ 以美国为例，除了各州单独立法外，联邦一级还存在着《诚实信贷法》《公平信贷机会法》和《公平信用报告法》以促进消费者对贷款产品的信息有全面清晰的了解以及公平地获得信贷。由此，在联邦和州两层形成了以消费者保护为核心的规范体系。总而言之，消费者保护才是对放贷组织的贷款业务加以监管的底层逻辑和核心使命，这并不会因为贷款业务被贴上互联网的标签而改变。

四、 结论

联合贷、助贷与自营贷款的资产证券化是互联网小额信贷大规模扩张的利器。对这两种扩张路径的规制应遵循风险溯源与对症下药的逻辑，即需要找到风险防范和控制的正确治理端口。

在联合贷和助贷业务中，并不存在小额贷款公司故意向银行转移风险的问题，小额贷款公

---

① 《征求意见稿》中的其他审慎监管指标比如第十条规定的最低资本金：经营网络小额贷款业务的小额贷款公司的注册资本不低于人民币10亿元，且为一次性实缴货币资本。跨省级行政区域经营网络小额贷款业务的小额贷款公司的注册资本不低于人民币50亿元，且为一次性实缴货币资本。

② 消费金融公司的杠杆率可达10倍，而根据《征求意见稿》，网络小额贷款公司只有5倍，另外，消费金融公司的最低注册资本为3亿元，远低于《征求意见稿》对网络小额贷款公司的要求，参见《消费金融公司试点管理办法》，另参见吴红毓然等：《网络小贷新规降临》，载财新网，资料来源：https：//weekly. caixin. com/2020 -11 -07/101624251. html，2021 年 3 月 17 日访问。

③ 该问题之所以可能出现，一定程度上是源于我国对于非存款类放贷公司缺乏统一的监管规则，并且对不同放贷组织的差异化监管存在不合理之处。

④ 参见阿里巴巴集团：《自愿公告及海外监管公告　蚂蚁集团完成整改方案的研究和制定》，载香港交易所官网，资料来源：https：//www1. hkexnews. hk/listedco/listconews/sehk/2021/0413/2021041300009. pdf，2021 年 4 月 13 日访问。

⑤ 参见彭冰：《如何监管专业放贷组织——关于〈非存款类放贷组织条例（征求意见稿）〉的意见》，载《法律与新金融》第 4 期。

司不是造成风险的原罪。是否与小额贷款公司等第三方合作以及合作规模控制大多都是由银行自行决策的，因此，在风险治理上，银行理应掌握更多的主动权和承担更大的责任。故而，需要以银行为规范主体，促使其提高在授信审查等核心风控上的能力和独立性，并妥善应对联合贷与助贷模式本身隐藏的代理成本问题，要求合作持牌贷款机构提高风险负担的比例以抑制合作方的道德风险，从而实现保障自身安全的审慎监管目标。

在自营贷款资产证券化模式中，小额贷款公司等放贷组织以极少的资金撬动了极大的信贷规模，并从中获利，这违背了做生意是要有本钱的朴素观念。并且，ABS 的风险转移特征可能加剧小额贷款公司的投机心理与授信审查标准松懈的道德风险。在无法完全克服 ABS 模式的固有风险以及并不确切了解网络小额信贷资产在完整经济周期的表现的情况下，通过对融资体量加以控制，并进而以此调节信贷资产总量，将总体风险控制在监管机构所认为的适当可控的水平，似乎成为顺理成章的选择。然而，表面上的顺理成章无法掩盖此种监管手段的底层逻辑缺陷。因为 ABS 风险爆发的根源很大程度上还是在于底层信贷资产的质量存在问题，而总量控制的审慎监管工具对这一问题的解决无能为力。对此要诉诸更为长效的机制，包括通过完善授信审查机制以把控信贷资产的质量，以及在信贷资产向二级市场登陆的入口处把关，通过信息披露机制与市场看门人角色有效发挥以向投资者充分揭露 ABS 的各种风险。

尽管本文对监管规则的分析和探讨较多，但与此同时，也在试图厘清对于互联网小额信贷的监管逻辑。总体而言，有关联合贷和助贷规则的出台是落实对商业银行进行审慎监管的必然要求，而对于小额贷款公司设置外部融资倍数限制的规则，如上文所述，还存在商榷空间。然而，监管思路的稍微厘清不可能解决所有的监管问题，并且也不存在能够一蹴而就的制度设计或者使其他问题全部迎刃而解的理想突破点。小到可以考察商业保理牌照是否异化为规避对放贷组织监管的套利工具，大到需要继续分析开展互联网信贷业务的不同类型放贷组织是否适合或需要差异化监管、[①] 互联网信贷的央地监管权如何配置或者说如何应对互联网无边界特性对以地域为依据的管辖权划分带来的挑战，[②] 以及由于市场条块分割带来的信贷资产证券化的不一致监管问题如何解决，甚至在科技巨头向金融领域全方位出手布局的背景下，思考还可延伸至有关金融控股集团监管的政策导向、规制目标与思路设计。这些问题还需另文讨论。

---

① 参见盛学军：《互联网信贷监管新规的源起与逻辑》，载《政法论丛》2021 年第 2 期。

② 这一问题对于我国和美国都是挑战，在联邦制的美国争议更大。目前，各州对于 Marketplace Lending 的市场准入施加了特定于州的条件，包括许可要求以及对产品和服务的限制，有评论者认为，消费者和市场参与者在冗余和自相矛盾的监管下受苦，而不是从保护市场的联邦制中受益。See Brian Knight，Federalism and Federalization on the Fintech Frontier，20 Vanderbilt Journal of Entertainment & Technology Law 129（2017），pp. 129 – 206.

消费者保护视野下的信用卡分期费用合法性探析

■ 程明皓*

摘要：我国信用卡分期手续费收入在信用卡业务中占比第一，然而实践中争议频发，导致司法裁判混乱，金融消费者维权困难。过去信用卡分期业务似乎游离于制度之外，近期监管机构对信用卡分期业务的规定陆续出台，一定程度上解决了部分问题。但现存法律法规尚未形成体系且规定较为粗浅，学界对该领域的研究也几为空白。本文运用经济学公式展示分期手续费的真实利率；以法解释学作为基本研究方法，同时运用案例研究、比较研究和规范研究方法，系统展示分期手续费行业与法律现状，分析分期手续费存在的问题并提出对策建议，为有效规范分期业务及其他银行业务、更好保护金融消费者权益作出贡献。

关键词：信用卡　分期手续费　商业银行利率　消费者保护

一、 导言

在我国基于监管要求，信用卡属于银行卡大类。随着我国信用卡市场不断发展与成熟，信用卡业务在逐步丰富和完善。我国信用卡收入主要为两部分：第一部分为透支利息收入，若持卡人超过免息期未偿还透支余额，将以“透支利率”每日计息、按月复利；第二部分为分期手续费收入。

在产品类型方面，我国主要商业银行信用卡分期产品多样，分期业务类型丰富，分期场景逐渐扩展至生活消费的各个领域。在业务规模方面，信用卡分期付款业务余额约占信用卡贷款余额的四成。在收入方面，商业银行的分期业务收入已经超过信用卡透支利息收入，成为商业银行信用卡业务收入中最重要的一部分。② 不过在投诉率与诉讼率方面，信用卡分期也远超其他信用

---

* 程明皓，北京大学法学院2018级金融法方向法律硕士（非法学），任职于中国东方资产管理股份有限公司。

② 根据中国银联发布的《2018年信用卡业务发展报告》，2018年数据显示分期手续费占信用卡收入比例达到36.7%，分期手续费已超过透支利息收入根据中国银联发布的《2018年信用卡业务发展报告》，2018年数据显示分期手续费占信用卡收入比例达36.7%，分期手续费已超过透支利息收入。2017年中国人民银行出台《关于加强信用卡预借现金业务风险管理的通知》，监管机构加强对信用卡资金用途的监管，这之后信用卡利息收入在总收入中占比开始下滑，而分期手续费占比则持续上升。

卡业务。

本文系统讨论分期手续费存在的问题，分为四部分：第一部分为问题的提出，介绍分期业务的三种类别，列示主要商业银行的分期手续费费率，分析实际利率与名义费率的区别；第二部分为深入分析，在明确分期手续费性质的基础上，说明分期手续费在利率设置、信息披露、消费者保护上存在的缺陷，并回应司法实践对于分期利率是否适用民间借贷利率上限的分歧；第三部分为制度建议，针对分期手续费存在的问题，对我国信用卡分期业务提出建设性建议；第四部分是一个简单的结语。

二、问题的提出：信用卡分期费用起底

（一）信用卡分期类别

一般来说，信用卡分期是将信用卡的负债从一次性分解为若干期偿还，该负债来源于信用卡的两大主要功能——消费信贷与预借现金。在各信用卡官网上，一般“信用卡分期”作为一个大类业务概念，具体细分为账单分期、消费分期和现金分期。

其中，账单分期是指发卡银行为符合条件的持卡人提供的，对其信用卡中符合条件的交易进行分期或延期还款的服务。持卡人账单可能由过去多笔消费构成，办理账单分期后对未偿还总金额进行分期偿还。消费分期是指持卡人在特约商户处购买商品所进行的分期。依据持卡人办理消费分期的不同时间点可分为两类模式。第一类为直接分期，即持卡人在特约商户处刷卡消费或网络下单后，由发卡银行向特约商户①垫付资金，持卡人直接向发卡银行分期偿还消费账单。第二类为间接分期，部分银行规定持卡人在消费后，若消费金额达到银行可申请分期的条件，可在消费后向银行申请将该笔消费金额分成多次还款。现金分期，是持卡人申请将信用卡中额度转换为现金，并转账到持卡人指定的银行卡借记卡账户，还款时持卡人要按双方约定的分期条件及时归还的行为。现金分期业务本质上属于信用卡预借现金范畴。预借现金指银行为持卡人提供小额现金借款，持卡人即可通过取现或透支转账的方式获取资金。预借现金除现金分期偿还外，部分银行还单独设置“预借现金业务”，该业务一次性收取手续费，按日利率万分之五计收利息，按月计收复利。虽上述三种分期方式统归于分期业务，但是现金分期性质为预借现金还款的方式之一，而账单分期与消费分期更符合信用卡非现金结算的一般特征。

（二）信用卡分期手续费费率

1. “无息小额手续费”真实费率。对分期业务，金融消费者们即便并未使用也一定不陌生。各银行信用卡官网，往往在醒目位置列明信用卡分期业务，并配以“账单分期付款免利息，每月仅收小额的手续费”等充满吸引性的广告语。在线下，银行也积极举办活动，部分申卡人在

① 特约商户是指与收单机构签订受理协议，受理银行卡的商户。

小额手续费允诺下，直接申领自动分期信用卡。此外，信用卡中心工作人员也会积极主动给持卡人致电，大力宣传分期业务零利息特点，劝说持卡人对既有账单进行账单分期。

在如此宣传下，消费者的合理期待为分期业务为无息分期，仅需支付一定手续费则可获得钱款的使用收益。但现实可能并非如此互利双赢。

关于分期手续费的性质将在下文进行分析，为方便讨论，本文“分期手续费”这一表述，特指银行从事信用卡分期还款业务获得的本金外款项，并不带有对该部分资金的性质判断。分期手续费与总借贷资金额（本金）的比率称为“费率”，一般指银行宣传中提出的名义手续费率；涉及持卡人资金真实使用成本时使用“利率”，如分期年真实利率。

通过检索，绝大部分银行在信用卡官网上提供每期分期手续费的月费率，手续费的计算方法为每期（月）手续费=分期本金总额×每月手续费率。即信用卡分期的每月应还数额计算公式：

$$\text{每月应还数额} = \frac{\text{总本金} \times (1 + \text{月手续费费率})}{\text{总期数}}$$

大部分银行官网会披露不同分期期数的手续费费率范围，并提示该范围仅供参考，实际费率会根据持卡人信用情况、市场情况与交易情况进行调整。在持卡人端，在使用分期服务时，一般只能获取银行提供的每期分期费用数额与月费率。

在2021年3月31日中国人民银行公布〔2021〕第3号公告（以下简称央行第3号公告）规范利率计算方式前，所有银行均使用上述逻辑计算手续费。但该手续费率并非使用资金的真实利率。因为上述等本等费的每期手续费计算方式，是手续费费率乘以初始总本金，再将总费用平摊至每期。但是分期的主要特点为分期偿还，即持卡人每月所欠银行的总金额等额减少。若以每期还款后剩余本金计算实际占用的分期本金，分期真实利率的计算方式如下：

$$\sum_{t=0}^{M} \frac{\text{第}\,t\,\text{期支付金额}}{(1 + IRR)^{\frac{t}{12}}} = N$$

其中，IRR 为真实分期年化利率，N 为办理分期的本金，M 为分期期数，t 为具体每期期数。央行第3号公告中的标准利率计算公式与本公式基本相同。

因此，各银行公布的手续费仅为名义费率，要想得知真正利率需要进行转化。首先应从名义费率转化为真实利率，其次应将月费率转化为年利率。将各银行提示的每期手续费费率（月费率），转化为真实利率的公式如下：

$$\sum_{t=0}^{M} \frac{\frac{N}{M} + N \times r_i}{(1 + IRR)^{\frac{t}{12}}} = N$$

其中，IRR 为应计算的真实分期年化利率，也是方程要计算得到的未知数。N 为办理分期的本金，M 为分期期数，r_i 为银行提供的分期月费率，t 为具体每期期数。该公式左侧为每期应还信用卡数额的折现数额之和，分子的含义为每期应还信用数额，分母为在真实年利率下每期折现到初期的金额。公式右侧为初始本金数额。公式总体含义可理解为：每期应还信用卡数额的折现加总等于初期本金。

利用计算机代入各银行手续费率解该公式，可得真实分期年利率 R，即持卡人占有的银行资金的真实利率成本。通过换算，部分银行真实分期年利率如表 1 所示。

表 1　银行信用卡分期利率

银行	年化费率	3 期	6 期	9/10 期	12 期	18 期	24 期
招商银行	名义费率	0.90%	0.75%	0.70%	0.66%	0.68%	0.68%
	实际利率	17.38%	16.38%	15.93%	15.29%	16.00%	16.03%
农业银行	名义费率	0.60%	0.60%	0.60%	0.60%	0.60%	0.60%
	实际利率	11.32%	12.95%	13.56%	13.84%	14.06%	14.10%
光大银行	名义费率	0.95%	0.84%	0.82%	0.80%	0.87%	0.90%
	实际利率	18.41%	18.48%	18.33%	18.71%	20.68%	21.38%
建设银行	名义费率	0.75%	0.70%	0.65%	0.60%	0.60%	0.62%
	实际利率	14.31%	15.32%	14.74%	13.84%	14.06%	14.58%
中国银行	名义费率	0.65%	0.60%	0.60%	0.60%	0.65%	0.65%
	实际利率	12.31%	12.95%	13.56%	13.84%	15.27%	15.30%
中信银行	名义费率	0.80%	0.80%	0.76%	0.73%	0.75%	0.75%
	实际利率	15.32%	17.54%	17.38%	16.99%	17.71%	17.72%
民生银行	名义费率	0.82%	0.70%	0.67%	0.67%	0.67%	0.70%
	实际利率	15.73%	15.32%	15.22%	15.53%	15.76%	16.51%

资料来源：以上信用卡数据来源于各大银行官网与咨询客服所得。

需要注意的是，上述分期名义费率并非固定数额，在实际执行过程中，银行将根据持卡人的分期期数、客户资信及本行政策在本费率基础上进行浮动，且浮动方向一般为向上。如在 2021 年 6 月的官网说明中，光大银行明确说明浮动区间为每期 0 ~ 1.5%，招商银行的浮动区间为每期 0 ~ 1.67%。所以表 1 所列名义费率仅为各银行分期费率的最低限度，计算得到的实际利率为最低利率。有趣的是，在 2021 年 9 月，再次查询招商银行官网说明时，官网已删除对上浮区间的提示，换为了更为模糊的“年化利率仅供参考……实际手续费率以下单时本行系统测评结果为准”表述。

在手续费费率上浮前提下，将获得显著更高分期业务的真实年利率。以招商银行 6 月官网提示的上浮区间为例，若某持卡人经银行评估为风险客户，最高可上浮 1.67% 的费率，则其 3 期分期月费率为 2.57%，真实年利率为 56.58%。因此在招商银行的规定下，持卡人的分期年利率理论上可能高达 56.58%。

2. 提前还款手续费照收。以上是持卡人按照期初约定、按时完成全部分期时所承担的利率，但如果持卡人选择提前还款仍需缴纳全部手续费，由于提前结束对银行资金的占用，其真实利率将更加高昂。

当持卡人选择提前还款时，目前各银行均规定分期手续费仍需全额缴纳。如招商银行在《招商银行信用卡 e 分期业务条款及细则》中规定，信用卡中心已收取的分期业务手续费不予退还。在全额缴纳外，银行甚至要求持卡人偿还提前清偿违约金。如招商银行还规定，若持卡人选择提前结束分期，银行将按信用卡中心宣布提前到期的剩余分期债务中的未偿本金的 3% 向持卡人收取提前结清违约金。

如果持卡人坚持提前还款，则在照付手续费且承担提前结清违约金的情况下，由于资金占用时间缩短，持卡人的信用卡实际利率也会相应增加。

三、 信用卡分期手续费存在的问题

（一）分期费用利率问题

1. 分期费用远高于实际宣传费率。通过上述分析可得，信用卡分期动辄 13% 起步的年真实利率，与“无息小额手续费”的宣传标语差距较大，最高额可达 50% 以上的利率，与宣传中不足 1% 的每期名义费率形成鲜明对比。

初步分析来看，真实利率高于银行宣传费率的原因主要有以下两点。第一，在计算方式上，信用卡存在利率重复计算。利息是货币在一定时期内的使用费，随着持卡人不断还款，持卡人所占用银行欠款不断减少，但每期手续费仍以初期金额计算，必然产生利率重复计算问题。第二，在具体表述上，银行提示信用卡费率为月费率而非年费率。这样的“以大化小”很容易让持卡人对真实年利率产生误解，消解对资金成本的敏感性。

此外，银行也倾向于避免对费率的直接、直观说明。在部分银行信用卡官网首页，很难找到各期分期的手续费具体费率。如中信银行和招商银行需要持卡人本人电话咨询其客服，才能获得各种分期的月费率数据。

上述问题近期在一定程度上得到改善。2021 年 3 月 31 日发布的央行第 3 号公告认为，应公布以该成本为基数计算而得的年化利率，公告同时注明年化利率计算，计算方式与本文思路一致。在公告发布后，陆续有部分银行在分期费率下标注了近似年化利率。但是上有政策下有对策，银行在明确规定下的“创意变通”仍值得深究。

第一，但由于该公告在文义上仅针对贷款业务，根据《中华人民共和国商业银行法》（以下简称《商业银行法》）对贷款的定义，无担保的信用卡分期业务不属于贷款。在公告未明确将信用卡分期业务纳入规范范畴，且在我国未明确信用卡分期费用属于贷款的法律背景下，分期费用是否应遵守该披露要求仍有解释空间。可以发现，目前部分银行仍未在官网标注分期费用的年化利率。

第二，部分银行使用“近似折算年化利率”模糊视线。在央行已经明确计算公式的情况下，部分银行虽在分期费用的说明中列出了该公式，但同时标注“近似折算年化利率（单利）=12×IRR”，其披露的年化利率也顺势上演一出偷梁换柱，变为根据上述等式得出的“近似折算年化利率”。[①] 如上文所述，由于每期占用本金额不断减少，分期业务的真实年利率高于12倍月费率，每期费率乘以十二并非年利率，只是一个没有实际意义的数字。因此即使形式上遵守央行第3号公告的银行，在实际操作中也存在瑕疵。

在“小额手续费”的花式宣传下，持卡人希望通过分期或能减缓支付账单压力，改善经济状况，或能通过支付小额手续费换取资金使用权，获得更多资金收益。而现在看来，这不过是理想现实一线隔。市场中没有白掉下来的利益，只有更熟悉游戏规则的资本。

2. 对信用卡利率目前无上限控制。虽银行有意将分期手续费划归为费用，但信用卡分期费用实质上属于利息。

在我国法律与规范性文件中，财政部、国资委、银保监会与证监会联合发布《关于严格执行企业会计准则 切实加强企业2020年年报工作的通知》（2021年1月27日发布，以下简称《年报通知》）。《年报通知》明确规定银行分期手续费在会计处理上属于利息。“实质重于形式”是会计的一个重要特点。《年报通知》有利于理解信用卡分期手续费的商业逻辑。

此外，从持卡人与发卡人的法律关系来看，二者基础法律关系为借贷关系，持卡人基于借贷关系向发卡人支付本金外的金额应属于利息。并且根据《商业银行法》与《商业银行服务价格管理办法》，利息与手续费的区分在于银行获得债权请求权的基础是提供本金还是提供服务。信用卡分期需占用银行本金，并非属于仅提供服务的业务，因此规定为费用也有所不当。

所以，信用卡分期手续费实质为利息，分期手续费与借贷资金额（本金）的比率是利率，即分期手续费费率属于利率。但是我国目前并无对于信用卡利率上限的实质限制。

《中国人民银行关于推进信用卡透支利率市场化改革的通知》（银发〔2020〕327号）规定，自2021年1月1日起，信用卡透支利率由发卡机构与持卡人自主协商确定，取消信用卡透支利率上限和下限管理，即原上限为日利率万分之五、下限为日利率万分之五0.7倍的利率管制。这标志着我国对信用卡利率的管制已经全面放开。

---

① 根据建设银行官网披露，其月费率0.70%的产品的“近似折算年化利率”为12.56%，但根据央行公式计算可得其真实年化利率为15.93%。

2021年5月25日，最高人民法院发布的《最高人民法院关于审理银行卡民事纠纷案件若干问题的规定》（以下简称《信用卡规定》）第二条规定，持卡人要求调减信用卡总利息与费用的，人民法院应当综合考虑国家有关金融监管规定和其他因素，根据公平原则和诚信原则予以衡量。虽《关于审理民间借贷案件适用法律若干问题的规定》（法释〔2020〕17号，以下简称《民间借贷司法解释》）虽规定四倍市场化利率的借款利率上限，但该司法解释明确规定排除商业银行的适用，对于该部分将在下文进行详细分析。因此实质上我国有关金融规定未对信用卡利率作出限制，法院只能依靠公平和诚信原则判断。

此外，即使《信用卡规定》允许法院作出一定调减，给予法院自由裁量权。但是该规定过于笼统，对于起诉至法院的金融消费者，其最终保护力度存在不确定性。而且由于司法成本较高，对于大量未使用司法途径的金融消费者，其利益仍难以得到保障。

所以，在目前法律与规章体系下，银行信用卡利率实际无上限规定，但这不意味着银行分期付款利率处于合理区间。

3. 信用卡实际利率过高。我国信用卡真实分期手续费利率高于社会一般期待，与境内产品与境外产品相比也显著过高。

以民间借贷为参照对象，信用卡分期手续费利率较高。《民间借贷司法解释》第二十五条规定，人民法院不支持超过合同成立时一年期贷款市场报价利率四倍的民间借贷利率。而中国人民银行授权全国银行间同业拆借中心公布，2020年12月21日贷款市场报价利率（LPR）1年期为3.85%，则此基期的四倍一年期贷款市场报价利率为15.4%。我国关于高利贷的评判标准也是银行同类贷款利率的四倍。①

通过本文第一部分的分析可得，一半以上的银行分期手续费基础名义利率已经高于民间借贷最高利率，也高于中国人民银行认定的高利贷标准。并且，各银行信用卡分期手续费在最低基础上，上浮幅度较大，持卡人面临的具体利率可能显著高于四倍贷款市场报价。

以互联网消费信贷为参照对象，银行信用卡与互联网消费信贷分期利率相差不大，甚至部分高于互联网消费信贷分期利率。如蚂蚁花呗24期消费分期的年化利率为15.88%，② 低于表2中部分银行的分期年化利率。

与信用卡发达的外市香港对比，内地信用卡分期手续费显著高于香港各信用卡分期业务手续费费率。

---

① 2001年4月26日，《中国人民银行办公厅关于以高利贷形式向社会不特定对象出借资金行为法律性质问题的批复》明确，高利贷的认定标准为银行同类贷款利率的四倍。

② 资料来源：作者将蚂蚁花呗分期费率以真实商品分期情况计算而得。

表 2 香港信用卡分期手续费①

信用卡现金分期计划	最低每月手续率	还款期	提前还款手续费
Citi Cash Back Card	0.12%	6～60 个月	余下欠款的 4%
中银双币钻石卡大湾区一卡通	0.23%	12～36 个月	HK $300
信银国际 Motion 信用卡	0.13%	12～60 个月	HK $200
DBS Compass Visa	0.11%	6～60 个月	仍需支付余下还款期内原应支付的利息
东亚 World Mastercard	0.13%	6～60 个月	套现金额之 1%，最低收费 HK $300
渣打 Simply Cash Visa 卡	0.13%	6～60 个月	套现金额之 1%，最低收费 HK $300
安信 EarnMORE 银联卡	—	个人化	免罚息及最低手续费
汇丰 Visa Signature 卡	0.14%	12～60 个月	余下欠款的 2%
恒生 MPOWER 卡	0.13%	6～60 个月	HK $300

虽“法无禁止即自由”，但法律也有对合同衡平的追求。在价格理论的视角下，利息的功能可被分解为支付交易费用、冲销风险、抵御通货膨胀和获取资本对价。因此同类支付有一个基本的“市场价格”区间，如果过分远离这个区间便可以构成不当。② 信用卡分期手续费与我国信贷一般利率相比较高，也高于国际信用卡分期情况，可推断其偏离合理价格的范围。

未来，信用卡将在消费领域发挥更重要的作用。过高的信用卡利率必然加重持卡人负担，可能成为经济风险的灰犀牛。③ 消费信贷市场不断扩张，非银行信贷发展逐渐放缓，信用卡发展拥有更宽广的市场敞口。但分期业务作为信用卡的主要盈利手段，其过高利率将导致消费者过重的负担，消费者的信贷压力经过传导，可能引发系统性金融风险。④

（二）分期费用的信息披露问题

1. 现行规定现状。《信用卡规定》第二条规定，发卡行在与持卡人订立银行卡合同时，应对收取利息、复利、费用和违约金等格式条款履行提示或者说明义务。但该规定较为模糊，未对相

① 《信用卡分期付款——比较 10 大热门信用卡现金/签账计划》，MoneyHero 官网，https：//www. moneyhero. com. hk/blog/zh/%E4%BF%A1%E7%94%A8%E5%8D%A1%E5%88%86%E6%9C%9F－%E6%94%BB%E7%95%A5－%E6%AF%94%E8%BC%8310%E5%A4%A7%E7%86%B1%E9%96%80%E4%BF%A1%E7%94%A8%E5%8D%A1%E5%88%86%E6%9C%9F%E8%A8%88%E5%8A%83，2021 年 2 月 13 日访问。

② 参见许德风：《论利息的法律管制——兼议私法中的社会化考量》，载《北大法律评论》2010 年第 1 期。

③ 灰犀牛由米歇尔·渥克在《灰犀牛：如何应对大概率危机》中提出，比喻大概率且影响巨大的危机。

④ Liang Yu，Ryan Tsang，Harry Hu，Will China's Credit Card Boom Follow The Well－Worn Path to Bust?，S&P Global Ratings，https：//www. spglobal. com/en/research－insights/articles/will－china－s－credit－card－boom－follow－the－well－worn－path－to－bust，2021 年 1 月 20 日访问。

关信息披露作出进一步指导。

央行第3号公告规定，在计算年化利率时，利息及与贷款直接相关的各类费用应合并计算为贷款成本，并应公布以该成本为基数计算而得的年化利率。但未明确银行信用卡分期业务收入也应遵守该规定。

2016年，人民银行发布的《关于信用卡业务有关事项的通知》对发卡机构的信息披露义务作出了明确规定，主要分为两个方面：一是对于信用卡概括信息的披露义务，应充分披露信用卡申请条件和收费项目等内容，并及时进行更新；二是应在信用卡协议中以显著方式提示与持卡人有重大利害关系的事项，确保持卡人充分知悉并确认接受，对于信用卡利率标准，应注明日利率和年利率。但该通知由于仅说明应披露信用卡利率，因此顶着手续费保护伞的信用卡分期手续费并未按照该规定进行披露。

2. 必要信息披露不足。在关键信息——分期手续费的内容上，几乎全部信用卡领用协议规定，具体的分期手续费需在办理分期时另行确定。部分商业银行在官网披露分期手续费不同期数的费率范围，但该范围并非实际范围，如第一部分所述，银行均表明真实费率会根据客户情况进行上调，因此并未提示真实分期手续费上限。此外，部分银行并未公开提示分期手续费费率范围，需领用信用卡后，提供卡号与身份证进行人工咨询，才能获取信用卡分期手续费范围。目前信用卡分期费用真实范围的披露普遍存在严重不足。

3. 相关术语概念模糊构成误导性陈述。信用卡用零利息、低手续费的口号进行宣传且仅提示每期手续费的做法，消除消费者对利息的敏感性，营造低成本的假象。然而真实利率远高于宣传的名义手续费率，该做法对持卡人构成误导性陈述。

首先，在中国语言环境与过去信用卡宣传习惯下，手续费带有小额、少量、固定值的含义。而利息在公众一般认知中为资金使用成本，则信用卡官网上“0利息”的宣传，暗含资金无使用成本的意思。因此将利率包装为手续费，是发卡方精心且巧妙设计的一场文字艺术。

其次，名义费率与实际利率的数字转换对持卡人易造成错误印象。在信用卡分期的宣传页和办理分期的页面上，部分银行仍以“每期费率”的字样，仅提示每月的手续费，即仅向持卡人明示名义月利率。如第一部分所述，该利率仅为名义利率，低于按照资金实际占用情况计算而得的真实利率。

此外，我国消费者相关金融与会计知识较为匮乏，部分银行择繁避简进行利息公布，消费者难以自行计算真实利率。部分银行在领用协议或公开渠道中，未公布每期分期的名义利率与真实年利率，却公布了分期真实利率的正确计算公式，且未附带任何解释。对于普通持卡人来说，仅观看公式难以获得有效信息，该种披露也非有效披露。

综上所述，除利率实质过高外，信用卡分期费用信息披露现状并不理想。在披露方式上，相关表述与利息计算方式对普通消费者要求过高；在披露内容上，强调无利息低手续，对真实利息的披露存在不实。持卡人难以获取真实、全面的信息从而进行债务规划或与同类金融产品比较。

（三）分期合同的效力问题

1. 分期关系是否构成真实意思表示。针对信用卡的相当一部分投诉内容为，持卡人声称自身在不知情或并非充分了解的情况下，被银行办理了账单分期。该类情况往往主要分为两种，一是在签订信用卡领用协议时，部分信用卡规定单笔消费到达一定数额后自动分期。① 二是银行工作人员致电持卡人，宣传分期的优惠政策，并询问持卡人是否接受分期。有持卡人声称，自己并未听清电话的具体内容，但后期发现银行已为自己办理了账单分期。②

在上述第一种情况下，由于信用卡协议是当事人为了重复使用而预先拟定，并在订立合同时未与对方协商的条款，因此属于格式条款。我国《民法典》第四百九十六条规定，提供格式条款的一方未履行提示或者说明义务，致使对方没有注意或者理解与其有重大利害关系的条款的，对方可以主张该条款不成为合同的内容。信用卡分期对持卡人具有重大利害关系，因此若在签订信用卡协议时银行未向持卡人明确说明自动分期规定，则该条款无效。该无效为自始无效，银行不应据此对持卡人开展消费金额或账单的自动分期。《信用卡规定》也对此作出强调说明。

在上述第二种情况下，我国《民法典》第四百六十九条规定，当事人订立合同，可以采用书面形式、口头形式或者其他形式。合同的成立须基于当事人的合意，即合同当事人双方相互就合同的主要条款和内容作出一致的意思表示。我国《合同法》以表示主义为原则，持卡人通过电话回答的方式对银行的分期要约形式上达成口头的同意，因此分期业务合同成立。

虽按照《合同法》规定，合意内容与内心真实意思不一致时，不影响合同成立，但该合同效力为可撤销合同，当事人可主张重大误解进行处理。③ 持卡人若未正确理解银行销售人员意图，错误认识发生对象，但是因并无办理分期的真实内心意思构成重大误解，④ 按照《民法典》第一百四十七条规定，持卡人有权请求人民法院或者仲裁机构予以撤销。

2. 非真实利息是否构成真实意思表示。在银行未公开、明确披露真实分期利率和利率计算方式的情况下，需要探讨持卡人是否与银行就利率达成合意，以及持卡人是否受真实利率的约束。

---

① 如平安银行在《平安银行信用卡领用合约》第四十五条中列明，使用分期信用卡进行消费时，单笔消费金额大于等于300元享自动分期，分期期数12期。

② 《信用卡分期有陷阱，到底是优待还是套路?》，新华网，资料来源：http：//www. xinhuanet. com/politics/2018－12/17/c_1123864989. htm，2021年5月14日访问。

③ 参见韩世远：《合同法总论》，法律出版社2018年版，第101页。

④ 重大误解的构成要件为：(1) 民事法律行为业已成立；(2) 须有一方或者双方对于情况的重大误解（误解的重大性），包括对行为性质的错误、对对方当事人的错误、对标的物的错误、法律错误和表示错误；(3) 因重大误解而成立民事法律行为（因果关系）；(4) 相对人的参与；(5) 相对人无过失。参见韩世远：《重大误解解释论纲》，载《中外法学》2017年第3期。

《民法典》第四百九十六条在沿袭《合同法》第三十九条的基础上，吸收借鉴《消费者权益保护法》和《合同法司法解释》的相关规定，将格式条款提供方的提示说明义务扩大到“与对方有重大利害关系的条款”。《民法典》规定，格式条款提供者应当采取合理方式提示对方注意与其有重大利害关系的条款，并明确未履行该义务时合同相对方可以主张该条款不成为合同的内容。

因此，发卡银行与持卡人订立信用卡合同时，应当采用通俗易懂的方式明确告知持卡人实际利率，或者明确告知能够反映实际利率的利息计算方式。如果发卡人以格式条款方式约定利率，应当采取合理方式提请注意该条款，并按照持卡人要求对该条款予以说明。但在现实中发卡人对真实利率未予披露和详细说明，若导致借款人未注意或者理解信用卡分期的实际利率，那么应当认为双方就该实际利率超过名义利率的部分未达成合意，发卡人无权主张按照真实利率计算利息。

（四）司法裁判误用民间借贷司法解释

从近年来商业银行信用卡业务司法判例来看，部分法院认为根据体系解释方法，虽然信用卡业务属于金融机构贷款，不直接适用《民间借贷司法解释》，但我国法律体系对借贷利率有严格限定，信用卡利息与收费合计超过了本金，应参照适用《民间借贷司法解释》。2020 年前大部分司法裁判采用限制费率的态度①，2020 年后逐渐有越来越多的法院认为银行不受《民间借贷司法解释》束缚。但对于银行是否应参照《民间借贷司法解释》利率上限规定仍存在争议，目前的信用卡利率水平依然承受一定压力。②

学界有观点认为，若不适用《民间借贷司法解释》，金融机构和民间借贷利率的倒挂不仅违背了金融借贷和民间借贷市场定位和风险与利益一致的市场法则，而且不符合人民群众朴素的正义观念，也违背了立法者降低借贷成本的立法原意，因此是难以长期保持的。③

上述分歧导致司法裁判的混乱，也不利于金融消费者用司法途径维护自身权益。本文认为，信用卡分期费用问题不适用《民间借贷司法解释》。

从文义解释来看，《民间借贷司法解释》适用范围明确排除商业银行。《民间借贷司法解释》在适用范围上明确，“经金融监管部门批准设立的从事贷款业务的金融机构及其分支机构，因发放贷款等相关金融业务引发的纠纷，不适用本规定”。根据《商业银行法》，商业银行的设立应当经国务院银行业监督管理机构审查批准，是吸收公众存款、发放贷款、办理结算等业务的企业

① 参见苏盼：《司法政策与监管政策的竞争——基于信用卡纠纷裁判的观察》，载《财经法学》2020 年第 1 期。

② 参见袁钢：《我国信用卡产业发展现状分析和建议》，载《中国信用卡》2020 年第 10 期。

③ 参见胡浩、王峥：《民间借贷新规对信用卡业务的影响》，载《银行家》2020 年第 10 期。

法人。因此，商业银行显然属于《民间借贷司法解释》排除适用的金融机构。

从目的解释来看，《民间借贷司法解释》为保护民间借贷秩序。2015 年制定的《民间借贷司法解释》，有限制条件地承认了企业之间借贷合同的效力，其价值取向与处理思路是为了更好地促进中小微企业的发展，有效缓解企业“融资难”“融资贵”难题。2020 年修正的司法解释，大幅度降低民间借贷利率的司法保护上限，其目的是促进民间借贷利率逐步与我国经济社会发展的实际水平相适应。因此，《民间借贷司法解释》的立法目的和利率调整意图，与银行信用卡利率差距较远。

对民间借贷利率设置上限，是法律对民事合同进行的限制，是在社会公平与私法自由之间寻找平衡的抉择。是否应该如此规定，具体的量化标准如何，并非有定论。“虽然自由是私法的核心精神，但私法制度设计、解释与适用的关键却在自由与强制的交汇点上。”①《民间借贷司法解释》其立场没有十分强大的应然性理由，是法律对特定种类债务关系的特别规制，不应自动延伸至其他种类债务关系。②

综上所述，从《民间借贷司法解释》的文义规定与立法原意来看，信用卡利率不适用《民间借贷司法解释》的上限规定，即利率低于合同成立时一年期贷款市场报价利率四倍的规定，也不宜根据该上限下调信用卡实际利率。

四、 解决信用卡分期手续费问题的对策建议

（一）厘清商业银行信用卡分期的收费性质

本文认为，银行信用卡分期费用从法律与经济角度来看均为利息，且在银行资产负债表中也应列示为利息收入。因此央行可通过颁布规范性文件的方式，将利息和费用的定义从《会计通知》扩展到全部领域。可用定义法结合列示法阐释利息与费用的本质，提供业内统一标准。在具体规定上，银行利息类收入应为银行提供资金获得的对价，如贷款利息、信用卡透支利息和债券利息等。费用收入应为银行为服务对象提供服务时收取的对价，如银行卡年费、刷卡费等。

具体到信用卡分期问题上，信用卡透支利息和分期收费是按照本金的一定比例收取，持卡人在一定时间内获取对银行资金的使用权，实质上是使用银行相关金额支付的对价，因此属于银行利息。信用卡年费、外汇兑换手续费、缴款手续费等收费基础是银行提供的具体服务，因此属于费用范畴。

（二）设置信用卡借贷利率上限

1. 现有制度难以对信用卡利率形成约束。对银行是否应设置借贷利率上限的讨论并非新命

---

① 参见许德凤：《论利息的法律管制：兼议私法中的社会化考量》，载《北大法律评论》2010 年第 1 期。

② 参见缪因知：《论信用卡债务与银行贷款不适用利率管制规则》，载《金融法苑》2016 年第 2 期。

题，学界对此有诸多讨论，但并未形成统一意见。如上文所述，高企的信用卡利率不利于金融环境的健康发展，也严重损害金融消费者利益，仅依靠市场与现行法律法规难以对过高的信用卡利率形成约束，具体理由如下。

第一，银行利率可能远高于其资金成本与风险成本。由于银行对信用风险管理有严格的控制流程，可通过客户历史数据和外部征信系统建模分析，降低不良资产风险。并且，由于银行征信系统较强的惩戒性，人们偿还信用卡负债的动力更足，因此银行借贷相较于一般借贷道德风险更低，相较其他借贷方式成本更低，其价格应比其他借贷更为低廉。

第二，由于发卡银行与持卡人之间存在经济权利的不平等，在关注契约自由时也不应忽视对契约正义的保护。持卡人较银行天然存在劣势地位，双方存在信息不对称问题，而且金融消费者专业知识与认知能力较为欠缺，即使监管机构提供了集中化或标准化的市场信息，金融消费者较大概率也会对已披露的信息产生认知偏差，进而作出非理性的投资决策。因此法律应对金融消费者进行倾斜保护，而不应以“合同关系”和持卡人与银行关于利率的合意作为高利率的挡箭牌。

第三，单纯依靠利率披露难以实现对银行行为的有效约束。固然信息披露的理念在一定程度上有望抵消权力失衡，将不公平或敲诈的做法赶出市场。① 在理想情况下，通过竞争与利息率披露，可防止银行滥用法律地位，限制银行利率无限扩张。因此部分学者认为无须强制性设定银行信用卡的利率上限。但是该设想可能并不成立。美国经济学家奥苏贝尔（Ausubel Lawrence M）提出，信用卡市场不是完全竞争的市场，在这个市场中，产品的定价背离了市场规律。② 大型商业银行倾向于通过合谋，参照贷款基准利率进行贷款利率定价，③ 获取垄断利润。

第四，虽然从比较法来看，发达市场对利息的管制较少，但是对特定规定的分析不能抛开其制度土壤和系统机制。我国国情为经济发展的配套措施较为不足，如个人破产制度还在逐渐建设中④，对金融消费者的保护机制并不完善，因此完全的利息市场化带来的负面作用无法被社会整体消解，此时选择限制最高利息对社会保障将发挥较大作用。

---

① See Richard Scott Carnell, Jonathan R. Macey, Geoffrey P. Miller, The Law of Financial Institutions, 7th, New York Wolters Kluwer Law & Business/Aspen Publishers, 2017, p. 513.

② Ausubel Lawrence M., Adverse Selection in the Credit Card Market，资料来源：https://www.ausubel.com/larry/creditcard-papers/adverse.pdf，2021年2月3日访问。

③ 孙国峰、栾稀：《利率双轨制与银行贷款利率定价——基于垄断竞争的贷款市场的分析》，载《财贸经济》2019年第11期。

④ 2020年12月3日，浙江省高级人民法院发布《浙江法院个人债务集中清理（类个人破产）工作指引（试行）》，该指引规定了附条件的债务免除、诚信财产申报、合理确定“生活必需品”等程序，旨在实现个人债务的集中清理和恢复债务人的个人信用，本质上是一种类破产的规则。《深圳经济特区个人破产条例》于2021年3月1日正式实施，是我国个人破产在制度上的首次正式确立。

因此，现有制度设计难以对银行过高利率形成有效制约，应对信用卡利率作出特别规定。

2. 限制信用卡利率有利于保证公平与效率。从比较法来看，为实现保护金融消费者的目的，设置最高利率上限是一种典型手段。香港银行遵守《放债人条例》中规定的敲诈利率上限，即银行一般适用48%的年利率上限。美国虽在联邦层面未设置利率限制，但部分州法律对最高利率拥有规定。此外，美国学界也有声音认为，应在联邦层面对利率进行限制，仅依靠信息披露难以实现对金融消费者的实质保护。①

由上文分析也可得，设置银行利率上限有利于保护金融消费者、维护社会公平。此外，公平与效率并非是一方必然被牺牲的矛盾关系，现阶段限制信用卡最高利率，也有利于实现提高社会效率的目标。

从银行角度来看，限制利率上限，将限制一部分高风险人群获得借贷。这一方面可降低银行坏账水平，防止不良资产数目过高。另一方面限制利率也有利于防止银行"竭泽而渔"，有利于在社会上形成健康的借贷和消费习惯，银行可持续获取合格客户，促进消费借贷的良性循环。

从社会角度来看，设置合理利率上限可防止银行利用垄断地位进行利益盘剥，使社会资源按照最有效率的方式流动，有利于社会整体效率的提高。

3. 具体做法：设置银行消费信贷利率上限。通过上述分析可得，为保护金融消费者合法权益、提高社会整体效益，需要限制信用卡消费借贷，应对其设置合理的利息上限。

设置针对银行消费信贷的利率上限规定，在制度设计上可以通过中国人民银行颁布部门规章的方式，对银行信用卡最高利率进行限制，并规定非银行类消费借贷利率可参照该利率进行定价。具体上限数值应结合我国民间借贷利率上限和经济发展程度进行规定。

但是需要提请注意的是，设置最高利率上限并非限制利率，更不是回到利率管制时代的倒退，而是禁止严重妨碍金融市场发展、损害金融消费者利益、明显畸高的信贷利率。防止违约金、实际利率等成本加总后的数额达到惊人程度。该设定的利率上限不是对银行利率的合理想象，也并非利率指导价，而是来自对各方因素综合考虑后的最高红线。

（三）规范信息披露要求，保护消费者知情权

在《民商法》"平等"精神的影响下，以规制和监管为核心的金融公法自确立来，一直在"效率"与"安全"价值之间循环往复，"并呈现出'监管'与'去监管'、'强监管'与'弱监管'、'去监管'与'监管治理'的金融法变革历史镜像"。② 但是与传统民商法的参与主体地位平等的理想假定不同，随着金融产品的创新与发展，创新型金融产品与专业门槛较高的金融

① Eliot C. Schaefer, The credit card act of 2009 was not enough: a national usury rate would provide consumers with the protection they need, 41 The University of Baltimore Law Review 741 (2012), p. 741.

② 盛学军等：《新时期金融法变革中的消费者保护研究》，法律出版社2019年版，第12页。

工具，打破了原交易双方势均力敌的平衡。消费者并非处于经营者的对等地位，金融法领域追求实质公平而非形式公平，成为实现金融交易主体之间“权利义务新平衡”的必然要求。强化信息披露是保护金融消费者的有力手段之一。

1. 细化信息披露要求。信用卡分期业务涉及持卡人核心利益的为分期方式、分期利率与违约条款。而如上所述，分期利率的相关内容在披露上存在缺陷，违背合同的公平原则，也不利于消费者保护。持卡银行应对分期利率进行明确、清晰的披露。

第一，信用卡分期应披露年真实利率。通过上述分析，所谓“分期手续费”实质为利息，因此应以利率形式披露。银行应披露分期的实际年利率，即披露资金的真实使用成本。信用卡分期宣传在银行官网、移动端应用程序和宣传广告等处，应明显宣传真实年化利率，避免“偷梁换柱”。

第二，发卡银行应在官网显著位置、移动端应用程序和宣传广告，以及与持卡人签订的协议上，明确分期年利率的真实范围。目前大部分银行虽在官网注明了信用卡分期的利率范围，但该范围标注的上限并非真正上限，发卡银行还会标注真实利率会根据客户信用或其他因素进行上调，即持卡人无法提前获知最高利率。此类模棱两可的利率范围难以为持卡人提供有效信息。因此信用卡分期业务应明确提示分期的真实利率范围，而非设置甜蜜利率幻境，引诱持卡人进入后知后觉的债务陷阱。

但是强化信息披露不能简单一味地提高披露标准。有实证研究证明，目前强制披露可能会产生零效果。① 该研究认为世界各地的许多政府仍在盲目地提高披露要求，将其作为信用卡市场的消费者保护手段，但最终效果并不理想。

我国应结合具体情况，要求银行对必要信息进行披露。在具体披露内容上，可规定银行应披露信用卡分期的真实年利率、总还款金额、是否可以取消分期及违约金等，并以表格形式分项列示分期业务的各项金额。

2. 设置信息披露罚则。仅通过改善规范性文件、提高银行的信息披露水平仍然不足，监管部门应对银行的理财产品信息披露建立法律责任制度。现有相关文件虽对信息披露提出要求，但从功能与作用上看基本起倡导性作用。只设置义务而无罚则，难以对银行起到有效规范。因此要发挥和保障银行履行信息披露要求，需对银行设置刚性约束，若达不到相应的披露水平应承担法律责任。

（四）加强金融消费者的投资教育

对金融消费者进行教育，不仅有利于提升个人金融素养和能力，而且对于为市场创造健康

---

① Enrique Seira, Alan Elizondo and Eduardo Laguna – Müggenburg, Are Information Disclosures Effective? Evidence from the Credit Card Market, American Economic Journal: Economic Policy, Vol. 9, No. 1, 2017, pp. 277 – 307.

环境、促进金融市场的健康发展也具有重要作用。

金融教育作为一种预防性保护措施，可保护消费者支付不必要的信用卡成本。美国金融业监管局的投资者教育基金会（Investor Education Foundation）2018 年国民理财能力调查（National Financial Capability Study）显示，消费者接受金融教育越多，出现不良信用卡使用行为——导致支付罚息或费用的行为，如分期支付、支付滞纳金、支付超限费用和信用卡提现等的可能性越低。①

此外，金融消费者对于信用卡的充分认知，有利于银行合理收费。商业银行信用卡手续费的确定，从经济学意义上而言是一种信用卡定价行为。在国际上信用卡回佣收入、惩罚性收入还有年费收入等，都是现代信用卡国内市场的重要收入形式。需通过消费者教育，使其接受不同门类的其他信用卡合法费用。② 在市场竞争下，经过不同意见方的价格调整之后，需要以利润空间去进行新的稳定价格空间的确立，从而找到合理利润与经营成本的平衡。

但我国持卡人难以心甘情愿地缴纳年费、商户佣金与迟滞费等，信用卡业务除分期费用外收入并不稳定，则银行需设立较高信用卡手续费以保障成本。加强投资者教育，为金融消费者提供必要专业金融知识，明确信用卡作用与规定，可减少持卡人和银行之间的矛盾，促进信用卡市场公开透明和健康有序发展。

五、结语

在相关监管机构陆续出台对信用卡分期业务的相关文件背景下，业务火、监管冷的信用卡分期领域，由野蛮生长逐渐走上规范化的正轨。

不过，银行信用卡与持卡人的较量，并非简单的对立关系，规范信用卡分期手续费更不是一场零和博弈。对于信用卡分期费用的约束，既有利于保护金融消费者利益，也有利于银行信用卡业务持续健康发展，督促银行创新寻找新的利润增长点，从而提高社会整体效率。

---

① the State of U. S. Financial Capability：The 2018 National Financial Capability Study，https：//www. usfinancialcapability. org/downloads/NFCS_2018_Report_Natl_Findings. pdf，2021 年 2 月 3 日访问。

② 在 21 世纪初，当时的中国市场刚从借记卡发展到信用卡，持卡人还不习惯缴纳年费，甚至因为扣年费而频频发生起诉银行的事件。所以很多信用卡中心一度取消了固定年费，并延续成为今天的中国特色年费制度。信用卡起步初期使用循环授信的人占比极少。由于循环授信使用比例长期处于低位，生息资产规模有限，在分期产品出现前各家银行的信用卡中心盈利非常有限。

《金融法苑》征稿启事

《金融法苑》由北京大学金融法研究中心主编，以金融法研究为对象，采用图书的形式连续出版。自1998年首次出版至今，《金融法苑》已公开出版百辑，目前一年出版两辑，每辑15～18篇论文，约20万字，由中国金融出版社出版发行。《金融法苑》已被北京大学法学院列为学院核心刊物，并自2014年起入选CSSCI来源集刊。《金融法苑》目前授予“北京大学期刊网”“中国知网”“元照数据库”“北大法宝”“超星数字期刊”“万方数据库”等数据库电子版权。凡向《金融法苑》投稿的作者，视为同意上述授权，本编辑部所支付的作者稿酬已包含上述著作权使用费；如不同意，请在投稿时注明，编辑部将作适当处理。

《金融法苑》设有“热点观察”“专论”“金融实务与法律”“金融法前沿”“公司与证券”“银行与法律”“财会与法律”“保险与法律”“WTO与金融”“金融刑法”“金融创新”“金融监管”“金融法庭”“海外传真”等栏目，及时反映金融法理论、热点事件、立法与实务等最新研究成果和动态，文风活泼，文字清新，深入浅出，侧重阐明事理，解决问题。作为专业特色明显的出版物，《金融法苑》在学界和实务界有着良好的影响，适合立法者、金融法务工作者、相关专业的师生阅读和参考。

为规范《金融法苑》用稿，提高编辑质量和效率，编辑部拟订《〈金融法苑〉写作要求和体例》，请投稿者务必自觉遵守。自2014年1月起，本编辑部只接受电子版投稿，投稿邮箱为：jinrongfayuan@126.com。投稿文档请按如下格式标明，并同时标注于邮件主题上：“投稿日期作者：文章名”，例如：“2003.10.22 吴志攀：银监会的职责与挑战”。

凡投寄本编辑部的稿件，请勿一稿多投。投寄的稿件三个月内未收到编辑部用稿反馈的，可自行处理。在编辑部编辑稿件过程中，如遇到他刊拟采用的，请作者及时告知相应的决定，以免造成重复刊发。

有意投稿者还可关注北京大学金融法研究中心网站（www.finlaw.pku.edu.cn）和微信公众号（“Pkufinlaw”和“北京大学金融法研究中心”），获取金融法研究中心和《金融法苑》的出版资讯、学术活动、征稿主题等相关信息。网站地址和微信公众号二维码请见本辑封底。

《金融法苑》编辑部

2019年12月10日

《金融法苑》 写作要求和注释体例

一、 字数要求

一般不超过8000字（包含注释，以Word的字数统计为准），特别优秀的论文可适当增加1000~2000字。

二、 编排体例

1. 文章标题：居中，三号加粗宋体字，标题一般不超过25个字，尽量不使用无实质意义的副标题。

2. 作者：居中，小四号宋体字，用＊标记脚注，注明学习/工作单位、电子信箱、联系电话、通讯地址（邮编）等。

3. 中文摘要：小四号宋体字，不超过300字，写明文章的主要观点、研究方法等。

4. 关键词：小四号宋体字，2~5个关键词，需体现文章核心内容。

5. 正文：目次采用“一、（一）1.（1）1）”顺序，尽量避免过多层次，标题加粗，全文小四号宋体字，1.5倍行距，段前段后不空行。

6. 注释：采用当页脚注，每页重新编号，①②③格式，五号宋体字，单倍行距，注释间不得空行。

三、 内容规范

文章需符合基本学术规范和著作权规则。对违反法律法规、学术规范的文章，由作者本人承担一切后果。

四、 格式规范

（一）数字

1. 文章中涉及的确切数据一般用阿拉伯数字表示。例如：20世纪80年代，不采用“1980年代”的写法。

2. 约数用汉字表示。例如：大约十年，近二十年来。

3. 法律条文，应该以中文大写数字表示，包括所引用的法条中涉及的条款。例如：《中华人民共和国刑法》第十一条。引用法律或案例应准确无误，作者应核对与文章内容时点对应的有效法律条文内容，注意条文序号是否已被调整。

4. 农历的年、月、日一般用中文汉字；古代皇帝的年号也用汉字。例如："光绪二十九年"等。

（二）图表

1. 图表应简洁大方，同一图表尽量避免跨页排版。

2. 图表标题应标明序号，置于图表上方，图表下方注明资料来源。

（三）法律规范或其他规范性文件

1. 无论中西文法律或规范性文件，首次出现，写明全称（注明中华人民共和国），以后可以用简称，但需在首次出现的全称之后用括号界定。

2. 必要时，在法规之后注明其生效或实施时间。

（四）注释

1. 总体要求

（1）注释以必要为限，对相关文献、资料等来源进行说明，以便读者查找。直接引征不使用引导词，间接引证应使用引导词。支持性或背景性的引用可使用"参见""例如""例见""又见""参照""一般参见""一般参照"等；对立性引征的引导词为"相反""不同的见解，参见""但见"等。

（2）注释的标识位置

一般紧跟着要说明的词语或句子。一般地，注释标识放在逗号和句号后面，也可放在句号前，根据所需注释的内容而定。涉及引号时，如果引号里有句号，注释标在引号后。如果引号里无句号，注释标在引号和句号之后。

（3）超过100字引文的处理

正文中出现100字以上的引文，不必加注引号，直接将引文部分左右缩排两格，并使用楷体字予以区分。100字以下引文，加注引号，不予缩排。

（4）重复引用文献、资料的处理

重复引用的，需标注全部注释信息，不采用同前注、同上注等简略方式。

（5）作者（包括编者、译者、机构作者等）为三人以上，第一次出现时，最好都列明，如果有主编，撰写者可以省略。第二次出现时可仅列出第一人，使用"等"予以省略。

（6）引征二手文献、资料，需注明该原始文献资料的作者、标题，在其后注明"转引自"该援用的文献、资料等。

（7）引征信札、访谈、演讲、电影、电视、广播、录音等文献、资料等，在其后注明资料形成时间、地点或出品时间、出品机构等能显示其独立存在的特征。

2. 具体注释范例

中文作品

（1）专著

作者：《书名》（卷或册或版次），出版社出版年，页码。

例如：

李琛：《论知识产权法的体系化》，北京大学出版社2005年版，第110页。

储怀植：《美国刑法》（第3版），北京大学出版社2005年版，第90－97页。

葛克昌、陈清秀：《税务代理与纳税人权利保护》，北京大学出版社2005年版，第30、35页。

（2）编辑作品或编辑作品中的文章

作者及署名方式：《书名》（卷或册或版次），出版社出版年，页码。

作者：《文章名》，载编辑作品主编人：《编辑作品名称》，出版社出版年，页码。

例如：

刘剑文主编：《出口退税法律问题研究》，北京大学出版社2004年版，第21页。

高鸿钧等主编：《英美法原论》，北京大学出版社2013年版，第二章“英美判例法”。

张建伟：《法与经济学：寻求金融法变革的理论基础》，载吴志攀、白建军主编：《金融法路径》，北京大学出版社2004年版，第31页。

（3）译著

［国别］作者著：《书名或文章名》，译者译，出版社出版年，页码。

例如：

［美］兰德斯、波斯纳著：《知识产权法的经济结构》，金海军译，北京大学出版社2005年版，第460页。

（4）学位论文

作者：《论文名称》，学校系所年份，页码。

例如：

李英：《一般反避税条款之法律分析》，北京大学法学院2004年硕士论文，第19页。

（5）期刊、报纸类作品

作者：《文章名》，载《书名或杂志名》年代和期数。

例如：

刘剑文：《论避税的概念》，载《涉外税务》1999年第2期。

刘军宁：《克林顿政府经济政策》，载《人民日报》1993 年 3 月 23 日，第 6 版。

（6）研讨会论文

作者：《篇名》，主办单位，“研讨会名称”，时间。

例如：

王文宇：《台湾公司法之现况与前瞻》，韩忠谟教授法学基金会，“两岸公司法制学术研讨会”，2003 年 7 月。

（7）法院判决、公告等

《名称》，（年份）编号名称（说明：具体名称是否添加根据文中情况判断）。

例如：

包郑照诉苍南县人民政府强制拆除房屋案，浙江省高级人民法院（1998）浙法民上字 7 号民事判决书。

《国家税务总局关于出口货物退（免）税若干问题的通知》，国税发〔2003〕139 号。

（8）网络资讯

原则上，如果同样内容有纸质文献，请选用纸质参考，以方便保存查阅。

文献内容（格式同上），资料来源：网址，访问时间。

例如：

王波：《台湾中正大学黄俊杰教授访谈》，资料来源：http：//www. cftl. cn/show. asp？c _ id = 478&a _ id = 1381，2005 年 4 月 17 日访问。

赵耀彤：《一名基层法官眼里好律师的样子》，载微信公众号“中国法律评论”，2018 年 12 月 1 日。

外文作品

（1）基本说明

1）重复引用文献的，在再次引用时需标注出全部注释信息，不采用 Id. 等简略形式。

2）文章标题大小写。

除冠词与介系词之外，书名和文章名称的第一个字母都要大写。例如：A Theory of Justice。

3）缩写加上句点。

例如：

e. g.；等等：et al.；主编：ed.；第 × 页：p. *；第 × − × 页：pp. * − *。

4）顺序和中文著作基本相同。多个作者之间不用顿号，而用“&”或者逗号。作者与书名之间用逗号；文章名、书名无需书名号。

5）字体用 Times News Roman。

6）组织机构、法案名称等，第一次使用全称，后用括号注明英文全称和简称，之后可使用简称。

例如：国际货币基金组织（International Monetary Fund，IMF）。

（2）著作

例如：

William E Scheurman ed. , The Rule of Law under Siege, Berkeley: University of California Press, 1996, p. 144. Bellow & Kettleson, The Politics of Society in Legal Society Work, 36 NLADA Briefcase 5 (1979), pp. 11 – 16.

（3）期刊文章

例如：

Robert J. Steinfeld, Property and Suffrage in the Early American Republic, 41 Stanford Law Review 335 (1989), p. 339.

关于《金融法苑》的订阅

感谢广大读者对《金融法苑》的喜爱和支持。北京大学金融法研究中心限于人手，无法逐一为读者们办理纸质版杂志的订阅服务。为此，中心特委托《金融法苑》的出版商中国金融出版社代为办理，由其读者服务部具体承办《金融法苑》的订阅服务。

中国金融出版社读者服务部电话：(010) 66070833　62568380
(在每本《金融法苑》的封二都可以查看到读者服务部的信息)

如您不想采用订阅的方式，也可访问淘宝网上的“中国金融出版社读者服务部”，或者通过登录当当网、亚马逊、京东或新华书店等网站，购买纸质版的《金融法苑》。

北京大学金融法研究中心

2019 年 12 月 10 日